Peter Reiter

Dein Seelenhaus

Ein direkter Weg
mit der Seele zu sprechen

Vorwort von Chuck Spezzano

Verlag Via Nova

Die Zeichnungen im Buch:
Jasmin Reiter

3. Auflage 2013

Verlag Via Nova, Alte Landstraße 12, 36100 Petersberg
Telefon: (0661) 62973
Fax: (0661) 9679560
E-Mail: info@verlag-vianova.de
Internet:
www.verlag-vianova.de

Umschlag: Klaus Holitzka, 64756 Mossautal
Satz: typo-service kliem, 97647 Neustädtles
Druck und Verarbeitung: Appel & Klinger, 96277 Schneckenlohe
© Alle Rechte vorbehalten
ISBN 978-3-86616-062-0

*Gewidmet meinen wunderbaren Kindern
Christian, Jasmin, Michael und Alexander,
die ich jeden einzelnen von ganzem Herzen liebe,
sowie meinem herausragenden Lehrer und Vorbild,
Dr. Chuck Spezzano.*

Inhaltsverzeichnis

Die Übungen im Überblick	7
Vorwort Dr. Chuck Spezzano	9
Danksagung	11
1. Das Seelenhaus – eine neue Methode für jedermann	13
2. Die Bildsprache der Seele verstehen	21
2.1 Der wichtige Unterschied von Wort und Bild	21
2.2 Die Gabe und Macht der Visualisation	25
2.3 Die wirkende Kraft der inneren Bilder	33
2.4 Form und Inhalt entsprechen einander vollkommen	39
2.5 Die Ebenen der Seele	47
3. Es geht los – das Seelenhaus entdecken	57
3.1 Ein Überblick über die Methode	57
3.2 Günstige Voraussetzungen schaffen: Ort, Zeit, Atemfokussierung	64
3.3 Das Seelenhaus von außen anschauen	70
3.4 Das Seelenhaus von innen anschauen	74
3.5 Die wichtigsten Zimmer unseres Seelenhauses	78
3.6 Das Bad – gleich ausprobieren und genießen!	86
3.7 Die Energie-Umwandlungs-Kiste: Ballast abwerfen!	89
3.8 Weitere Zimmer und Stockwerke	94
4. Das eigene Seelenhaus erleben – eine geführte Meditation	105
5. Verstehen und Deuten der Seelenbilder	111
5.1 Grundsätzliches zur Deutung	111
5.2 Verschiedene Deutungsmöglichkeiten	114
5.3 Einige Beispiele von Seelenhäusern	124

6. Die Veränderung des Seelenhauses — 135
6.1 „Alles fließt" – auch das Seelenhaus — 135
6.2 Wie das Seelenhaus verändern? — 137
6.3 Was sollte und kann man verändern? — 140
6.4 Partner oder Freunde in Ihr Leben einladen — 151
6.5 Lebensaufgabe und verborgene Fähigkeiten entdecken — 155
6.6 Der Lieblingsplatz – Die Reise zur Seelenmitte — 163
6.7 Das Treffen mit dem Seelenführer — 169
6.8 Angst auflösen — 171
6.9 Die Reise ins Licht — 176

7. Ausblick — 187
7.1 Formblatt für Seelenhaus-Analyse — 191

Die Übungen im Überblick

Übung 1: Visualisation einüben	Kap. 2.2	Seite 30
Übung 2: Konzentration einüben	Kap. 2.2	Seite 32
Übung 3: Energetische Reinigung und Vitalisierung	Kap. 3.6	Seite 87
Übung 4: Ballast abwerfen oder tiefe seelische Reinigung	Kap. 3.7	Seite 92
Übung 5: Das Seelenhaus erkunden	Kap. 4.1	Seite 105
Übung 6: Partner oder Freunde in Ihr Leben einladen	Kap. 6.4	Seite 152
Übung 7: Die Lebensaufgabe, Berufung, Fähigkeiten erkennen	Kap. 6.5	Seite 156
Übung 8: Mit Menschen Kontakt aufnehmen, die genau auf Sie warten	Kap. 6.5	Seite 162
Übung 9: Die Reise zur Seelenmitte	Kap. 6.6	Seite 165
Übung 10: Das Treffen mit dem Seelenführer	Kap. 6.7	Seite 170
Übung 11: Angst auflösen in 10 Schritten	Kap. 6.8	Seite 172
Übung 12: Die Reise ins Licht	Kap. 6.9	Seite 178

Vorwort

Aloha, liebe Freunde, und willkommen zu diesem Buch. Wenn ihr den Weg zu diesem Buch gefunden habt, dann tätigt ihr eine Investition in euch selbst. Alle großen Lehrer der Welt, darunter Sokrates, Buddha und Jesus, haben gelehrt, wie wichtig es ist, dass wir uns selbst kennen. In dem Maße, in dem wir Schicht um Schicht der Zwiebelhaut unseres Geistes abziehen, finden wir nicht nur mehr Liebe und größeren Erfolg, sondern auch mehr von uns selbst und ein größeres Stück des Himmels. Ein Wahrheitssuchender zu sein, jemand zu sein, der das Licht herbeisehnt, um das Leid der Menschheit zu beenden, so leidenschaftlich und so liebevoll zu sein, wie ein Mensch nur sein kann, das bedeutet, **La Dolce Vita** zu genießen.

Wir leben heute in einem Zeitalter, in dem die Beschleunigung des Bewusstseins stärker zunimmt als jemals zuvor. Dies eröffnet große Möglichkeiten, und zwar sowohl auf persönlicher als auch auf kollektiver Ebene. Wenn wir bereit sind, uns zu ändern, besteht die Chance zu einer persönlichen Wiedergeburt. Der Impuls der Liebe und der Wahrheit wächst mit der Möglichkeit eines weltweiten Schritts in die Partnerschaft hinein. Wenn dies geschieht, leben wir nach einer Ethik, die unter dem Motto „Freunde helfen Freunden" steht, und die Lebensqualität aller Menschen wird sich exponentiell verbessern. Die Energien des Krieges und des Terrorismus werden wir in Aufbau und Miteinander verwandeln. Dies geschieht immer stärker in dem Maße, in dem Menschen sich selbst heilen und in dem sie die Zuversicht und den Sinn wiederfinden, die unter den Fallen verborgen liegen, die wir in unserer Angst vor Veränderung aufgestellt haben.

Dieses Buch bietet dir eine sehr einfache Möglichkeit, dich zu ändern, damit du in höherem Maße dein wahres Selbst sein kannst, und mit seiner Hilfe kannst du auch andere Menschen in ihrem Prozess der Veränderung unterstützen. Das ist es, was die Zukunft für uns bereit hält: Freunde, die Freunden helfen und Spaß haben, während sie es tun, weil das, was du mit Hilfe des Buches lernen wirst, vergnüglich, einfach und effektiv ist. Es ist spannend, weil du das Rätsel deiner selbst entwirrst. Es macht Spaß, weil du es für dich allein im Schlafzimmer oder im Arbeitszimmer, aber auch mit einem Freund oder einer Freundin im Café oder sogar mit einer ganzen Gruppe auf einer Party tun kannst. Es ist unterhaltsam und lehrreich. Es ist einfach, weil du es bewirken kannst, indem du einfach nur das verstehst, was dir in diesem Buch angeboten wird. Und zu guter Letzt ist es effektiv, weil es das Prinzip nutzt, das in der Hypnose von zentraler Bedeutung ist, wenn es darum geht, Veränderung zu bewirken: Indem du einem Symbol eine Bedeutung beimisst und das Symbol veränderst, bewirkst du eine Veränderung in dem, was das Symbol darstellt.

Ein Haus – ob geträumt oder vorgestellt – ist eines der häufigsten Symbole, die es für unser Selbst gibt. Das Symbol oder Seelenhaus zu verändern heißt, dass wir Veränderung auf eine sehr einfache Weise herbeiführen können.

Dies ist die Welle der Zukunft, in der Veränderung weder schwierig noch teuer zu erlangen ist. Sie wird für alle Menschen verfügbar sein, nicht nur für Suchende oder die, die dringend der Hilfe bedürfen. Sie wird zu einer Lebensweise werden. Wir stehen am Anfang eines *Zeitalters der Beziehungen*, das ein *Zeitalter der Transformation* ist. Nirgendwo ist dies offenkundiger als in Deutschland, denn nirgendwo in der Welt sind Suchende engagierter als hier. Die restliche Welt wird folgen, während Deutschland auf dem Weg zur Einführung einer neuen Integrität des Bewusstseins die Vorreiterrolle übernimmt.

Ich empfehle Peter Reiter aus ganzem Herzen. Er ist ein begabter Schriftsteller, Trainer und Coach. Sein Humor, seine große Wahrnehmungsgabe, seine schnelle Intelligenz und sein natürliches mystisches Bewusstsein lassen jedes Training zu einem Abenteuer werden. In gleicher Weise empfehle ich auch sein Buch und die darin vorgestellte Methode. Du kannst sie ein Leben lang zu deinem eigenen Nutzen und zum Nutzen deiner Freunde anwenden. Ich wünsche dir glückliche Stunden des Entdeckens und hoffe, dass du auf diese Weise die Veränderungen, die du bewirken möchtest, mit Gnade und Leichtigkeit vollbringen kannst.

Chuck Spezzano
Hawaii, 2006

Danksagung

Auch wenn dieses Buch in wenigen Wochen einfach aus mir herausgesprudelt ist, so bin ich mir bewusst, auf wie viel Grundlagen ich aufbaue, wie viel ich, wie wir alle, von anderen bekommen habe, und wie wir alle miteinander verbunden sind. Ich möchte deshalb erst einmal den zahllosen Menschen, Lehrern, Freunden, Klienten und Seminarteilnehmern danken, die mich in all den Jahren unterstützt, belehrt, mir geholfen und mich geheilt haben, an deren Namen ich mich nicht mehr erinnere. Von all denen, an die ich mich erinnere, gilt mein ganz besonderer Dank meinem großartigen Lehrer Chuck Spezzano, da er ganz in dem Sinne des Seelenhaus-Verfahrens stets einfache und wirkungsvolle Methoden entwickelt und verbreitet hat, die den Menschen direkt nützen. Ganz herzlichen Dank für all die Mühe, Geduld, Nachhaltigkeit, mit der er mich die letzten Jahre gelehrt und auch geheilt hat und mir bei vielen Problemen der Entwicklung zur Meisterschaft wie ein guter Freund beigestanden hat. Dies gilt in gleichem Maße für seine Frau Lency Spezzano, die mich den praktischen Zugang zur allumfassenden Liebe und damit den Weg der Mystik gelehrt hat.

An dieser Stelle möchte ich auch einmal ganz herzlich meiner alten, gütigen Mutter Anneliese Reiter danken, die mich in all den letzten schwierigen Jahren des Umbruchs und der großen Herausforderungen begleitet hat, die stets an meiner Seite und in meinem Herzen war und auf die ich mich immer verlassen konnte. Danke für all die lieben Wünsche, Gebete und das Wohlwollen, das mir so reichlich erwiesen wurde. Möge der Himmel es dir vergelten.

Auch meiner Familie gehören mein Dank und meine Wertschätzung für die Begleitung an meiner Seite durch all die Hindernisse und die Unterstützung bei den Seminaren und Reisen, auf denen wir so vielen Menschen helfen konnten. Ohne euch wäre es eine Mühe und Last gewesen, mit euch war es eine Freude, und es hat mich immer wieder neu motiviert. Vor allem meinen vier Kindern Christian, Jasmin, Michael und dem kleinen Alexander danke ich, dass sie mein Leben auch in all der schweren Zeit der letzten Jahre bereichert und mich immer wieder motiviert haben, aber mir auch meine Schwächen und Fehler aufgezeigt, gespiegelt und mich so weitergebracht haben. Danke für die Freude und die Unterstützung, vor allem dadurch, dass ihr mich mehr und mehr auf Seminare begleitet habt und dabei bereit wart, euch stets zu heilen und weiter zu wachsen. Hört damit niemals auf.

Schließlich möchte ich hier auch allen meinen Freunden danken, die mir in den letzten Jahren so viel geholfen und mich geistig und energetisch unterstützt haben, vor allem dir, Tanja Rost, für die echte und tiefe Wertschätzung und wahre Liebe, die ich von dir erfahre und erleben darf, die tägliche Freude, die daraus entsteht, und die Inspiration deines großartigen Wesens, das mir gezeigt hat, wie tiefgründig und spirituell eine Frau sein kann. Mögen wir noch viel voneinander lernen und miteinander teilen. Ferner danke ich besonders meinem Freund Hans Lipke für die stetige und liebevolle Unterstützung in all den Prüfungen zur Meisterschaft. Du warst ein Engel und Geschenk Gottes für mich in schwerer Zeit, und schließlich auch Dank an meinen spirituellen Wegbegleiter Sebastian Graf, den Lach-Yoga-Meister vom Bodensee.

Meinem Arbeitskollegen, Herrn Weissengruber, der mich immer wieder beruflich vertreten und manche Büroarbeit abgenommen hat, ist es zu verdanken, dass ich überhaupt die Zeit hatte für das Schreiben und die Seminare, und ich danke ihm herzlich dafür sowie auch meinem Webmaster Patrick Reiter für die gelungene Arbeit an meiner Webseite www.peterreiter.com. Meinem Verleger und Freund Werner Vogel möchte ich Dank sagen, dass er dieses wie auch die anderen Bücher von mir in seinen Verlag genommen hat und somit dieses Wissen und diese Methoden einem breiten Publikum zugänglich macht.

1. Das Seelenhaus – eine neue Methode für jedermann

Wie schön wäre es, wenn es eine Methode gäbe, mit der man in Minutenschnelle und ganz unkompliziert mit seiner Seele, mit seinem eigenen Inneren kommunizieren könnte, mit der man zuverlässig und schnell seinen derzeitigen seelischen Gesamtzustand erfassen könnte, ohne dass man sich etwas vormachen oder sich selbst täuschen könnte. Eine Methode zudem, mit der man darüber hinaus sogar dem unterbewussten und sonst nicht zugänglichen Teil seiner Seele konkrete Anweisungen geben könnte, wie man sich zu verändern wünscht, was man an sich und seiner Persönlichkeit verbessern will, wobei diese Anweisungen auch dort ankommen und sich wie von selbst umsetzen. Anhand der bisherigen Methoden langwieriger psychologischer Analyseverfahren, für die meist ein Therapeut oder eine Übersetzung bzw. Auslegung oder oft komplizierte meditative Selbsterforschungstechniken mit zunächst oft ungenauen Ergebnissen nötig sind, scheint dies fast zu einfach, um wahr zu sein. Doch oft ist gerade das Einfache das Geniale, und Sie werden nun in diesem Buch genau eine solche Methode finden, die dies leisten kann und von jedermann und jederzeit ohne große Vorkenntnisse angewendet werden kann. Dies ist übrigens keine bloße Annahme, vielmehr eine inzwischen an vielen Tausenden von Menschen erprobte und empirisch fundierte Gewissheit.

Diese Methode nenne ich das „Seelenhaus", in Anspielung auf das Bild der Seelenburg der alten Mystiker. Sie arbeitet mit einer ganz einfachen Bildsprache und wurde mehr oder weniger zufällig entdeckt, als sich herausstellte, dass die Seele auf diese Bilder ebenso antwortet wie auch die Bilder versteht und praktisch umsetzt. Es ist sozusagen eine Programmiersprache der Seele, und wie ich zwar einen Computer benutzen kann, ohne das Programmieren zu verstehen, so kann ich ihn aber erst wirklich für meine Bedürfnisse einrichten und die Programme beliebig umgestalten, wenn ich auch die passende Programmiersprache verstehe und ihn dadurch so programmieren kann, wie ich es wünsche. Für denjenigen also, der diese Sprache erlernt hat, ist es ganz einfach, die Software oder die Funktionen des Computers mit wenigen Befehlen umzugestalten, und was dem Außenstehenden kompliziert erscheint, ist für ihn ganz einfach. So kann auch jeder, sobald er die einfache wie zugleich geniale „Programmiersprache" der Seele erlernt hat, jederzeit und ohne Umwege, oft innerhalb weniger Minuten und ohne Anstrengung seinen eigenen Seelenzustand wie den anderer erforschen, mit seinem Seeleninneren und dem „Höheren Selbst" in Kontakt treten und auch mühelos in Kontakt bleiben und die Seele, ihre Fähigkeiten und Muster sowie ihr Erscheinungsbild nach außen umgestalten.

Somit bietet diese neue Methode des „Seelenhauses" zahlreiche Nutzungsmöglichkeiten, sowohl als Selbsterkenntnis- wie Selbstentwicklungsmethode, aber auch für den Therapeuten oder Anwender in Bezug auf Klienten, deren Gesamtpersönlichkeit sowie Gesamtzustand in wenigen Minuten erfasst werden können. Sie nutzt dabei die Bildsprache und Kreativität der Seele selbst, ohne bisherige Umwege über Metaebenen, über Verstand, Sprache oder andere Übersetzungsebenen gehen zu müssen, und kann somit jederzeit von jedem angewendet werden, ohne wie bisher einen Therapeuten oder Psychologen oder Fachmann dazu aufsuchen zu müssen.

Entdeckt wurde diese Methode eher zufällig in Anlehnung an dieses bei den Mystikern verwendete Bild der Seele als eines Zuhauses, in dem der Geist zeitweise wohnt und die wiederum einen höheren Teil hat, die Seelenmitte, und einen niederen Teil, die jeweilige „Persönlichkeit" oder Maske, durch die hindurch sie sich ausdrückt. Übrigens kommt das Wort Person von lateinisch „personare – hindurchtönen", also der Maske, durch die sich die Schauspieler einst in einer bestimmten Form ausdrückten. (Die Seelenmitte, der innere Kern, der durch die Leben wandelt, wird dabei durch das Bild des „Lieblingsplatzes" repräsentiert, die äußere Persönlichkeit, die sich ständig wandelt, durch das Bild des Seelenhauses.) Das Seelenhaus stellt daher unsere sich ständig wandelnde Persönlichkeit dar, also das Bild, das wir nach außen energetisch wie körperlich abgeben. Der so entdeckte oder bildlich gestaltete Zusammenhang wurde anfänglich eher spielerisch angewendet, und so wurde die Methode in ihrer Anfangszeit eher zur Auflockerung auf Seminaren oder als Übung zur Stärkung der Visualisation genutzt. Was zunächst als bildliche, unbestimmte Darstellung des Seeleninneren und auch zur ersten Kontaktaufnahme mit dem eigenen Wesen gedacht war, entpuppte sich immer mehr als eine unglaublich präzise Beschreibung des inneren Zustandes, der bis in kleinste Detail hinein aufzeigte, wo die Stärken und Schwächen des jeweiligen Menschen liegen, wie sein Lebensstil ist und wo genau er Blockaden und Hindernisse hat, wie er sein Lebenspotenzial nutzt oder an seine Lebensaufgabe herangeht, wie er zu Beziehungen steht, wie er seinen Körper behandelt und vieles mehr. Durch diese Fülle an Informationen beeindruckt, erforschte ich in zahlreichen Seminaren wie auch individuell mit Klienten weitere Einzelheiten dieser Methode und testete sie im Hinblick auf alle wichtigen Bereiche aus, wie Partnerschaft, Beruf, Beziehungen zu Menschen, Selbstwert, Gesundheitszustand und vieles mehr. Die Versuchspersonen beschrieben die zu den jeweiligen Themen gehörenden inneren Bilder ihres Seelenhauses. In einer darauffolgenden Befragung wurden dann die über die Bilder gewonnenen Ergebnisse mit einer herkömmlichen Anamnese des Menschen und mit den von ihm gelieferten Informationen über sein Leben verglichen. Hierbei zeigte sich nicht nur eine perfekte Übereinstimmung, sondern es tauchten über das Bild oder die Bilder im Seelenhaus noch viel mehr Informationen auf, als der Mensch zu dem Zeitpunkt über sich wusste oder sich selbst bewusst war, beispielsweise über verborgene Fähigkeiten.

Schon aus diesem Grund, der Möglichkeit der schnellen und spielerischen Selbsterkenntnis, wurde diese Methode bei denen, die sie ausprobiert hatten, immer beliebter, und ich wurde in vielen Seminaren, die auch ganz andere Themen behandelten, immer wieder dazu aufgefordert, diese Übung zwischendurch einmal zu machen. Hierbei war es vor allem erstaunlich zu sehen, dass Personen, die bei anderen Verfahren Blockaden und Widerstände hatten, über sich selbst Auskunft zu geben, vor allem innere Einstellungen, Muster und Gefühle zu verbalisieren oder über ihre Motivationen und inneren Beweggründe zu sprechen, hier eher mit großer Entdeckerfreude und mit viel Spaß daran gegangen sind, diese inneren Bilder ihrer selbst zu erkunden und zu erforschen. Oft war ein geradezu kindlicher Eifer zu beobachten, dieses eigene Seelenhaus kennen zu lernen und über sich selbst mehr zu erfahren, gerade so, wie andere Spaß daran haben, Kreuzworträtsel zu lösen. Im Gegensatz zu anderen, schwer zu durchschauenden, erst über Metaebenen auszudeutenden, komplizierteren Analyseverfahren und Erforschungstechniken, denen Klienten oft schon deshalb Widerstände entgegensetzen, da sie sie nicht verstehen und sich nicht einfach Fachleuten oder Dritten ausliefern wollen, zeigen die Teilnehmer beim Seelenhaus-Verfahren wenig Widerstände. Denn es handelt sich hier um einfache Bilder, die eingängig, einleuchtend und leicht verständlich sind, die man oft noch nicht mit Bedeutungen belegt und gegen die man daher auch keine Widerstände aufgebaut hat und die somit die Verstandesfilter ohne Widerspruch passieren können. Ganz im Gegenteil schien es den ersten Teilnehmern sogar großen Spaß zu machen und sie waren immer hochmotiviert, sich mit dieser Methode selbst zu entdecken und sich kennen zu lernen, zumal sie hier auch selbst die Geschwindigkeit und Intensität des Prozesses bestimmen können und ihnen niemand sonst hineinredet oder sie gar von außen bewertet, ohne dass sie dies selbst fühlen oder nachvollziehen könnten. Wenn aber hier doch gedeutet oder erklärt wird – und dies kann durchaus über Dritte oder Therapeuten geschehen –, dann können die Klienten dies jederzeit selbst anhand ihrer Eindrücke und Bilder leicht nachvollziehen.

Hierbei nutzt die Seelenhaus-Methode eine alte Sehnsucht des Menschen, sich selbst zu entwickeln und zu entdecken, den uralten Drang nach Selbsterkenntnis, der schon über dem Tempel von Delphi als Aufforderung an die Menschen geschrieben stand. Es ist ja auch eine uralte Forderung der Philosophie, auch der Mystiker und Weisen an das Menschengeschlecht, sich selbst zu erkennen, um sein Potenzial zu entwickeln und letztlich auch um die Welt zu erkennen. Denn wie innen, so außen, so steht es in einem der hermetischen Grundsätze. Somit kann ich nur etwas weiterentwickeln oder auf der Evolution fortschreiten, wenn ich mir meiner selbst bewusst bin und auch weiß, wo ich in der Entwicklung stehe und welche Möglichkeiten und Potenziale in mir sind, die ich dann freilegen und nutzen kann, und somit den weiteren Fortschritt erkennen, planen und auch tatsächlich sinnvoll fortschreiten.

Somit ist diese Übung des Seelenhauses nicht nur für therapeutische Zwecke gedacht, also nicht nur dazu, innerseelische Konflikte zu erkennen und Probleme und Defizite aufzuarbeiten, sondern sie dient darüber hinaus ganz allgemein der eigenen Standortbestimmung und Selbsterforschung, der eigenen Selbsterkenntnis. Sie bewirkt dies auf eine äußerst ehrliche und direkte Weise, bei der sich der Mensch kaum in die Tasche lügen kann. Er hat nur die Wahl, dies über sich selbst anzuschauen oder es zu negieren. Da die Information direkt über das Bild kommt und nicht erst in Sprache umgesetzt wird, so ist auch die Tendenz unterbunden, etwas zu beschleunigen, zu verbiegen, zu rechtfertigen oder durch den Verstand zu verdrehen. Dies spart beispielsweise in einer Persönlichkeitsanalyse erheblich Zeit und vermeidet Umwege und vor allem Irrtümer. Daher ist diese hier vorgestellte Methode für alle Menschen gedacht, unabhängig davon, ob sie nur Konflikte oder Probleme lösen wollen oder aber unabhängig davon Interesse daran haben, sich selbst anzuschauen, über sich selbst Wissen zu erlangen, der Frage „Wer bin ich?" nachgehen und sich über sich selbst Klarheit verschaffen wollen, um die eigene Persönlichkeit sowie auch den Stand ihrer persönlichen Entwicklung richtig einschätzen zu können.

Natürlich ist diese Art von Introspektion auch über zahlreiche andere Meditationsverfahren oder Erkenntniswege möglich, doch bei den meisten ist entweder eine längere Übungszeit nötig, oder aber die Ergebnisse sind über unbestimmte Eindrücke, vage Gefühle oder zufällige Bilder nicht so präzise und valide, oft sogar nur subjektiv fassbar, oder aber es ist eine längere Ausbildung in einer Fachrichtung oder einem Bereich zu machen, ein oft Jahre dauerndes Fundament zu errichten, nach der erst diese Techniken ihre volle Wirksamkeit und auch sichere Deutung entfalten. Natürlich umfasst das Seelenhaus nicht alle Tiefen der Seele, und vor allem in der meditativen Entwicklung und Schulung bleibt es nach wie vor nützlich, weitergehende und tiefergehende Meditationen und Übungen zu machen, die die Menschen grundlegend transformieren und ihnen ganz neue Bereiche erschließen können wie beispielsweise Stille-Übungen oder Zen-Meditationen. Die Seelenhaus-Methode kann dies vielmehr wunderbar ergänzen als eine schnelle Methode, den gegenwärtigen Zustand zu erfassen, um damit den jeweiligen Stand der Entwicklung festzustellen. Auch das schnelle Verändern des gegenwärtigen Persönlichkeitszustandes über diese Methode wird andere, tiefergehende Verfahren nicht ersetzen, sondern kann diese sinnvoll ergänzen, indem äußere Widerstände und Blockaden beispielsweise gegenüber der Meditation oder dem geistigen Ziel schnell erkannt und beseitigt werden können. Wenn ich beispielsweise Seminare über Mystik, speziell über mystische Erfahrung und den mystischen Weg, gebe, so nütze ich diese Übung über das Seelenhaus, um den Teilnehmern in wenigen Minuten klarzumachen, wie ganz ohne Illusionen ihr derzeitiger Status und Seelenzustand ist, auch welche Potenziale eventuell vorhanden sind und wo Stärken und Schwächen liegen, die dann im Laufe der weiteren Übungen gezielt bearbeitet oder verbessert werden können. Ferner können die Teilnehmer hierüber dann auch dem eigenen Seeleninneren gezielt Impulse geben, wie sie sich zu verändern wünschen, und dies direkt in sich materialisieren und verankern sowie schließlich den weiteren Fortschritt anhand des Seelenhauses auch überwachen.

Unabhängig also, wie und mit welchen Methoden Sie sich seelisch und geistig entwickeln wollen, ob durch äußeres Tun, religiöse Übungen oder Verhaltensveränderungen im äußeren Leben, ob durch Psychotherapie, durch Affirmationen, Meditation, Yoga oder über moderne Methoden wie NLP, Avatar, Nathal u.v.m., immer kann diese neue Seelenhaus-Methode von großem Nutzen für Sie sein. Denn das gelegentliche Anschauen Ihres Seelenhauses ist stets ein optimaler Indikator, der Ihnen jeweils den Zustand Ihrer Entwicklung, sowohl die Fortschritte wie auch Defizite präzise anzeigt, und dies universell bei jeder gewählten Methode und zugleich unabhängig von Ihrem weltanschaulichen oder religiösen Hintergrund. Ferner können wir uns hiermit gezielt und in die gewünschte Richtung weiterentwickeln und unsere Persönlichkeit auf einfache Weise umgestalten, auch und gerade wenn Sie wenig Zeit für solche Übungen haben. Wie oft haben wir gute Vorsätze, vor allem an Silvester, wünschen uns zu verändern und vermögen es nicht, möchten uns besser einschätzen und uns selbst und unsere Handlungen verstehen und schaffen es nicht, zumindest nicht in der vorhandenen Zeit.

Zahlreiche Menschen können sich im heutigen Leben mit seiner merkwürdigerweise immer knapper werdenden Zeit keinen ausreichenden Freiraum mehr schaffen oder es sich leisten, mit zeitaufwendigen Methoden sich selbst zu erforschen und zu entwickeln, sich für Monate und Jahre in Klausur zurückzuziehen oder täglich viele Stunden dafür zu opfern. Auch hier kommt diese Übung, die nur wenig Zeit benötigt, einer breiten Masse von Menschen entgegen, die aus **„Zeitmangel"** für diese notwendige Verbindung und Kommunikation mit ihrer Seele, für Selbsterforschung und -entwicklung kaum Möglichkeiten in ihrem Alltag haben und sie deshalb oft verdrängen oder in eine unbestimmte Zukunft verschieben. Manch andere haben vielleicht nicht die nötigen finanziellen Mittel, um sich auf Seminaren und Kursen weiterzubilden, geistige Lehrer zu besuchen oder einen Therapeuten aufzusuchen. Auch für Menschen mit **„Geldmangel"** ist diese Methode sehr hilfreich, da sie kaum Kosten verursacht, allenfalls die für ein Einführungsseminar, und nach kurzer Anleitung jederzeit selbst und ohne weiteren Aufwand angewendet werden kann. Dies bedeutet nun nicht, dass man bei Lebensproblemen nicht einen Helfer, Therapeuten oder Lebensberater aufsuchen sollte, ganz im Gegenteil. Aus der reichen Erfahrung solcher Berater und Begleiter können Ihnen sicher mehr Alternativen und Wege aufgezeigt und angeboten und mit deren Energie und Vermittlung auch leichter umgesetzt werden. Doch wenn sich Menschen dies zeitlich oder finanziell nicht leisten können oder es sich vielleicht auch nicht gönnen wollen, so ist dies zumindest ein erstes, sehr effizientes Mittel, mit sich selbst zu arbeiten, und tausendmal besser, als diese so sehr notwendige Arbeit an sich selbst zu verdrängen oder zu unterdrücken, was langfristig zu ernsthaften Problemen oder sogar Krankheiten führen kann.

Inzwischen sind auch die zahlreichen Ablenkungen des modernen Lebens so übermächtig geworden, verstärkt von immer mehr Zeit fressenden neuen Freizeitbeschäftigungen, so dass sich auch Menschen, die eigentlich genügend Mittel und von ihrem Beruf her auch genügend Zeit hätten, sich mit sich selbst auseinanderzusetzen, die Muße hätten, wie im klassischen Altertum zu philosophieren, über sich nachzudenken und geistige Gespräche zu führen, sich stattdessen immer mehr von Internet oder von Spielen aller Art, von Reisen, „standesgemäßen Hobbys" und sonstigen Ablenkungen verführen lassen, ihre „alltäglichen Hausaufgaben" zu vernachlässigen und sich nicht um ihr Inneres, ihre Seele zu kümmern. Dies tun sie leider oft erst dann, wenn sich ernsthafte Konflikte, Krankheiten oder Auseinandersetzungen im Körper oder in der Außenwelt zeigen. Auch für solche eher extrovertierten Menschen ist diese Übung wegen ihrer Unkompliziertheit und jederzeit möglichen Anwendung sehr sinnvoll, kann sie doch eine Art von Psycho-Hygiene wie das tägliche Zähneputzen sein, so dass man beispielsweise die Wartezeit beim Zahnarzt, eine ruhige Minute, einen nicht ausgefüllten Moment der Entspannung nutzt, um sich kurz einmal ein Bild von sich selbst zu machen, einmal zu schauen, wo im Seelenhaus etwas nicht stimmt, um rechtzeitig negativen Entwicklungen begegnen und vorbeugen zu können. Dies könnte gerade solchen sehr nach außen gerichteten Menschen unglaublich viel Leid ersparen, ihnen einen wesentlich bewussteren Lebensstil wie auch ein viel selbstbestimmteres Leben ermöglichen, in das nicht erst das Schicksal korrigierend eingreifen muss.

Zusammenfassend können wir also feststellen, dass die hier vorgestellte, einfache wie zugleich lustige und spannende Methode des Seelenhauses nicht nur für Menschen mit spirituellem Hintergrund gedacht ist, für diejenigen also, die sich gezielt weiterentwickeln, erforschen und an sich arbeiten wollen, sondern vielmehr für alle Menschen, um sich jederzeit schnell und unkompliziert ein Bild von ihrer Persönlichkeit machen zu können, Problemen vorzubeugen und einfach durch Selbstbestimmung und gezielte Veränderungen viel glücklicher leben zu können. Abgesehen davon wird sie für viele Therapeuten und Berater äußerst nützlich sein, sowohl für die individuelle Erfassung wie auch in Seminaren oder Selbsterfahrungsgruppen als Gruppenübung. Wie die Erfahrung zeigt, ist es ja weniger der fehlende Wille der Menschen, sondern vielmehr meist das Unwissen über sich selbst, was zu Verblendung und Fehleinschätzung über sich sowie über andere führt und daraus folgend zu zahlreichen leidvollen Erfahrungen, vor allem natürlich in Beziehungen und Partnerschaft. Da ist mit dieser Methode der einfachen und schnellen Erkenntnis über sich selbst schon viel gewonnen. Sie ist deswegen wirklich für alle Menschen aller Bewusstseinsebenen nützlich. Erfahrungsgemäß macht sie darüber hinaus sogar vielen Menschen Freude: die Freude beispielsweise, sich selbst wieder zu entdecken, etwa so, wie anderen Menschen das Lösen eines Kreuzworträtsels Freude bereitet. Auch gibt es kaum etwas Spannenderes, als die Gefilde seiner Seele zu erkunden und zu erforschen, denn ihre Grenzen kann man kaum finden beziehungsweise ihre Tiefe nicht ausmessen, wie Heraklit einst treffend sagte.

Benötigt werden für diese Methode weder Intelligenz, Ausbildung oder Erfahrung, sondern lediglich die Gabe der Visualisation und der Bildsprache, also die Fähigkeit, Bilder erleben zu können, wie sie üblicherweise von Geburt an in allen Menschen vorhanden ist. Der Volksmund sagt: „Es gibt nichts Gutes, außer man tut es", und daher empfehle ich nun allen, deren Interesse geweckt ist, dies doch einmal auszuprobieren und sich diese wenigen Minuten des Entdeckens und der Selbsterfahrung zu gönnen, also die Seelenhaus-Übung einmal spielerisch zu erproben. Denn neben der Entdeckerfreude und dem Nutzen der erzielten Erfahrungen werden auch die kreativen Kräfte der Seele geschult, die Phantasie, die Bildgestaltung, die Fähigkeit, schöpferisch zu gestalten, etwas Neues zu materialisieren, also die Wünsche erfüllende Kraft der Seele. Allein dadurch können Sie Ihr Leben besser und aktiver mitgestalten, sind nicht mehr Opfer, sondern vielmehr wieder Schöpfer, werden zu einem Menschen, der die geistige wie auch materielle Umwelt gestalten und verändern kann.

Denn keiner muss sich mit dem Seelenhaus, das er vorfindet, einfach abfinden, sondern er kann es, sobald er es einmal akzeptiert hat und die notwendigen Gesetzmäßigkeiten einigermaßen überblickt, frei und ganz leicht neu gestalten, kann es kreativ umbauen, verändern, kann das darin verborgene Potenzial zur Geltung bringen, und zwar ganz konkret mittels konkreter Bildgestaltung und Bildvorgabe und nicht etwa durch einen diffusen Prozess, bei dem man nie genau weiß, was genau passiert und ob es auch verwirklicht wurde, oder bei dem man sich etwas vormachen kann und nicht exakt weiß, wo genau man gerade steht. Hier aber, beim Bauen des Seelenhauses, habe ich nicht nur jederzeit den vollen Überblick, sondern es macht auch viel Spaß, sich damit zu beschäftigen, wieder Schöpfer zu sein und mich selbst und meine Persönlichkeit wieder frei und schöpferisch zu gestalten, frei mich selbst und meine Welt um mich herum zu bilden. Da bin ich wieder im Zustand eines Kindes, empfinde wieder die Magie der Wirklichkeit, kann wieder zaubern und verzaubern, und vor allem kann ich wieder spielen und Freude haben. Denn Lebensfreude entsteht nicht aus dem Konsum, aus dem Außen, sondern ausschließlich aus dem Geben, Erschaffen und aus dem Sich-Austauschen in Beziehungen.

In diesem Sinne wünsche ich allen, die diese neue Methode anwenden und weiter verbreiten, viel kindliche Spielfreude und viel Spaß daran, auch dabei, sie weiterzuentwickeln und je nach Bedarf weiterzugestalten, und natürlich auch viele spannende Erkenntnisse über die eigene Seele sowie auch die Seele anderer Menschen. Denn keine gleicht der anderen, jede ist ein einzigartiges Kunstwerk, das es zu bewundern gilt.

2. Die Bildsprache der Seele verstehen

2.1 Der wichtige Unterschied von Wort und Bild

Die Seele spricht in Bildern und nicht in Worten. Bilder sind nicht nur die ursprünglichere und allen Worten vorausgehende Kommunikation und Sprache, sondern sie haben auch zahlreiche Vorteile gegenüber Worten. Sie sind wesentlich komplexer und haben somit einen wesentlich **höheren Informationsgehalt**, wie man schon aus der viel höheren Byte-Zahl eines Bildes gegenüber einem Wort und selbst seitenlangem Text ersehen kann. Oder anders gesagt, man braucht viel mehr Speicherplatz für Bilder als für Worte, und so kann man wiederum viel mehr Information aus ihnen entnehmen als aus den Worten. Dies zeigt sich in der alltäglichen Kommunikation auch darin, dass es sehr vieler Worte bedarf, um ein Bild wirklich genau zu beschreiben. Somit kann man über ein Bild oder gar über eine Bildfolge den größtmöglichen Informationsgehalt übermitteln.

Ferner erfassen wir durch des Sehen eines Bildes sowohl den Sachverhalt und den gesamten Informationsgehalt einer Darstellung sofort und augenblicklich, zugleich mit dem gesamten Kontext, also ganzheitlich, während eine Beschreibung in Worten nacheinander erfolgen muss und daher viel zeitaufwendiger ist. Wenn also die Seele entweder in Träumen oder in dem hier gezeigten Seelenhaus-Verfahren über Bilder zu uns spricht und mit uns kommuniziert, so gibt sie uns hiermit stets eine unglaublich große Fülle an Informationen in kürzester Zeit, fast augenblicklich, und damit viel mehr, als Worte oder sprachliche Beschreibungen uns vermitteln könnten. Auch können wir wiederum in Bildern und damit schnell und umfassend antworten.

Ein weiterer wichtiger Aspekt liegt darin, dass Bilder auch fast automatisch **Gefühle** mit sich bringen bzw. im Betrachter das dazu entsprechende Gefühl erzeugen, so dass man die hier vermittelten Informationen nicht nur als bloße Fakten mit dem Verstand aufnehmen, sondern sie dabei auch fühlen und somit viel umfassender wahrnehmen kann. Das Fühlen ist gegenüber der bruchstückhaften und selektiven Wahrnehmung über die Sinne und gegenüber der Einseitigkeit des analytischen Verstandes eine viel weitere, komplexere und höherdimensionale Form, etwas aufzunehmen und wahrzunehmen. Wenn also diese Bilder der Seele in uns auftauchen, so bringen sie stets eine Menge an Gefühlen und auch Assoziationen mit sich, beispielsweise Zuneigungen oder Abneigungen, Widerstände oder Begierden, Gefühle von Mangel oder Fülle oder von Liebe und Leid. Gerade über die entsprechenden Gefühle können wir bei den auftauchenden Bildern sehr schnell einordnen, ob sie eher angenehm oder unangenehm, somit eher förderlich oder eher ungünstig sind, ob sie eher blockieren und missgünstig stimmen oder weiterbringen und begeistern. So kann auch jeder an den Seelenbildern schnell und ohne große Analyse erkennen, ob sie eventuell verändert werden sollten.

Die Bilder des Seelenhauses und deren faktische Informationen zeigen beispielsweise den momentanen Zustand der Persönlichkeit, den jetzigen Status quo genau an, die Wirkungen und Ausstrahlung der Person nach außen, die gelebten oder nicht gelebten Talente und Fähigkeiten sowie den seelisch-geistigen Entwicklungszustand. Die Gefühle den Bildern gegenüber zeigen außerdem, was für mich im Moment vielleicht überholt, veraltet, überflüssig, behindernd und damit zu beseitigen oder was für mich nützlich, gut und förderlich und damit anzustreben wäre. Sie sind also das entscheidende Kriterium, der Wegweiser der Evolution und der Entwicklung, und sie sind letztlich das ausschlaggebende Kriterium, ob mein Seelenhaus, wie es sich mir im Moment zeigt, für mich das passende ist oder nicht. Keineswegs aber sind es die faktische Größe, Schönheit oder der Stil oder die Farbe des Seelenhauses, denn was für den einen passend ist, wäre für den anderen unpassend, oder was selbst für den einen zu einer Zeit passend ist, ist zur anderen Zeit unpassend. Das letztendliche Kriterium, ob ich nach dem Erkennen meines inneren Zustandes über die Seelenhaus-Methode etwas an mir so belassen sollte, wie es derzeit ist, oder es zu verändern aufgefordert bin, ist stets das eigene Gefühl, ob ich mit dem augenblicklichen Zustand meines Seelenhauses wirklich glücklich und zufrieden bin oder nicht, und nicht etwa äußere Vorgaben oder irgendwelches Sollen.

Bilder haben aber auch eine **direkte Wirkung** auf den Betrachter, nicht nur im Hinblick auf seine Gefühle, sondern erst recht auf sein Unterbewusstsein. Sie müssen nicht durch die Filter des Verstandes wie etwa die Sprache, die ja einen zusätzlichen Umsetzungsschritt von Gefühl und Bild ins Wort benötigt, sondern sie wirken zumeist direkt auf das Bewusstsein ein, da eben Bilder die Sprache des Bewusstseins sind. Sie können somit optimal für eine direkte Kommunikation mit dem Unterbewusstsein eines Menschen genutzt und beispielsweise dazu verwendet werden, unmittelbare Veränderungen in der Psyche auszulösen, ohne vom Verstand blockiert oder ausselektiert zu werden. Bilder vermitteln eine Botschaft stets sehr genau und direkt, sowohl, wenn sie den inneren Zustand eines Menschen beschreiben, als auch, wenn wir der Seele damit Anweisungen geben oder unsere Botschaften übermitteln wollen. Worte zu benutzen ist dagegen immer ungenau, verwaschen, da wie bei jeder Übersetzung auch hier bei der Übersetzung von Gefühlen und Bildern in Worte ein zusätzlicher Übersetzungsschritt nötig ist und dies stets auch Übersetzungsfehler und Ungenauigkeiten mit sich bringt. So muss der Klient in einer bisherigen Analyse oft seine Gefühle und inneren Prozesse in Worte fassen und hat hier oft Probleme damit, oder der Zuhörende versteht hier etwas anderes, als was eigentlich gemeint ist. Beim Feedback mit Worten oder bei einer Therapie über Worte gibt es hier aber noch den zusätzlichen Nachteil, dass diese wiederum nicht direkt auf die Seele rückwirken, sondern von dem Empfänger auch wieder erst in Bilder übersetzt werden müssen, um überhaupt von seiner Seele angenommen zu werden. Denn wenn dem Klienten nur Affirmationen gegeben werden oder etwa plausible Sätze oder logische Schlussfolgerungen, so würden sie vielleicht von seinem Verstand gutgeheißen und angenommen, würden aber niemals in der Seele wirken, und daran scheitern bekanntlich so manche Verfahren, die hauptsächlich Worte benutzen. Der Klient weiß dann, was er eigentlich sollte oder wollen sollte, aber er kann nicht und hat dadurch nur einen zusätzlichen Konflikt. Es ist also sehr hilfreich und auch wirkungsvoll, direkt in Bildern mit der Seele oder mit der Psyche eines Klienten zu kommunizieren.

Bilder sind zudem auch **interkulturell und universell**, und obwohl sie einige kulturelle Abweichungen in den Bedeutungen haben mögen, so sind die meisten Bilder doch allgemein gültig und werden prinzipiell von der ganzen Menschheit verstanden, z.B. ist mit dem Bild der Sonne immer die Bedeutung von Wärme, Klarheit und Licht verbunden. Hieraus wird auch ersichtlich, dass die Menschen nicht nur ein individuelles oder kulturelles, sondern darunter auch ein das Menschengeschlecht umfassende kollektives Bewusstsein haben oder, besser gesagt, in ihm und aus ihm leben. Dies ist ein Bewusstsein, das kulturell übergreifend und von Urzeiten her von Bildern, Symbolen, Archetypen geprägt ist. Daher kann man sich über Bilder und Symbole nicht nur zwischen verschiedenen Völkern und Kulturen verständigen, sondern selbst über die Zeiten hinweg andere Kulturen und Völker verstehen, die längst ausgestorben sind. So haben die meisten Symbole eine universale und übergreifende Bedeutung, wenn sie auch zugleich in einer bestimmten Kultur noch eine ganz besondere Note haben können. Natürlich kommt durch den individuellen Erlebnisgehalt oder die damit verbundenen ganz persönlichen Assoziationen bei jedem Menschen noch eine individuelle Komponente dazu, was aber der Grundidee nicht widerspricht, die ursprüngliche Bedeutung des Symbols oder Bildes nicht aufhebt oder überdeckt. Diese Universalität der Bilder garantiert zugleich die leichte Deutbarkeit und Erfahrbarkeit im Kollektiv, und Volksweisheiten werden so oft in solchen Bildern weitergegeben.

Schließlich ist diese Methode der Arbeit mit inneren Bildern und Symbolen auch **für Kinder sehr gut geeignet**, besonders für jene, die sonst Probleme haben, Gefühle und innere Zustände genau zu beschreiben und auszudrücken. Doch indem sie einfach ihr Seelenhaus anschauen und es zeichnen, malen oder einfach erzählen, gelingt es, in wenigen Augenblicken einen recht umfassenden und präzisen Überblick über ihren inneren Zustand, ihre Defizite wie Talente, ihre Persönlichkeit und ihr Verhältnis zu den Mitmenschen in Erfahrung zu bringen. Gerade bei der Analyse von Kindern fällt es oft schwer, konkrete Aussagen über ihre inneren Zustände zu erfahren, weil es hier zahlreiche Hemmschwellen gibt, sich zu offenbaren, vor allem gegenüber Erwachsenen, und dazu kommt der noch ungenaue oder noch ungeübte Ausdruck über das Wort. Kinder leben nämlich noch viel mehr in einer Bildwelt als in einer Verstandeswelt, in einer Welt, in der es noch viele andere Verknüpfungen und Zusammenhänge gibt. So ist hier die Bildsprache des Seelenhauses die ideale Wahl der Kommunikation. Aber auch bei wortgewandten und dem Wort verhafteten Verstandesmenschen, die kaum noch Zugang zu ihren inneren Bildern haben, kann diese Methode eine sehr große Hilfe und Erleichterung sein, da sie zum ersten Mal direkte Informationen aus ihrem Inneren bekommen und abrufen können, nicht mehr darüber spekulieren und mutmaßen müssen und deshalb mit ihrer Seele wieder direkt sprechen können. Denn in die Tiefen der Seele dringen nur Bilder und Gefühle, die ihnen nachgeordnete Welt des Verstandes jedoch nicht.

Zusammenfassend gesagt ist das Bild nicht nur das ursprünglichere Kommunikationsmittel und sozusagen die seit Urzeiten natürliche Art, sich selbst zu erkennen, in Bildern und durch Bilder, wie es sich schon in den ältesten Fels- und Höhlenzeichnungen ausdrückt und darstellt, sondern es ist auch universal und allgemeingültig, leicht erfahrbar und deutbar, ja oft direkt erlebbar. Denn es war vor der babylonischen Sprachverwirrung schon da und ist daher viel weniger als die Worte durch Blockaden oder Interpretationen des Verstandes behindert. Bei der Methode des Seelenhauses ist es beispielsweise so, dass der Verstand meistens die Bedeutung während des Sehens und Erlebens der inneren Bilder gar nicht erfasst, sondern einfach nur ein interessantes Haus besichtigt, was seine Neugier befriedigt und ihn so beschäftigt. So können die Informationen ohne Filter oder ohne Widerstand passieren. Natürlich ist bei häufiger Anwendung der Methode darauf zu achten, dass sie stets spielerisch bleibt und dass sich der Verstand, nachdem er nach einiger Zeit die Bedeutung der Bilder verstanden und sich gemerkt hat, nicht während der Übung einmischt und dann Bilder unterdrückt oder verfremdet. Doch ist diese Gefahr längst nicht so groß, als wenn der Verstand direkt versuchen würde, das Innere zu erfassen, mit Worten und Konzepten zu analysieren und zu deuten. Schließlich geht durch den viel höheren Informationsgehalt der Bilder der Vorgang der Erkenntnis hier auch wesentlich schneller, und es ist möglich, etwa in einer halben Stunde die wichtigsten Teile des Persönlichkeitsprofils eines Menschen zu erfassen und aufzunehmen, den derzeitigen Zustand zugleich mit den wesentlichen Problempunkten. Die einzige Voraussetzung hierfür ist hier lediglich der immer phantasievolle, spielerische Umgang mit den Bildern, ohne sie während der Anwendung der Methode allzu sehr mit Bedeutung zu belasten, und natürlich die Fähigkeit zur Visualisation, zum bildhaften Erkennen.

2.2 Die Gabe und Macht der Visualisation

Die Fähigkeit der Visualisation, also der bildlichen Vorstellungskraft, ist eine dem Menschen angeborene Gabe. Sie zeigt sich vor allem noch natürlich und unverdorben bei Kleinkindern, die ständig Bilder produzieren, nach ihrer oft unglaublichen Phantasie alles bildhaft gestalten und auch so wahrnehmen und sich auch in Bildern, Symbolen und Gestalten ausdrücken. Bei manchem erwachsenen Menschen kann es jedoch vorkommen, dass entweder durch den exzessiven Gebrauch des bloßen Verstandesdenkens oder durch bestimmte unbewusste Blockaden diese Fähigkeit sehr in den Hintergrund gedrängt wurde, so dass sie erst wieder freigelegt, aufgebaut und trainiert werden muss. Blockaden gegen das bildhafte Sehen und Gestalten entstehen dann, wenn beispielsweise schmerzhafte seelische Prozesse oder Traumata nicht verarbeitet, sondern ins Unterbewusste verdrängt wurden, und die Blockade schützt nun vor diesem Teil des Geistes. Man verschließt einfach sein geistiges Auge. Unglücklicherweise werden damit aber auch viele andere wichtige Teile und Potenziale blockiert, man wird geistig blind, was kein gesunder Zustand ist, was es vielmehr aufzulösen und zu heilen gilt.

Auch wenn wir nachts träumen, träumen wir in Bildern und in Geschichten, erleben also eine Abfolge von Bildern. Oft will uns unser Inneres, unsere Seele, etwas Wichtiges mitteilen und zeigt uns diese Botschaft in Symbolen oder gar präkognitiven Bildern, oder aber sie verarbeitet noch unverarbeitete Geschehnisse durch das nochmalige Erleben von Bildern und Gefühlen. Diese Gabe des bildhaften Sehens ist also zugleich eine Gabe der Erkenntnis, dann der Kommunikation, aber auch die Art und Weise, wie die Seele Informationen verarbeitet, vor allem in unseren Träumen. Sie ist aber noch mehr als das, denn wir haben nicht nur die Fähigkeit, diese Bilder unmittelbar zu sehen, zu verstehen, intuitiv zu erfassen, nicht nur die Fähigkeit, mit unserer Seele zu kommunizieren, sondern haben mit der Gabe der Visualisation auch die Möglichkeit, schöpferisch und gestalterisch einzugreifen, Dinge umzuändern oder ganz einfach neu zu erschaffen. Stellen Sie sich doch einfach einmal einen *rosa Elefanten* vor, und er wird in Ihrem Bewusstsein sofort Wirklichkeit. Vor allem Kinder und kreative Menschen haben so die Möglichkeit, sich ganz eigene innere Welten zu erschaffen und mit diesen zu spielen, sie zu genießen und schließlich wieder aufzuheben. Nur Hirngespinste, meinen Sie, und nicht real, ohne Bezug zur Wirklichkeit? Was ist denn schon der Unterschied zu der vermeintlich äußeren Welt oder den von der äußeren Welt induzierten Bildern? *Beide sind in unserem Gehirn bzw. in unserem Bewusstsein einfach nur Bilder*, und beide gehen mit entsprechenden Gefühlen einher, wenn wir diese zulassen. Sie können uns also erfreuen oder erzürnen oder welche Gefühle auch immer auslösen. Es ist hier allenfalls ein Unterschied in der Intensität festzustellen, doch auch dies kann man mit etwas Übung ausgleichen und die inneren Bilder so intensivieren, dass sie sogar noch stärker wirken als die von der Außenwelt gelieferten. In diesem Sinne haben übrigens auch die großen Dichter Worte benutzt, weniger, um Informationen zu vermitteln, sondern um wirkungsvolle Bilder im Leser oder im Betrachter eines Theaterspiels zu erschaffen, und es sind diese so erzeugten Bilder, die dann im Betrachter wirken und Reaktionen auslösen, die ihn mitleiden, erschauern, mitweinen oder mitlachen lassen.

Wir wollen also festhalten, dass die Gabe der Visualisation drei Fähigkeiten umfasst:

- die Fähigkeit, direkt und ganzheitlich zu erkennen
- die Fähigkeit zur Kommunikation
- die Fähigkeit zur schöpferischen Gestaltung

Letzteres ist sehr wichtig, um unser Leben wieder in die Hand zu nehmen und umzugestalten. Theoretisch haben wir also jederzeit die Möglichkeit, in uns selbst alles zu erschaffen, uns beispielsweise an einen Südseestrand zu versetzen, eigene Welten zu erschaffen und darin zu leben, nicht etwa aus Reaktion auf etwas, sondern aus unserem freien Willen, ganz nach Lust und Laune. Der Einsatz der schöpferischen Bildkraft macht uns wieder zum Schöpfer unserer Welt, gibt uns nicht nur die Möglichkeit, „Bestellungen ans Universum" zu verschicken, sondern auch unser Inneres umzugestalten und letztlich die Gefühle zu fühlen, die wir fühlen wollen, und nicht mehr steuerlos den Wellen der Emotionen und Gedanken ausgesetzt zu sein. Wir müssen dies aber bewusst tun, aus unserer eigenen Schöpferkraft, und uns nicht von Reaktionen oder äußeren Hilfsmitteln wie etwa Drogen überwältigen lassen, dürfen nicht einer Bildflut aus dem Inneren einfach nur nachgeben oder ihr ausgeliefert sein. *Vielmehr muss stets darauf geachtet werden, diese Fähigkeit der Bildgestaltung unter die Macht des Willens zu stellen*, Bilder bewusst und kreativ zu erschaffen, sie nach eigenem Wunsch zu ordnen und willentlich auch jederzeit wieder auflösen zu können. Ansonsten droht die Gefahr, in Traumwelten abzudriften, von der inneren Bildflut überwältigt zu werden oder stets nur zu reagieren, statt kreativ seine Welt zu gestalten. Wie bei den großen Künstlern, Dichtern oder Musikern kommt alles darauf an, diese Bilder im Rahmen einer Ordnung, einer Harmonie erstehen zu lassen, oder sie, wenn sie von selbst auftauchen, in der gewünschten Reihenfolge oder Harmonie wahrnehmen und ordnen zu können, und dies bedeutet auch, sie jederzeit wieder abschalten zu können. Die Macht über die Bilder darf der Mensch nicht aus den Händen geben, auch wenn er zeitweise die Zügel locker lassen muss, um neue Welten im Bewusstsein zu erforschen. Somit ist es wichtig, falls bei Erwachsenen oder bei Personen in der Opferrolle dieser schöpferische Aspekt verloren gegangen oder verdrängt worden sein sollte, ihn wieder zu stärken, und auch hier kann die Seelenhaus-Methode nützlich sein, da sie ja auffordert, das Seelenhaus bewusst zu gestalten und umzugestalten.

Derjenige nun, der noch wie ein Kind bereits diese schöpferische Seite der Visualisation nutzt, oder derjenige, der diese kreative Gabe wieder stärkt und entwickelt, wird damit immer mehr zum Schöpfer seines Lebens, zum Lenker seiner Gefühle, zum Gestalter seiner Welt werden, zumal es mit dieser Gabe noch eine ganz besondere Bewandtnis hat: Möglicherweise hat diese schöpferische Visualisation, kombiniert mit der entsprechenden Energie, die Macht, potenzielle Wahrscheinlichkeiten unseres Quantenuniversums in Realität kollabieren zu lassen oder, um es einfacher auszudrücken: Es wird dadurch materielle Realität erschaffen.

Schon lange wurde in allen esoterischen und geheimwissenschaftlichen Lehren, die von dem Geist als Kraft und Potenz des Menschen ausgehen, als gesicherte Wahrheit gelehrt, dass diese Gabe nicht nur dazu da ist, das

Innere zu entdecken, zu kommunizieren und gewisse Lenkungsfunktionen auszuüben, wie beispielsweise Gefühle in eine bestimmte Richtung zu lenken. Vielmehr galt diese Fähigkeit stets als eine wirkliche, magische, schöpferische Macht des Menschen über das Universum, eine Macht, mit der entsprechenden Energie Wünsche wahr werden zu lassen, tatsächliche Ereignisse anzuziehen, erwünschte Personen ins Leben zu ziehen oder bestimmte Dinge materialisieren zu können. *Denn Gedanken sind nach dieser Vorstellung eben nicht nur Gedanken, sondern auch Kräfte, und wir lenken sie mittels dieser Bilder, die wir bewusst erschaffen und ins Leben rufen.* Wir tun dies sowieso ständig, nur dass die meisten Menschen darüber zumeist keine Kontrolle haben und sich dadurch auch sehr viel Negatives erschaffen. Auch in den Religionen und speziell auch im Christentum gab es stets diese Vorstellung, dass den Menschen nach ihrem Glauben geschieht.

Wenn dies wahr ist, so geben wir der geistigen Energie, die in uns ist und die durch unseren Willen erweckt und gesteuert wird, durch diese Vorstellungskraft und deren Bilder bewusst eine bestimmte Richtung und konkrete Form. Wenn wir uns etwas immer wieder und wieder vorstellen, es so weit wie möglich gefühlsmäßig verstärken und schließlich so real wie möglich in uns erleben, so wird es dadurch immer wahrscheinlicher, dass es sich in der realen Welt manifestiert. Auch die moderne Physik hat festgestellt, dass der Beobachter für die Realität der Wirklichkeit maßgebend ist und dass er letztlich darüber entscheidet, ob und wie etwas vorher potenziell Mögliches zur erfahrbaren Wirklichkeit wird. Sehr schön dargelegt ist dies unter anderem in dem Buch „Die geheime Macht der Psyche" von Prof. Warnke. Dieser Zusammenhang ist auch die Grundlage aller Magie und allen Schamanismus, aller Arbeit mit geistigen Kräften, die stets eine solide Vorstellungskraft und Imaginationskraft voraussetzt. Natürlich reicht die reine Form des Bildes nicht aus, um materiell wirksam oder schließlich in die Realität überführt zu werden, sondern es ist notwendig, dass auch die nötige Gedanken- und Gefühlsenergie eingespeist wird und zugleich mit der Form aufgebracht wird. So können wir also über Bilder nicht nur Dinge und Begebenheiten herausfinden und lenken, sondern vielmehr selbst erschaffen und gestalten.

Doch wie immer dies gesehen wird, ob der Kraft der Seele, wie ich glaube und wie die alten Mysterien und Religionen behauptet haben, eine Macht zukommt, die Materie und Umwelt zu beeinflussen, oder auch nicht – in jedem Fall ist unbestreitbar, dass wir dadurch unmittelbar unser Inneres, unsere Psyche beeinflussen, mitgestalten oder schöpferisch umgestalten können, und so ist für die Seelenhaus-Methode hier keine weltanschauliche Debatte nötig. Denn unser Ziel ist zunächst, unsere Persönlichkeit zu erkennen und dann schöpferisch weiterzuentwickeln und kreativ umzugestalten. Wenn es dann gemäß dem hermetischen Grundsatz „Wie innen, so außen" auch im äußeren Leben direkte Resultate zeigt, dann umso besser. Probieren Sie es einfach selbst aus und testen Sie es in Ihrem Leben.

Die Seelenhaus-Methode benützt neben der Kraft der visuellen Gestaltung und der eigenen kreativen Schöpferkraft noch ein anderes Verfahren, um Ergebnisse hervorzubringen, und daher muss dies hier auch erwähnt werden. Es handelt sich dabei um das Prinzip der Gnade, nämlich durch die Hilfe des Himmels und die Macht der Liebe das gewünschte Ergebnis hervorzubringen oder die angestrebten Veränderungen zu bewirken. Im Einzelnen werden wir darauf im entsprechenden Kapitel eingehen, und daher sei dies hier nur angedeutet. Wenn ich dieses Prinzip einsetze, so brauche ich nicht selbst alles visuell hervorzubringen und zu gestalten und diese Bilder in die Seele hinein zu geben, sondern ich gebe nur meine Absicht hinein und bitte dann den Himmel (den Geist) direkt um Unterstützung oder symbolisch auch entsprechende Engel bzw. Wesenheiten, die dies für mich ausführen. So brauche ich die notwendige Energie gar nicht selbst aufzubringen, um die gewünschte Realität zu erschaffen, sondern muss nur entscheiden und darum bitten. Dann brauche ich nur beim Universum zu bestellen, wie man so schön sagt. Allerdings benötige ich hierzu eine bewusste Verbindung zum Geist und den entsprechenden Glauben, dass dies auch möglich ist, oder zumindest ein tiefes Vertrauen in den Urgrund des Seins, in die Ordnung, Sinnhaftigkeit, Intelligenz und Hilfsbereitschaft des Lebens, was nicht jeder gleich akzeptieren kann. Wer es aber kann, der kann auf diese Gnade, auf die Hilfe des Himmels zurückgreifen, und somit können also Veränderungen in der Seele und im Leben, wie wir sie mit dem Seelenhaus anstreben, sowohl auf eigene Faust und mit eigener Kraft realisiert als auch aus Gnade empfangen werden.

Einübung und Stärkung der Visualisation
Beides ist also möglich, doch für beide Weisen brauchen wir die Gabe der Imagination oder Visualisation, und es ist daher empfehlenswert, sie noch mehr zu entwickeln, sie zu stärken und einzuüben. Das Ziel sollte sein, dass man sich alle möglichen Dinge, an die man denkt oder denken kann, auch bildlich vorstellen kann, sowohl abstrakte Bilder wie Dreiecke oder kubische Formen bis hin zu einer blühenden Landschaft voller Details. Um dies zu erreichen, gibt es einige Übungen, die ich ihnen hier vorstellen möchte. Doch sind diese nicht unbedingt notwendig, um die Seelen-

haus-Methode anzuwenden, sondern nur dazu gedacht, diese Fähigkeit der Visualisation nach Belieben zu verstärken und auszubauen.

ÜBUNG 1: Visualisation einüben

A) Setzen Sie sich bequem hin und schließen Sie die Augen. Wählen Sie eine einfache Form wie beispielsweise ein rotes Dreieck, und stellen Sie sich diese Form für eine Minute ganz intensiv vor ihrem dritten Auge (im Bereich der Stirn zwischen ihren Augen) vor. Dann verändern Sie das Dreieck in Blau und stellen es sich wieder eine Minute ganz intensiv vor. Dann verändern Sie es in Gelb oder Grün und üben damit noch eine weitere Minute.

Danach nehmen Sie eine andere, ganz einfache Form, beispielsweise einen Kreis, und wiederholen Sie die vorige Übung wieder mit drei verschiedenen Farben je eine Minute lang.

Wiederholen Sie diese Übung mit immer neuen Formen, auch im Alltag, wenn Sie mal Zeit haben oder irgendwie warten müssen. Nie forcieren, immer leicht und spielerisch. Wenn dies gut gelingt, gehen Sie zu B) über.

B) Setzen Sie sich bequem hin und betrachten Sie eine Minute lang ein Bild aus der Zeitung oder ein Foto, möglichst mit einer schönen Landschaft oder mit Blumen oder, was Sie interessiert. Dann schließen Sie die Augen und versuchen, dasselbe Bild innerlich vor Ihrem dritten Auge entstehen zu lassen. Wenn dies gelingt, dann halten Sie es eine Minute lang durch, ohne abzuschweifen. Falls es nicht gelingt, dann öffnen Sie wieder die Augen und betrachten kurz die Bildvorlage oder das Foto und versuchen Sie, es dann noch mal innerlich entstehen zu lassen. Nach einiger Zeit müsste dies mühelos gelingen, Sie brauchen nur so lange von Vorlage zu innerem Bild zu wechseln, bis dies klappt.

C) Wenn Sie darin geübt sind, dann nehmen Sie eine Erinnerung der letzten Tage, eine Situation, einen Menschen, ein Ereignis (aber nicht zu kompliziert), und lassen dies wieder für eine Minute lang ganz intensiv vor Ihrem inneren Auge auftauchen und betrachten es intensiv, so dass Ihnen vielleicht sogar neue Details oder Einzelheiten auffallen. Tun Sie dies mit verschiedenen Erinnerungen, bis diese Fähigkeit sitzt, auch die Bilder aus dem Gedächtnis konzentriert festhalten oder visualisieren zu können.

D) Wenn auch dies gelingt, aber erst dann, erschaffen Sie sich Phantasielandschaften vor Ihrem inneren Auge, beispielsweise einen rosa Elefanten, der über eine grüne Wiese läuft.
Halten Sie wieder das von Ihnen Erschaffene mindestens eine Minute lang gezielt fest, wobei das Bild durchaus lebendig bleiben kann. Sie müssen nur in der Szene bleiben und dürfen nicht abschweifen. Schließlich stellen Sie sich Ihr Seelenhaus vor wie in Übung 5 und genießen es, solange Sie wollen. – Ende der Übung.

Es gibt einige Menschen, die sich etwas – aus welchem Grund auch immer – nur schwarzweiß vorstellen können, aber dies ist zunächst nicht so wichtig wie die Formen klar zu sehen und festzuhalten. Dennoch sollten Sie über kurz oder lang die Ursache der Blockade finden und auflösen, so dass das Leben wieder farbig wird und wieder in Farbe gesehen werden kann. Üblicherweise ist jedoch bei fast allen Menschen, wie die bisherige Seminarpraxis gezeigt hat, die Fähigkeit der Visualisation (zumindest ausreichend) vorhanden, und nahezu jeder konnte von Anfang an sich ein Haus vorstellen oder es sehen.

Bei den wenigen Menschen, die damit Probleme hatten, zeigte sich, dass es mehr eine Frage des Sehen-Wollens war als des Sehen-Könnens. Sie wollten es entweder nicht sehen, da eine Blockade vorlag, nach innen zu schauen, oder sie haben als Perfektionisten mit hohen Erwartungen das erste sich zeigende Bild wieder gelöscht und auf das perfekte Bild gewartet.

Diese Blockaden können aber im Einzelfall leicht bearbeitet werden, beispielsweise könnte man die Blockade umgehen, indem man fragt: „Nun gut, es ist nichts zu sehen, aber wenn man es sehen könnte, welche Farbe könnte es haben, welche Größe…?", und dann einfach raten lassen, bis etwas Konkretes vorliegt. Dann ist üblicherweise der Bann gebrochen, und man stellt es sich entsprechend vor und kann es weiter erforschen. Doch diese Fälle sind selten und wenn, dann können sie wieder aufgelöst werden, da die Visualisation dem Menschen natürlich ist.

Einübung und Stärkung der Konzentration
Ein anderes Problem entsteht dann, wenn die Aufmerksamkeit nicht gut gesteuert werden kann und die Bilder nicht festgehalten werden können, also ständig wechseln oder sich unwillentlich verändern, der Geist sozusagen von einem zum andern Bild hüpft wie beim Dauer-Zapping beim Fernsehen. Die Mystiker hatten für einen solchen Geist das Bild eines Affen, der von Ast zu Ast hüpft und nie zur Ruhe kommt. In einem solchen Fall ist es hilfreich, die Konzentrationskraft und die Aufmerksamkeit zu schulen,

genauer gesagt, die Steuerung der Geistkraft und der Aufmerksamkeit durch den Willen, wie sie übrigens von Geistesschulen zu allen Zeiten praktiziert wurden. Im Folgenden gebe ich einige Übungen an, die man spielerisch einmal ausprobieren oder einüben kann, aber sie sind keine Bedingung für die Anwendung der Seelenhaus-Technik, sondern eine zusätzliche Hilfe, mit der die Intensität sowie die Stabilität der Bilder verbessert werden kann.

ÜBUNG 2: Konzentration einüben

A) Setzen Sie sich bequem hin und wählen Sie irgendeinen Gegenstand vor Ihnen oder aus dem umliegenden Raum aus, beispielsweise einen Bleistift, einen Stuhl, eine Vase, eine Uhr oder was auch immer. Richten Sie nun etwa zwei Minuten lang Ihre ganze Aufmerksamkeit auf diesen Gegenstand, ohne gedanklich abzuschweifen. Geschieht dies dennoch (und zu Anfang vermutlich häufig), so bringen Sie ohne Kritik oder Bewertung die Aufmerksamkeit wieder zu dem Gegenstand zurück und versuchen es noch mal, mit endloser Geduld. Nach Wunsch können Sie dies auch bis auf fünf Minuten steigern.
B) Wiederholen Sie die Übung nun mit einer Erinnerung, Situation, Ereignis aus dem Gedächtnis. Wenn Sie etwas ausgewählt haben, so bleiben Sie mindestens zwei Minuten dabei und betrachten Sie die Szene. Vielleicht werden Ihnen weitere Details bekannt oder bewusst oder Sie entdecken noch mehr Einzelheiten. Dies ist völlig in Ordnung, aber schweifen Sie keineswegs ab. Sind Ihre Gedanken plötzlich woanders, dann holen Sie sie einfach wieder zu der Szene zurück, auch hier mit viel Geduld und ohne Selbstkritik.
C) Schulen Sie nun im Alltag diese neu gewonnene Achtsamkeit und versuchen Sie so häufig wie möglich Ihre Aufmerksamkeit immer gezielter zu steuern und auszurichten, sie gezielt dem Willen zu unterwerfen. Beobachten Sie einfach alles, was Sie tun, und seien Sie sich stets bewusst darüber. Das klingt einfach, ist es aber nicht. Denn Sie werden bei Emotionen oder wichtigen Dingen die Tendenz haben, wieder unbewusst zu werden. Dann wieder zurück zur Achtsamkeit und einfach nur beobachten, was Sie tun, denken, reden, handeln.

Im Alltag können Sie auch das Visualisieren weiter üben, indem Sie darauf achten, die Gedanken nicht nur zu denken, sondern sich alles, was Sie sagen oder hören, möglichst in Bildern vorzustellen, auch sich die Gedanken anderer Menschen stets mit einem entsprechenden Bild auszumalen, gelegentlich auch mal der Phantasie freien Lauf zu lassen und einfach tagträumen, sich angenehme Dinge vorstellen und darin Ruhe, Kraft und Erholung finden. Denn unsere Seele reagiert – wie auch unsere Körper – direkt auf diese geistigen Bilder, zumal für das Gehirn innere von äußeren Bildern kaum unterscheidbar sind. Es hängt nur von der Intensität ab, mit denen wir die Bilder auftauchen lassen oder sie uns erschaffen.

2.3 Die wirkende Kraft der inneren Bilder

Innere Bilder bieten uns also nicht nur Informationen und Erkenntnisse, sondern sie sind eher wie Programme in einem Computer, die selbstständig Wirkungen auslösen, und zwar über die entsprechenden Gefühle, die von ihnen im Bewusstsein verursacht und ausgelöst werden. Wenn wir uns beispielsweise unser Lieblingsessen vorstellen, so sehen wir nicht nur die Zutaten und die Einzelheiten des Essens vor uns, sondern das Bild löst zugleich Lust in uns aus, es lässt uns beispielsweise das Wasser im Mund zusammenlaufen, wir bekommen Hungergefühle oder reagieren emotional darauf, und im extremen Fall handeln wir nun, um das Essen zu bekommen, gehen z. B. in ein Restaurant und bestellen es. Genau so geschieht es aber auch mit negativen Bildern, gegen die wir Widerstand haben. Auch diese geben uns nicht nur Informationen, sondern lösen zugleich Abwehr, Ekel oder Verkrampfung aus, sowohl in unserem Gefühl als auch letztlich in unserem Körper, der nur die Verlängerung von Gedanken über Gefühl bis in die Materie ist, sozusagen der Bildschirm des Computers, der das entsprechende Programm dann ausdrückt oder darstellt. Auch wenn wir beispielsweise an eine angstvolle Situation denken oder uns vorstellen, dass in dem dunklen Park, den wir jetzt durchqueren, Verbrecher lauern oder schon Morde passiert sind, so entstehen über dieses Bild entsprechende Angstgefühle in uns, und sie können sich als Gänsehaut oder Herzklopfen direkt körperlich manifestieren, ohne dass es wirklich einen äußeren Anlass gibt.

Aber auch ganz neutrale Situationen und Begebenheiten belegen wir ständig mit Interpretationen, d. h., wir verknüpfen sie mit schon in uns vorhandenen Bildern oder erschaffen uns Bilder dazu, bewerten dadurch und lösen so wiederum Gefühle in uns aus, die natürlich auf uns zurück wirken und unser Leben und unsere Handlungen direkt beeinflussen. Wie gesagt, es sind unsere eigenen Bilder und Interpretationen der Wirklichkeit, auf die wir reagieren, und nicht die Wirklichkeit selbst. So können dieselben Fahrstühle für den einen eine Freude sein, für den anderen eine Qual, weil er sie als lebensgefährlich bewertet. Doch schlimmer ist es gegenüber den Mitmenschen, die auf solche Bewertungen reagieren. Wenn ich also bestimmte Merkmale oder Charaktereigenschaften von Menschen mit kriminellen Handlungen assoziiere, so entstehen automatisch Furcht und zugleich Abwehr gegen diese Menschen, obwohl sie vielleicht gar nichts getan haben oder mir sogar freundlich gesinnt sind. *Es kommt also immer auf die inneren Bilder an*, wie Umstände, Situationen und Menschen von mir interpretiert werden, welche Gefühle sie in mir auslösen und welche Handlungen ich daraus folgen lasse, eben nicht auf die Umstände und Situationen selbst. Daher reagieren Menschen auch so unterschiedlich auf dieselben Ereignisse oder Personen.

Üblicherweise glauben dennoch die meisten Menschen, dass diese Bilder von einer so genannten Wirklichkeit ausgelöst werden, einer realen äußeren Welt, die eben *so* ist und nicht *anders*. Doch lässt sich das Gegenteil schon dadurch beweisen, dass Menschen niemals gleich von einer Sache oder Situation denken oder fühlen, sondern, was dem einen lieb ist, das hasst der andere, und was der eine begehrt, das lehnt der andere ab. Ebenso ist es mit Personen. Wen die einen als lieb und gut beurteilen, der wird von anderen als übel und schlecht gebrandmarkt. Leider begreifen dies viele Menschen nicht und beschuldigen dann einander falscher Wahrnehmung, des Irrtums, der Dummheit, anstatt einzusehen, dass die Bewertungen nicht aus den Sachen, sondern stets aus den inneren Bildern und eigenen Entscheidungen über die Bedeutung der Sache kommen, und diese sind bewusst oder unbewusst immer selbst gewählt und erschaffen, nie aber von der Außenwelt geliefert.

Dies ist aber auch eine gute Nachricht, denn es bedeutet zugleich, dass wir große Macht darüber besitzen, wie wir etwas wahrnehmen oder sehen, welche Gefühle wir damit oder dabei haben und wie wir handeln und unsere Welt gestalten. Vor allem zeigt es, dass wir, wenn wir diese Bilder und Programme nicht mehr unbewusst kreieren und einfach laufen lassen, sondern sie in uns selbst bewusst erschaffen können, diese dann auch gezielt zu unserem Nutzen einsetzen können. Dies werden wir in dem Kapitel über die Veränderungen des Seelenhauses (Kap. 6) auch tun und bereits vorhandene Bilder in uns umändern, austauschen, umgestalten oder einfach neu erschaffen.

Doch auch wenn wir im Moment nichts Bestimmtes umgestalten wollen, wenn wir nur eine Analyse des gegebenen Zustandes vornehmen wollen, so ist es doch notwendig zu wissen und zu beachten, dass die in uns vorhandenen Bilder, die wir über das Seelenhaus und diese Methode abfragen können, nicht nur Informationsträger sind, die uns bestimmte Kenntnisse über unser Inneres sowie auch über unsere Persönlichkeit und unser Handeln vermitteln, sondern dass diese Bilder so, wie sie bereits in der Seele sind, eigenständige und stets wirkende Programme in unserem System sind, die ständig – auch und gerade dann, wenn wir sie nicht beachten, ja sogar ignorieren, unbewusst unser Handeln, Denken und Fühlen beeinflussen, wenn nicht sogar dominieren.

Die inneren Bilder in unserer Seele sind also stets Wirkkräfte, ob wir wollen oder nicht, ob wir daran denken oder nicht. Mit der Seelenhaus-Methode können wir sie aber erkennen und – falls wir dies wünschen – nach Belieben verändern oder gar neu erzeugen. Diese Wirkkräfte erzeugen unsere Stimmungen, Gefühle und auch Handlungen, vielleicht sogar unsere materielle Umwelt. Sie sind die Saat, die wir ständig säen, und wenn wir stets Ähnliches erleben, immer dasselbe Unglück oder Beziehungsproblem, dann säen wir ständig dieselben Samen, dieselben Bilder in unsere Seele. So wie wir mit einer Schreibmaschine Buchstaben tippen können, um etwas zu schreiben, oder in einen Computer bestimmte Programmierbefehle, um etwas zu verändern, so können wir in die Seele ganz bestimmte Bilder eingeben oder alte Bilder verändern oder löschen. Sie wird uns genauso verstehen und danach handeln, sich entsprechend verändern, und wir können dies wiederum anhand der Bilder überprüfen. Auch kann sie uns über die Bilder wie in Träumen Mitteilungen schicken, und so entsteht hier eine *Zwei-Wege-Kommunikation*. Unsere Seele, unser Inneres, drückt sich über Bilder an uns aus, macht das bisher Unbewusste für uns bewusst und bringt es ans Licht, so dass wir klar die in uns liegenden Inhalte erkennen können, aber umgekehrt können wir genauso wie über eine Computertastatur über die Bildsprache der Seele nicht nur einzelne Befehle geben, sondern sogar ganze Programme einschreiben, neue Verhaltensweisen programmieren, ein neues Lebensgefühl etablieren – einfach, indem ich beispielsweise mein Seelenhaus umbaue, säubere, renoviere, umgestalte und somit den in meiner Seele wirkenden Kräften sage, wie ich leben und sein will, wie ich wirken und mich ausdrücken will.

Es spielt nach unserem Kenntnisstand in unserem Gehirn beziehungsweise in der Verarbeitung der bildhaften Informationen keine große Rolle, ob wir diese Bilder von außen über Wahrnehmungsorgane bekommen oder über unsere Assoziation und Interpretation oder über unsere Phantasie und Vorstellungskraft selbst erschaffen und selbst in unser System einspeisen. Es sind so oder so nur Gehirnströme, aus denen wir dann wieder ein Bild der Welt zusammensetzen und es Realität nennen. Wo die Ströme wirklich herkommen, können wir nicht wissen. So können wir ja auch im Traum nicht erkennen, dass es nur ein Traum ist, dass es sich nur um innere Bilder handelt, denn sie sind für uns genauso real wie die Realität, ja, sie sind die Realität im Traum, solange wir zumindest davon überzeugt sind, dass sie real sind.

Daher müssen wir natürlich auch, wenn wir zukünftig gezielt Bilder in die Seele einspeisen, davon überzeugt sein, dass sie real sind und entsprechend wirken, und je höher die den Bildern mitgegebene Glaubenskraft und Gefühlsintensität ist, um so stärker und schneller werden sie aufgenommen und verwirklicht. Es entscheidet letztlich also der Grad der Intensität und Energie der Bilder und Gedanken, ob sie Wirklichkeit werden, nicht aber ihre Herkunft aus der Innen- oder Außenwelt. Spielen wir einmal ein Gedankenspiel: Wir wollen uns ausgiebig erholen und entspannen. Nun könnten wir dies beispielsweise aus einer aufwendigen Reise beziehen, in die Südsee reisen, dort die Natur genießen usw., aber wir könnten uns genauso mit ganz wenig Aufwand in unser Inneres zurückziehen, dort eine schöne Reise machen, auf unseren Lieblingsplatz gehen und die Sonne und Schönheit der Natur genießen, baden, uns reinigen und so weiter. Der Entspannungseffekt für uns wird bei gleicher Intensität der Bilder – welche allerdings eine gut geschulte Vorstellungskraft voraussetzt – derselbe sein. Sowohl die Psyche wie auch der Körper werden auf die tatsächlich angeschauten oder aber vorgestellten Bilder entsprechend reagieren. Umgekehrt wissen wir ja auch, dass Psyche und Körper im Alltag auch auf innere Stressfaktoren direkt reagieren wie auf das Gefühl, keine Zeit zu haben, was ja lediglich eine innere Vorstellung ist.

Dies kann im Extremfall so weit gehen, dass die inneren Bilder die äußeren durchaus übertönen können und realer sind als jene aus der vermeintlichen Wirklichkeit, wie es beispielsweise in Hypnose gezeigt werden kann. Es wurde hier schon oft bewiesen, wie innere Bilder noch stärker diekt ins Körperliche hinein wirken als äußere. So kann beispielsweise gezeigt werden, und das Experiment wurde schon oft wiederholt, dass sich am Körper von Personen sofort Brandblasen bildeten, denen glaubhaft suggeriert wurde, sie würden mit einem glühenden Stift berührt. Dabei hatte man sie nur mit einem harmlosen Bleistift berührt.

Doch der Körper folgte dem inneren Eindruck und der Vorstellung mehr als der äußeren Wahrnehmung, und bildete reale Brandblasen. Daraus kann man auch folgern, dass der Körper nicht oder zumindest nicht nur auf Äußeres reagiert, sondern aufgrund seiner Programme und Bilder selbst aktiv Krankheit wie Gesundheit steuert. Solche Experimente zeigen deutlich, dass letztlich nicht der äußere Gegenstand, sondern vielmehr das innere Bild des glühenden Gegenstandes die Brandblase auslöst. Zwar können wir im Normalfall nun nicht – zumindest nicht ohne Hypnose oder andere tiefgreifende Verfahren – solche intensiven Bilder in uns erzeugen, aber auch weniger intensive Bilder haben Wirkungen, vielleicht mehr langfristiger Art. Wer dies versteht, kann nicht nur seine Persönlichkeit, sondern auch seinen Körper gut steuern, regulieren oder entspannen, kann innerlich Urlaub machen und Kraft tanken, ohne dafür viel Geld ausgeben zu müssen. Inzwischen nutzen auch moderne Mediziner wie der Krebsarzt C. G. Simonton dieses Verfahren der inneren Bilder, um damit Krankheiten wie Krebs zu besiegen. Auch hierin zeigt sich die Wirksamkeit solcher Bilder.

Nicht viel anderes geschieht übrigens beim Film oder beim Fernsehen. Wir nehmen einfach Lichtbilder in uns auf, die – wie wir wohl wissen – keine materielle Substanz oder Realität haben, also nur Phantasieprodukte sind. Dennoch können sie in uns Stimmungen auslösen, uns zu Tränen rühren, uns zum Lachen anregen oder in Wut bringen, kurz gesagt in uns allerlei Stimmungen auslösen, je nachdem, wie ich gewillt bin, sie in mich einzulassen. Wenn wir uns also aufgrund all dieser Beispiele der Wirkkräfte dieser Bilder gewahr werden und auch realisieren, dass sie wirken, unabhängig davon, woher sie kommen, so werden wir in Zukunft sicher sorgfältiger die Bilder auswählen, denen wir uns aussetzen, und auch die inneren Bilder sorgfältiger beachten und nicht mehr nur als Phantasie abtun, werden ungünstige Bilder und Bewertungen auflösen und negative und angstbesetzte Programme Stück für Stück durch positive, friedvolle, vor allem freudvolle Bilder ersetzen.

Die Seelenhaus-Methode ist dazu ein Weg unter vielen anderen, und es ist ein leichter und einfacher Weg. Wenn wir damit in uns gehen, im Verlauf dieses Buches unser Seelenhaus anschauen und später auch gezielt verändern, so werden wir damit nicht nur immer mehr unserer kreativen Schöpferkraft bewusst und erlangen Souveränität über unser Leben, sondern wir lernen vor allem auch immer mehr diese einzigartige Bildsprache der Seele kennen und verstehen. Wir können dann ganz gezielt bestimmte Bereiche in uns abfragen und Stärken wie Schwächen erkennen, wir können diese wiederum über die Bilder beeinflussen und verändern, so dass wir immer gezielter mit inneren Bildern arbeiten lernen, bis es uns schöpferische Freude macht, selbstständig und frei zu gestalten. Wir werden damit zugleich auch die äußeren Bilder unseres Umfeldes und unserer Umwelt, auch die anderer Menschen und Kulturen wie auch der Malerei, Literatur und Dichtkunst besser verstehen und erfassen lernen.

Damit gehen wir über die individuelle Sphäre hinaus und lernen schließlich auch kraftvolle kollektive Bilder zu nutzen, die bereits seit Jahrtausenden mit Energie aufgeladen wurden, werden mit der Zeit immer professioneller und gezielter diese Art von Programmiersprachen beherrschen und lernen schließlich nicht nur einzelne Bilder, sondern ganze Bildfolgen, ganze Geschichten, Märchen und Mythen einzugeben, können dann unsere ganze Lebensgeschichte umschreiben, beispielsweise von einer Versagergeschichte in eine Heldenstory. Dann werden wir volle Souveränität und Herrschaft über unsere innere Bildwelt erlangt haben, ohne dass sie von anderen Menschen noch manipuliert oder erschüttert werden kann, und könnten als Führer auch kollektive Bilder ins Massenbewusstsein einspeisen.

Bilder werden uns auch helfen, und wir werden dies im Laufe des Buches bei der Reise ins Licht kennen lernen und ausprobieren, in immer höhere Bewusstseinsdimensionen vorzustoßen. Denn es hat sich gezeigt, dass all diese höheren Bewusstseinsschichten bereits in der Geistseele, im Geist des Menschen, vorhanden sind, dass sie daher nur noch aktiviert oder angeregt werden müssen, um über diese Resonanz im Wachbewusstsein des Menschen in Erscheinung zu treten. Diese Anregung kann mit bestimmten religiösen oder der jeweiligen Bewusstseinsebene entsprechenden Symbolen und Bildern ebenso gemacht werden, wie es bei banalen Dingen im Alltag geschieht, wenn beispielsweise durch ein Bild Hunger oder Angst ausgelöst wird. Wichtig ist nur, dass das Bild auch von der entsprechenden Ebene kommt und so von der Seele verstanden wird. Daher ist es natürlich nötig, dies vorher einmal ausgekundschaftet und erforscht zu haben.

Hat also beispielsweise ein Bewusstseinsforscher oder Mystiker eine bestimmte Ebene des Bewusstseins erreicht und hier bestimmte, für jene Ebene typische Bilder gesehen, die ihm hier von seinem Inneren gezeigt wurden, wie beispielsweise ein Einhorn, ein Himmelstor oder was auch immer, so kann er wiederum genau über diese Bilder anderen Menschen – die entsprechende Energien vorausgesetzt – solche Erfahrungen induzieren und bei ihnen auslösen, einfach nur über Inhalt und Resonanz jener Bilder. Denn ein Bild, das in der einen Seele Unschuld und Reinheit bedeutet, wirkt ebenso und auf dieselbe Weise in der anderen Seele. Gerade in den höheren Bewusstseinssphären sind die Symbole und Bilder universell und nicht mehr individuell, und zudem sind wir hier, wie es scheint, über ein kollektives Bewusstseinsfeld miteinander verbunden.

Konkret bedeutet dies, dass ein Bewusstseinsforscher, Mystiker oder Schamane, der eine bestimmte geistige Ebene erreicht hat und nun von dort zurückgekehrt, mit eben diesen Bildern, die er dort gesehen und erlebt hat, andere Menschen, die dafür empfänglich sind, auf solche Bewusstseinsreisen mitnehmen und ihnen damit den Zugang dazu ermöglichen kann. Er stellt deren Bewusstsein durch diese Bilder auf jene Bewusstseinsebene ein, auf der er selbst die Bilder erfahren und erlebt hat, so wie man etwa einen Radioempfänger auf eine bestimmte Frequenz einstellt, und somit können diese Menschen sich dort sozusagen auf jenen Ebenen einloggen und ähnliche Erfahrungen sammeln. Es ist letztlich nur ein Einstimmen, da, wie schon Platon sagte, alle Ebenen und Inhalte in jeder Seele bereits vorhanden sind und nur wieder erinnert werden müssen, und eben dieses Wiedererinnern geschieht durch solche Bilder.

Denn jedem Bild ist eine bestehende Energiestruktur zugeordnet, und es kann nicht etwa beliebig jede Energiestruktur oder Frequenz mit jedem beliebigen Bild verknüpft werden. Es ist vielmehr so, dass hier Inhalt und Form sinnvoll miteinander verbunden sind. Dadurch drückt jedes Bild über seine Form und seine Farbe einen ganz bestimmten, einzigartigen Inhalt, eine ganz bestimmte Energieschwingung aus, oder, besser gesagt, es verkörpert eine ganz bestimmte Energiestruktur. Diese Entsprechung von Form und Inhalt wollen wir nun näher betrachten.

2.4 Form und Inhalt entsprechen einander vollkommen

Man könnte meinen – und hat auch in der Wissenschaft und Philosophie zeitweise so gedacht –, dass Bilder oder Symbole einfach nur die gemeinsame Übereinkunft eines Kollektivs oder einer Gruppe von Menschen sind und jenen Bildern beliebige Inhalte zugeordnet werden könnten. Somit würde das äußere Bild einfach nach Vereinbarung über einen beliebigen Inhalt gestülpt, und das Bild, seine Form, Farbe und Energie, würde nur eine Art von Verpackung darstellen, die aber mit dem Inhalt nichts wirklich zu tun hätte. Diese Annahme kann ich nur in einer Weltanschauung machen, in der alles voneinander wirklich getrennt sein kann, wie in einer atomistisch-materialistischen Welt. Aber schon die heutige Physik zeigt, dass alle Teilchen miteinander verbunden sind, dass alle Energie sich gegenseitig beeinflusst und voneinander abhängt, jede Aktion irgendwo eine Gegenreaktion hervorruft, und die ganzheitlichen Philosophen verschärfen diese Anschauung noch, indem sie behaupten, dass alles eine Einheit bildet, dass alles in allem holographisch enthalten ist und sich in allem widerspiegelt, auch der Makrokosmos im Mikrokosmos, der Kosmos im Atom.

Auch die alltägliche Erfahrung zeigt, dass wir an ein vernetztes und sinnvolles Universum glauben, in dem Form und Inhalt voneinander abhängen, da wir ständig von einer äußeren Form Rückschlüsse auf die Inhalte ziehen und auch im Leben, in der Kunst, in der Musik, bestimmte Inhalte immer mit einem bestimmten Ausdruck versehen oder aber von einer bestimmten Form auf den Inhalt schließen. Dem widerspricht nicht, dass Menschen ständig versuchen, die bloße äußere Form beispielsweise durch Kosmetik oder Kleider zu verändern, um damit eben dem Inhalt einen anderen Anschein zu geben, wodurch sich Form und Inhalt voneinander entfernen. Im Gegenteil zeigen eben dieses Verhalten und diese Versuche, dass es in jedem von uns solch einen naturgemäßen Zusammenhang gibt, dass er für uns selbstverständlich ist, denn sonst kämen wir gar nicht auf die Idee, dies manipulieren zu wollen.

Fazit: Dem Menschen ist es wohl möglich, Form und Inhalt zeitweise voneinander zu trennen, doch wenn nicht gezielt manipuliert wird, gilt nach wie vor der direkte Zusammenhang von Form und Inhalt sowohl beim Menschen, in der Natur wie auch in der Kunst. Dieses Gesetz wurde vor Urzeiten als eines der wesentlichen hermetischen Gesetze so formuliert:

Wie innen, so außen – wie außen, so innen.
Wie oben, so unten – wie unten, so oben.

Diese Erkenntnis setzt natürlich als ihre Basis voraus, dass die Welt insgesamt sowie ihre Phänomene in einer sinnvollen Einheit gesehen werden und alles miteinander verbunden ist. Danach wird also einer eher negativen und ungünstigen, zerstörerischen Energieform auch ein ebenso ungünstiges, zerstörerisches Bild im Außen entsprechen, wie sich andererseits eine positive, heilvolle Energieform auch entsprechend harmonisch und schön im Äußeren zeigen und darstellen wird. Lange Zeit hat sich dieses alte, philosophische Wissen in der alten Wissenschaft und Medizin erhalten und wurde entsprechend verwendet und praktisch angewendet. So konnte man beispielsweise mittels der so genannten Signaturenlehre allein aus den Formen der Pflanzen auf die ihnen innewohnenden Wirkkräfte und medizinischen Bestandteile schließen, auch erkennen, für welche Krankheiten die Pflanzen als Medizin dienen könnten, und zahlreiche passende Arzneien finden. Das geschah einzig über die Betrachtung und Erkenntnis von Pflanzenform und Pflanzenbild.

Instinktiv ist dieses Wissen natürlich noch in jedem von uns vorhanden, und wir schließen fast automatisch vom Aussehen eines Menschen auf dessen Charakter, bestimmte Farben regen uns zu bestimmten Stimmungen an, wir reagieren auf disharmonische Formen und Bilder eher mit Ablehnung und Unruhe, auf harmonische, beruhigende Bilder mit Sympathie und Harmonie, ohne dass wir dies irgendwo gelernt hätten. Vielmehr reagieren wir von Kindheit an auf unterschiedliche Formen keineswegs neutral oder nach Übereinkunft (obwohl dies zusätzlich auch möglich ist), sondern schließen ganz unbewusst von der Form auf den Inhalt und reagieren dann darauf. Umgekehrt erschaffen wir uns ganz bestimmte Formen, um damit einen ganz bestimmten Inhalt auszudrücken, beispielsweise beim Haarschnitt, bei den Kleidern, Autos, Wohnungseinrichtungen. Fazit: Dieses Urwissen ist noch völlig in uns präsent und wir sind, wenn auch oft unbewusst, von diesem Zusammenhang von Inhalt und Form überzeugt und leben und handeln auch danach.

Um gleich ein Gegenargument vorwegzunehmen: Das bedeutet natürlich nicht, dass deshalb jeder Mensch dieselben Formen, beispielsweise harmonische, mögen oder anstreben müsste, denn dies ist im Leben ganz offensichtlich nicht so. Aber das muss auch nicht der Fall sein, um die Behauptung vom Zusammenhang von Inhalt und Form aufrechtzuerhalten, denn was ich als Ziel für mich wähle, hängt zunächst einmal sehr stark von meiner persönlichen Struktur und meinem Willen ab. Wenn ich disharmonisch sein will, dann strebe ich nicht nach harmonischen Bildern und umgekehrt. *Aber ich strebe stets – selbst wenn unbewusst – immer zu dem passenden Bild für den von mir ausgesuchten Inhalt, und ich werde mich in meinem Bild gegenüber anderen auch so ausdrücken.* Auch dadurch zeigt sich wieder das innere Wissen bzw. unsere grundlegende Annahme von der Übereinstimmung von Form und Inhalt.

Das Gesetz der Resonanz

Entscheidend dafür, welche Kräfte und Inhalte in meiner Seele wirken, sind die irgendwann einmal von mir bewusst oder unbewusst gewählten Bilder, für die ich mich einst entschieden habe, auch für deren Inhalte bzw. Energien. Aufgrund dieser bereits vorhandenen Inhalte wähle ich nun weitere ähnliche Bilder oder ziehe ähnliche Energien an, bis ich mich wieder neu entscheide. Hier gilt das Gesetz der Resonanz, dass Gleiches auch Gleiches anzieht, dass sich Ähnliches findet und in Resonanz geht, während zugleich Energieformen, mit denen ich zur Zeit nicht in Resonanz sein will oder sein kann, vielleicht unbemerkt an mir vorübergehen oder ich sie einfach ablehne oder gar bewusst ignoriere.

Wir können also festhalten: Bilder transportieren zwar stets einen ganz bestimmten Inhalt und rufen daher diese universale und auf alle Wesen gleiche Wirkung hervor, haben aber dennoch gemäß dem Gesetz der Resonanz ganz unterschiedliche Effekte, bewirken unterschiedliche Reaktionen, bei dem einen Akzeptanz, bei dem anderen Widerstand, je nachdem, was in der Seele des jeweiligen Menschen derzeit aktuell ist. Daher kann der eine Mensch mit einem Bild und Inhalt in Resonanz gehen, kann ihn vielleicht annehmen oder lieben, und der andere wird dieselbe Schwingung oder Form ablehnen und dagegen Widerstand haben, weil er sich derzeit noch für andere Energiestrukturen entschieden hat. Der Rote wird also Rotes, der Dunkle wird Dunkles mögen, und so wird es auch beim Seelenhaus nicht für alle passende Bilder geben, sondern jeder muss sie individuell finden, aber in jedem Fall wird die äußere Form und Farbe dem inneren Gedanken- oder Gefühlsinhalt entsprechen und genau diesen Inhalt transportieren und keinen anderen.

Jede Form transportiert genau den ihr entsprechenden Inhalt

Wenn sich also Innen und Außen, Form und Inhalt entsprechen, dann spiegeln die äußeren Formen sowie auch die äußeren Farben bestimmte innere Strukturen und Merkmale wider. Dies bedeutet, dass beispielsweise die inneren Bilder des Seelenhauses über ihre Form, Symbolik, Farbgebung stets die jeweiligen energetischen Inhalte und Energien ausdrücken, und zwar unabhängig vom individuellen Geschmack. Somit kann ich mit bestimmten Formen bestimmte Inhalte in die Seele bringen. Auf solche Weise können wir uns dieses universale Gesetz „wie innen, so außen" zu Nutze machen und nur aufgrund dieses Zusammenhangs kann überhaupt die hier vorgestellte Methode des Seelenhauses funktionieren, und daher sind wir so detailliert darauf eingegangen.

Wenn Sie nun mit diesen Seelenhaus-Bildern arbeiten, dann werden Sie selbst schnell herausfinden, dass die Bilder nicht nur ungefähr und nur „in etwa" die darunter liegenden Energien und Inhalte beschreiben und ausdrücken, sondern vielmehr bis ins letzte Detail präzise und genau. Jeder einzelne Gegenstand im Seelenhaus, dessen Zustand, Alter, Beschaffenheit, der Ort, wo er sich befindet, jede Farbe und Farbnuance, alles und jedes hat eine Bedeutung, hat eine genau dementsprechende Energie dahinter. *Absolut nichts in den Bildern Ihres Seelenhauses ist nur zufällig da oder könnte auch anders sein.* Was erscheint, spiegelt absolut treffsicher und so präzise, wie es sich kein noch so brillanter Verstand ausdenken kann, den jeweiligen Seeleninhalt und Seelenzustand wider. Aus diesem Grund ist auch diese Art von Analyse und Anamnese jeder Gesprächs- oder Verstandesanalyse weit überlegen. Denn mit einem einzigen Bild werden solche Mengen an Informationen geliefert, dass es Stunden und Tage dauern würde, wenn wir sie wirklich einmal völlig ausschöpfen und alles analysieren wollten.

Doch ist dies in der Praxis gar nicht nötig, vielmehr reicht es, die wesentlichen Dinge zu erkennen, zumal die Details automatisch bildhaft erkannt und verstanden werden. Doch für Forschungszwecke ist es manchmal angebracht, wirklich jedes Detail zu untersuchen, beispielsweise um ein umfassendes Persönlichkeitsprofil zu gewinnen. Dabei zeigt sich jedes Mal, dass selbst jedes noch zunächst zufällig und unbedeutend erscheinende Teil, jede Farbgebung, jede Form einen ihr entsprechenden Inhalt in der Seele hat, der durch diese Form genau definiert ist oder auf irgendeinen Zusammenhang, eine Bedeutung verweist. Dies wird uns praktisch sehr von Nutzen sein, wenn wir das Seelenhaus anschauen, die Umgebung, die einzelnen Zimmer, den Stil, die Farben, die Innengestaltung, die Möbel, die Dinge darin. Denn trotz der Fülle der darin enthaltenen Dinge wird es nichts geben, über das wir nicht etwas über uns lernen, etwas über uns herausfinden können. Nichts, rein gar nichts, was in unserer Seelenreise auftauchen wird, auch nicht die Tiere im Wald oder die Lage unseres Hauses, ist einfach nur zufällig oder beliebig, sondern alles, wirklich alles hat eine Bedeutung, eine Information, einen Inhalt, der jederzeit ganzheitlich über das Gefühl oder aber analytisch – beispielsweise über seine Funktion – gefunden und erfahren werden kann.

Die Seele als vollkommener Schöpfer zeigt stets das passende Bild
Es gibt hier keine Möglichkeit des Versagens – außer man will es unbewusst, und selbst solche Blockaden können jederzeit aufgelöst werden, denn die Seele hat die Bilder selbst geschaffen und erfunden, sie kommen ja nicht von außerhalb. Sie kennt somit ganz genau die Bedeutung aller dieser Formen und Gegenstände, denn wie sollte ein Schöpfer nicht das kennen, was er in Farbe und Form ausdrückt, was er selbst frei erschafft, wie jeder Künstler. Doch wir vergessen dies oft und denken, wir sind diesen Bildern unterworfen. Dazu eine Anekdote:
In einem meiner Seminare wollten wir bei jedem der Teilnehmer eine Angst auflösen, so wie wir es in der Übung „Angst auflösen in 10 Schritten" (Kap. 6.8.) noch lernen werden, und stellten uns daher die Angst außerhalb von uns vor, projizierten sie also nach draußen. Dann sollten wir hindurchgehen und sie von innen auflösen. Einer anwesenden Psychologin gelang dies nicht. Sie erklärte ernsthaft, die Angst (aus Kindheit, katholischem Internat), die sie in der Form einer bösen Nonne sehen konnte, laufe stets vor ihr davon und sie könne sie daher nicht einholen und nicht auflösen. Erst als wir ihr klar machten, dass die Nonne ja nur in ihrer eigenen Vorstellung existiert und daher auch von ihr zu steuern ist, fiel es ihr wie Schuppen von den Augen, und sie schuf eine Sackgasse, sodass die Nonne nicht mehr fliehen konnte, und war imstande, sie aufzulösen.

Die Seele ist also ein eigener Schöpfer, ist wie ein freier Künstler, und wenn es bei den Künstlern sicher noch unvollkommene gibt und bei ihren Werken möglicherweise Mängel im Ausdruck, so doch niemals in der Seele! Hier herrscht ein *vollkommener Künstler*, ein gewissermaßen göttlicher Meister, der sich stets perfekt und vollkommen ausdrücken kann in den Bildern, die er uns mitteilt und liefert. Keine Fehler, keine Irrtümer! In der praktischen Arbeit mit der Seele – vor allem, wenn man sich einmal einige Jahre darauf konzentriert hat, dies anzuschauen und zu analysieren – kann man oft nur staunen und sich wundern, wie genial und perfekt dieser Künstler ist. Haben Sie also Entdeckerlust und Freude, dies selbst herauszufinden, und lernen Sie die vollkommenen Bilder der Seele wertschätzen. Nicht vollkommen in dem Sinn, dass schon alles in Ordnung ist und keine Defizite da wären, sondern vollkommen in dem Sinn, dass die Bilder genau und ideenreich Ihren Zustand ausdrücken und beschreiben. Dies sollten Sie nicht glauben, sondern selbst herausfinden und ausprobieren, denn dazu ist das „Seelenhaus" als einfache Methode da: um eigene Erfahrungen sammeln zu können und nicht von Fachleuten oder Gurus abhängig zu sein, wobei zu Anfang sicher nicht alle Bilder verstanden und erfasst werden können. Zunächst genügt es, den allgemeinen Informationsgehalt abzufragen und die wichtigsten Punkte zu erfassen, während man später mehr und mehr ins Detail einsteigen kann, vor allem, wenn eine gewisse Sicherheit und Routine erreicht ist. Doch kann man stets darauf vertrauen, dass dieser kreative innere Schöpfer, der wir selbst sind, dass diese göttliche Seele die geistig-seelischen Inhalte in dafür genau passende Formen und Verpackungen bringt und Ihre inneren Bilder daher der optimale Ausdruck Ihrer Persönlichkeit und Psyche sind.

Neben den einzelnen Gegenständen selbst sind daher auch die Farbe, die Stimmung, das Alter, die Struktur, das Aussehen von Bedeutung. Auch der Zusammenhang der einzelnen Gegenstände, ihre Lage und Zuordnung im Raum zueinander – alles hat einen Sinn. Wenn beispielsweise im Seelenhaus alles so angeordnet ist, dass eine düstere Stimmung entsteht, so will uns die Seele damit über die Einzelbedeutung der Gegenstände hinaus auf diesen inneren Zustand hinweisen. Wenn das Haus, auch wenn es dasselbe wäre, einmal leicht zugänglich, einmal schwer zugänglich ist, dann will uns auch dies etwas sagen, wie der „Hausbesitzer" sich gegenüber der Umwelt abschirmt. Für die praktische Arbeit ist es dabei gar nicht notwendig, tief zu analysieren, sondern die meisten Menschen fühlen ganz einfach über Farbe, Stimmung, Anordnung des Bildes, was es bedeutet, und dieses Aufnehmen über das Gefühl ist wesentlich treffsicherer als über die Bildanalyse mit Hilfe des Verstandes. Doch noch besser ist es, beide Fähigkeiten einzusetzen und sowohl die Bilder zu fühlen als auch nachträglich noch intellektuell auszuwerten und zu analysieren.

Das Finden des Inhalts – die Bedeutung der Bilder

Bei der Analyse, die wir ausgiebig in einem eigenen Kapitel (5) besprechen werden, kommt uns zugute, dass die Bilder oft übergreifende Bedeutung haben. Das heißt, dass sie nicht nur für ein Individuum etwas bedeuten und für ein anderes wiederum etwas anderes, sondern dass sie aus einem gemeinsamen kollektiven Geist stammen und daher universell sind oder zumindest für eine Kultur oder ein Kollektiv gleichermaßen gelten. Daher kann die Weisheit von Märchen – selbst aus anderen Kulturen – von Kindern leicht erfasst werden, ohne dass sie erst Bildsprache lernen müssten. So bedeutet das Bild des Adlers die Freiheit, und dies nicht nur in unserer Kultur, sondern bei Indianern genauso wie bei Großstadtmenschen.

Sollten aber unsere Gefühle oder Intuition durch irgendwelche Hindernisse oder Blockaden gehindert sein, die Bedeutung einer Bildbotschaft zu erfassen und die entsprechende Information herauszufinden, so können wir auch auf allgemeine Erfahrungswerte im Kollektiv- oder Massenbewusstsein zurückgreifen und studieren, was der Volksmund darüber aussagt, was unsere Dichter und Denker darüber gedacht haben, was diese Bilder in religiösem oder gesellschaftlichem Zusammenhang bedeuten oder wie sie in der Geschichte der Menschheit verwendet wurden. Dadurch ist zumindest die allgemeine Aussage des Bildes verständlich zu machen und herauszufinden, sozusagen die Rahmenbedeutung, zu der natürlich auch noch eine ganz spezifische, individuelle Bedeutung kommt, stets noch ein zusätzlicher persönlicher Bezug herzustellen ist, beispielsweise, was der Klient damit assoziiert und verbindet.

Dieser hier ausführlich gezeigte Zusammenhang des Inneren und Äußeren, der Form und des Inhalts ist aber nicht nur für das Empfangen und Deuten von Informationen aus Seelenbildern wichtig, sondern ist umgekehrt auch von großem Nutzen, um der Seele etwas mitzuteilen, dem eigenen Inneren Botschaften oder Anweisungen zu übermitteln, etwa um die eigene Persönlichkeit umzugestalten. Auch hier brauche ich eine gewisse Kenntnis, was ich einspeise, denn auch solche Bilder wirken bis in alle Einzelheiten. So kann ich in einer Meditation oder spielerisch in meiner Phantasie bestimmte Bilder visuell erschaffen, mit ihnen arbeiten, sie ganz konkret in die Seele einspeisen und verankern wie ein neues Software-Programm in meinem Computer. Ist es dann einmal eingespeist, wird es wirken, und daher sollten wir uns vorher über die Bedeutung der Bilder klar sein und genau überlegen, was man einspeist, und auch die Einzelheiten beachten. *Hier ist es eben sehr hilfreich, gut fühlen zu können, denn Gefühle sind die optimale Kontrolle, was man eingeben sollte*, denn für uns günstige Programme fühlen sich auch gut an und umgekehrt.

Schutz vor Manipulation und Beeinflussung

Hier gibt es noch einen weiteren Vorteil, wenn ich die Seelenhaus-Methode benütze und Erfahrung mit seelischen Bildern sammle, mir über ihre Bedeutung klar und über ihren Inhalt bewusst werde. Denn täglich sind wir über die Massenmedien, vor allem das Fernsehen, aber auch durch bildhafte Sprache von Politikern und Meinungsführern solchen bildhaften Einflüssen ausgesetzt. Ständig werden von jenen Führern oder Medien bestimmte Bilder ins Massenbewusstsein eingespeist, und die meisten Menschen nehmen sie unbewusst auf, bemerken nicht den Unterschied und halten das Bild für die Wirklichkeit. Schon im Mittelalter wurden Bilder von Erlösung und Vergebung der Sünden eingespeist, wenn es um einen Kreuzzug ging, und die Bilder wirkten trotz aller Mühen und Strapazen. Dies geschieht aber täglich aufs Neue, und dazu mit viel effektiveren Methoden, wie PR-Firmen wissen. Wir können dem auch nicht ausweichen, können es aber bewusst machen und erkennen, und eben dazu hilft der bewusste Umgang mit den inneren Bildern. Denn kenne ich den Mechanismus der Bilder und ihrer Wirkkräfte, weiß ich, dass alle Bilder mit entsprechenden Inhalten versehen sind, habe ich Erfahrung gesammelt, was sie bedeuten und auslösen, welche Botschaft sie transportieren und welchen Einfluss sie ausüben, so kann ich erstens ganz klar sehen und wahrnehmen, welche unterschwelligen Botschaften und Inhalte bestimmte Führer, Meinungsmacher, Journalisten oder Politiker nonverbal vermitteln, und zweitens bewusst entscheiden, ob ich diese Bilder in mich hineinlasse oder nicht. Daraus folgt ein wesentlich bewussteres und auch selbstbestimmteres Leben.

Wachsende Verantwortung

Zugleich habe ich mit wachsender Bewusstheit auch eine immer größere Verantwortung für die Bilder und Botschaften, die ich in meinen seelischen Garten einpflanze, aber vor allem auch anderen vermittle und in die Welt hinaus sende. Weiß ich erst einmal, dass Bilder nicht einfach nur bloße Bilder, Gedanken wirkende Kräfte sind und stets die dazugehörigen Energien und Inhalte transportieren, so werde ich zukünftig vorsichtig sein und mich hüten, Horrorbilder, Hass und Wut in die Welt zu schicken, meinen Mitmenschen Angst zu machen oder überhaupt disharmonische Bilder auszustrahlen. Denn wenn ich sie erschaffe, bin ich ihr Schöpfer, und sie werden eines Tages zu mir zurückkehren. Ich werde also diese Bilder sorgfältig und ab jetzt selbstbestimmt auswählen, die ich in mein Seelenhaus hineingebe wie auch in die Welt ausstrahle. Da sie von mir gewählt sind, kann ich dafür auch Verantwortung übernehmen, und dadurch wird wiederum meine Macht über mein Bewusstsein, und nach dem Grundsatz „wie innen, so außen" auch über meine äußere Welt zunehmen.

Dies werden wir im zweiten Schritt tun, nachdem wir im ersten Schritt unser Seelenhaus und unseren jetzigen Zustand kennen gelernt haben. Wir werden alte, ungünstige, kaputte, disharmonische Gegenstände löschen und das Seelenhaus renovieren, neue, positive Bilder einsetzen, bis wir uns wohl fühlen oder keine Defizite mehr wahrnehmen können. Dann werden diese ja ständig in mir vorhandenen neuen Bilder ganz von selbst und ganz automatisch nach außen strahlen, wie bei einem Radiosender, und sie werden über das Gesetz der Resonanz ganz von selbst nach außen wirken und die dazu passenden Dinge, Umstände, Menschen anziehen. Denn dass wir einmal „nichts" ausstrahlen, ist unmöglich, denn diese inneren Bilder und Programme wirken ständig, ob wir wollen oder nicht. Können wir dies nicht abstellen, dann können wir immerhin das Programm wählen, das wir senden, beispielsweise über das Verändern und Eingeben der Bilder im Seelenhaus. Hiermit ist es möglich, die Inhalte zu wählen, die ich aussende, und ich kann damit diese Kraft sowohl für mich wie zugleich für andere positiv nutzen. Dies ist die optimale Motivation, diese Methode gleich auszuprobieren und zu beginnen.

2.5 Die Ebenen der Seele

Bevor wir uns nun in die inneren Welten begeben und sie erforschen, mag es nützlich sein zu klären, was eigentlich die Seele ist, von der wir hier ständig sprechen. Es ist zwar nicht unbedingt erforderlich, dies im Voraus zu wissen, denn wir können auch empirisch diese Kenntnisse einfach aus Erfahrung gewinnen und werden dies auch tun. Doch ein Modell hat den Vorteil, dass wir unsere Erfahrungen besser und schneller einordnen und die gefundenen Ergebnisse in einen Kontext, in einen Zusammenhang bringen können. Dies ermöglicht uns wiederum, Voraussagen zu machen oder einfach zu wissen, auf welcher Ebene wir sind und was auf welcher Ebene wirkt und funktioniert. Daher wollen wir hier also kurz ein Modell, eine Art seelischer Landkarte skizzieren, mit der wir dann auf Erkundung gehen können. Es soll aber stets nur eine Landkarte bleiben und niemals die direkten Erfahrungen ersetzen oder ihnen gar widersprechen. Im Zweifelsfall sollte man die Landkarte und nicht die Erfahrungen korrigieren.

Klassische Einteilung in Geist – Seele – Körper

Greifen wir zunächst auf das alte Wissen der Menschheit zurück, vor allem der Philosophie und Religion, so findet sich im Altertum bis hin zur Neuzeit eine grobe Einteilung des Menschen in Geist, Seele und Körper. Dies findet sich ebenso in vielen anderen Kulturen und auch Religionen, insbesondere im Urchristentum. Leider wurde im Lauf der dogmatischen Entwicklung der Kirche des Mittelalters der Geist abgeschafft, und so übernahm notgedrungen die Seele diesen Bereich oder, anders gesagt: Von da an gab es nur noch eine Seele und einen Körper, so dass alles Nicht-Körperliche der Seele zugeordnet wurde, eben auch das Geistige. Wenn man den Seelenbegriff so ausdehnt, ist die Seele zugleich auch der geistige Teil, sie erstreckt sich dann über viele Ebenen, und man verwendet diesen ausgedehnten Begriff bis heute und meint mit Seele sowohl die der Zeit und dem Wechsel unterworfene Persönlichkeit wie auch den unveränderlichen ewig-geistigen Teil.

Doch bleiben wir zunächst bei der alten Dreiteilung und nennen diesen höheren Teil den **Geist** oder allenfalls die **Geistseele (A)**. Diese definieren wir als unseren inneren Wesenskern, unser unwandelbares, göttliches, unverrückbares, ewiges Sein, unser lichtvolles Wesen, das zumindest bislang erst erfahrbar wird, wenn ich über definierten Raum und Zeit hinaus gehen kann. (In der neuen, kommenden Zeit – so die Vorhersagen – wird es allerdings auch in diesem irdischen Körper möglich sein). Darin sind wir, religiös gesprochen, Abbilder des Ewigen, Kinder Gottes oder Funken des ewigen, göttlichen Feuers, wie es Heraklit ausdrückte, und somit ewig und unverletzlich. Die Upanischaden nennen es das, was nicht benetzt, verbrannt, getötet werden kann, den „Atman", der mit dem „Brahman", also der Gottheit, wesensgleich ist. Aus diesem Geistgrund stammen unsere drei ewigen Grundkräfte der Seele, nämlich Willen, Erkenntnis und Liebe, die daher auch über Raum und Zeit hinausreichen oder von dort in Raum und Zeit hineinwirken können. Da diese Geistseele über Raum und Zeit ist, daher keine Ausdehnung oder Ort hat, sondern nur Licht im Licht ist, gibt es hier auch keinen Körper, oder nur einen Lichtkörper, wenn man dies so nennen will. Es ist ein reines „Ich Bin", ein reiner Standpunkt im ewigen Bewusstsein. (Dies soll hier nur kurz skizziert werden, Näheres dazu ist in meinen Büchern „Der Seele Grund" oder „Geh den Weg der Mystiker" zu finden und dort auch erläutert.) In der Symbolik unserer Seelenreise entspricht der Geist dem leeren Himmel oder der Lichtwelt.

Die individuelle Seele hingegen ist der aus diesem Geist oder Licht abgetrennte, individuelle Teil, die **eigentliche Seele (B)** – so etwa, wie wenn man einen Eimer Wasser aus dem Meer schöpft. Das Geschöpfte bleibt immer noch Wasser, so wie die Seele auch geistig bleibt, aber es wird individuell, begrenzt, es wird unverwechselbar eingefärbt, es bildet sich eine bestimmte Persönlichkeit, abgetrennt vom Ganzen, wie im Beispiel des Wassers ein Eimer mit einem vom Wasser des anderen Eimers getrennten Wassers. Dieser Teil tritt als Subjekt der Welt entgegen. Dieses zwar schon definierte, aber noch reine Subjekt, also der noch nicht in die Welt verwickelte Seelenteil, nennen wir die Seelenmitte, die bei unserer Seelenreise später als der „Lieblingsplatz" erscheinen wird. Dieser geistige Seelenteil ist zwar bereits vom Licht abgetrennt, sozusagen in die Raumzeit gefallen, wird aber von außen, von der wandelnden Welt kaum berührt. Vielmehr wandert er wie ein Beobachter durch die Leben, die Inkarnationen und sammelt alle Erfahrungen ein und nimmt sie nach dem Tode mit. Hier liegt auch unser Wissensschatz, den wir in die Leben mitbringen als Talente oder Gaben, in jedes neue Leben. Diese innere Mitte, unser Selbst, bleibt zumindest während eines Menschenlebens relativ stabil. Es ist das Rad, um das sich das einzelne Leben dreht und wo alle Erfahrungen zusammengeführt werden, doch kann sich diese Mitte auch langsam weiter entwickeln und vergeistigen. Dies ist sozusagen der aus der Ewigkeit in die Zeit hineinragende Teil oder Aspekt, der die Lernerfahrungen, die Essenz eines Lebens sammelt und dann in weitere Leben oder Zustände weiterreicht und übermittelt. Nur daher haben wir auch über Generationen hinweg das Gefühl einer eigenen Identität oder kann der Dalai Lama nach dem Tod in einer neuen Geburt wiedergefunden werden, obwohl der physische und der emotionale Körper aufgelöst sind. Auch ich kann darin die Informationen meiner eigenen früheren Leben finden. Gäbe es diesen Seelenkern nicht, hätte es keinen Sinn, von einer Wiederkehr oder Wiedergeburt zu sprechen, es gäbe keine bleibende Identität, und dann gäbe es auch keine sinnvolle Entwicklung im Geist, wenn nichts bliebe, was sich entwickelt.

Der **äußere Teil der Seele (C)** entspricht der **Erscheinung der Seele** in Raum und Zeit als einer bestimmten **Persönlichkeit**, in einer bestimmten Form, also beispielsweise in der Form: Ich bin Priester, ich bin Lehrer, ich bin Schüler, ich bin Vater, ich bin Sohn, Arbeiter, Camper, Hobbykoch, ich bin erfolgreich, ärgerlich, lustig, bin dies und jenes, wie immer ich mich auch definiere. Wie man leicht ersehen kann, sind in meiner bestimmten Gesamtpersönlichkeit, die durch meinen Namen repräsentiert wird, stets zahlreiche Unter-Identitäten enthalten, die ich jeweils annehme und wechsle, wenn immer ich sie brauche. So bin ich als Chef eine andere Person wie als Liebhaber, oder als ein gütiger Vater anders wie als Offizier, als Arbeitnehmer anders als in der Freizeit usw. In unserer Gesamtpersönlichkeit, die auf unserer Reise als unser „Seelenhaus" erscheint, da es ja wirklich das Haus, das Kleid, der Ausdruck der Seele ist, ist also eine ganze Reihe von Identitäten oder Persönlichkeitsanteilen enthalten, wobei die gesamte Mischung eben meine derzeitige Persönlichkeitsstruktur, meine Person ausmacht. Und so wirke ich auch nach außen, so empfinden mich andere Menschen.

Im Gegensatz zum inneren Kern, der Seelenmitte, wechseln diese äußeren Anteile ständig, so wie sich auch unsere Persönlichkeit ständig ändert, entwickelt, krank oder gesund wird, stark oder schwach, froh oder unglücklich ist. Indem ich einmal die *eine* Identität, ein anderes Mal eine *andere* betone, oder indem sie unbewusst ganz von selbst sich abwechseln, so spiele ich ständig viele Rollen nacheinander. Auch verändert sich meine Persönlichkeit insgesamt durch neue Erfahrungen, Überzeugungen, durch Ablegen alter Rollen, durch Auflösung von herkömmlichen Mustern und durch Annahme neuer Verhaltensweisen, Ideen und Muster. So bleibt dieser äußere Teil der Seele, die Persönlichkeit, in ständigem Fluss, so bleibt sich niemand gleich, ob ich nun bewusst daran arbeite oder einfach unbewusst nur so dahin lebe: Alles ändert sich, alles fließt, denn hier bin ich Raum und Zeit unterworfen und dem Wechsel aller Dinge. Daher bleibt dieser Teil auch nicht ewig, sondern ist wie der Körper dem Tod unterworfen.

Über unser Energiesystem, unseren **Energiekörper (D)** werden diese Persönlichkeitsanteile, seine Gedanken und Gefühle, in den **physischen Körper (E)** projiziert und weitergeleitet, und so fühlen wir diese dann auch körperlich, fühlen uns ärgerlich, erfolgreich, wütend, schlapp, fühlen uns als Chef, Vater und vieles mehr. Der Körper drückt dies nicht nur aus, er speichert auch besonders traumatische Gedanken und Gefühle in den Zellen. Doch diese Körperebene ist uns ja schon hinlänglich bekannt, und wir müssen hier nicht näher darauf eingehen, da wir ja die Seele erforschen wollen. Der Energiekörper wiederum ist sowohl ein Träger wie auch Übermittler zwischen Körper und Seele, und in unserer Seelenhaus-Methode ist er der Körper, mit dem wir im Seelenhaus herumgehen, den wir im Badezimmer reinigen oder von ungünstigen Energien befreien können. Zwar können wir auch dadurch manches beeinflussen, also durch Energieübungen, doch besser ist es, sich stets an die Wurzel zu halten und an das, was die Energien steuert, und das sind die Gedanken und Gefühle, die sich über Bilder ausdrücken. Die englischen Heiler haben den zutreffenden Satz geprägt: „Energy follows thought" – die Energie folgt dem Gedanken. Daher müssen wir uns keine Sorgen machen, wie die Kraft der Bilder dann auf Energiesystem und Körper übertragen wird und wie dies wirkt, denn das geht ganz von selbst, wenn wir auch zwischendurch gern mal eine Energieübung zur Unterstützung machen können. Doch insgesamt haben wir mit dieser Seelenhaus-Methode vor, ganz in der Schaltzentrale zu wirken, den Computer und die Software zu handhaben, und überlassen die Energiesteuerung der Steckdose, also der Lebenskraft selbst.

Zusammenhang zwischen Seelenebenen und verwendeten Bildsymbolen
Dieser äußere Teil der **Persönlichkeit (C)** wird auf unserer Seelenreise durch das Bild des Seelenhauses und seiner Umgebung repräsentiert. Dieses Haus steht für die von uns geformte und derzeit gelebte Gesamtpersönlichkeit, sein Zustand entspricht unserem Seelenzustand, die Räume im Haus stellen wichtige Aspekte dar wie Arbeit, Beziehungen, Reinigung, Ernährung und so weiter. Alle Gegenstände darin und ihr Zustand stellen die aktuellen seelischen Inhalte dar. Dieses Seelenhaus wird unser Haupt-Forschungsprojekt sein, da diese Energie unmittelbar nach außen wirkt und unser tägliches Leben bestimmt.

Der innere **Seelenkern (B)**, die Seelenmitte, wird von einem anderen Bild repräsentiert und kann dort erlebt werden. Es ist das Bild des „Lieblingsplatzes", dem für uns schönsten Platz im ganzen Universum, an dem wir uns immer wohl fühlen, Kraft tanken können, an dem wir uns in unserer Mitte und uns in Harmonie mit allem fühlen, wo tiefer Frieden herrscht.

Hier ist die Seele mit dem **Geist (A)** verbunden, der repräsentiert wird zunächst durch den weiten, klaren Himmel über dem Lieblingsplatz (individueller Geist) oder der Lichtwelt jenseits der Raumzeit (kollektiver Geist), die wir erreichen, wenn wir den Kosmos durchquert und die Grenzen durchtunnelt haben. Von der Seelenmitte aus können und werden wir aufsteigen in den geistigen Raum, in die Freiheit oder, wie die Tibeter sagen, in die leere, große Weite. Das Symbolbild ist der Himmel, der überall ist, alles umfasst und doch nicht mehr greifbar und materiell ist, der keine festen Formen mehr hat und doch präsent und fühlbar ist. Sind wir einmal in den Regionen des Geistes, können wir die Schwingung immer mehr verfeinern, weiter aufsteigen, bis wir in die Lichtwelt eintauchen. Von dieser Seelenmitte lässt sich aber nicht nur vertikal, sondern auch horizontal gut reisen, nämlich durch Raum und Zeit in Vergangenheit und Zukunft wie auch in andere Dimensionen. Doch dies ist erst zu empfehlen, wenn wir unser Seelenhaus renoviert und gut geordnet haben.

Übrigens geht ein interessanter **Weg von (C) nach (B)**, also vom Seelenhaus zum Lieblingsplatz. Wenn wir diesen beschreiben, werden uns unterwegs manchmal allerlei Gestalten und Tiere begegnen, die fast immer abgespaltene Seelenanteile repräsentieren, die wir einst ausgeschlossen oder zurückgewiesen haben. Auch diese können wir wieder integrieren und dadurch wieder ganz und heil werden. Während also das Seelenhaus selbst die aktuellen, aktiven und uns unmittelbar betreffenden Anteile unserer Persönlichkeit darstellt und der Keller die verdrängten Anteile verbirgt, sind die weitere Umgebung, die Landschaft, der Weg zur Seelenmitte und die dortigen Gestalten weiter entfernten oder abgespaltenen Aspekten unserer Seele zuzuordnen.

Das erweiterte Seelenhaus-Modell und seine Ebenen sehen also folgendermaßen aus:

seelische, geistige Ebene	–	Bild-Zuordnung Seelenhaus-Methode	
derzeit gelebte **Persönlichkeit**	–	das Seelenhaus und nähere Umgebung	C
die ganzheitliche **Persönlichkeit**	–	SH u. weitere Umgebung, der Weg, Tiere	C
unser Subjekt, **Seelenmitte**	–	der Lieblingsplatz	B
der individuelle **Geist**	–	der leere, weite Himmel	A
der allumfassende **Geist, Buddhageist Christusbewusstsein**	–	Licht-Welten jenseits von Raum-Zeit	A

Die eigene Erfahrung und die esoterische Sieben-Stufen-Einteilung

Dies ist nur ein Modell, und wir müssen, um reisen zu können, vorher nicht daran glauben. Wichtig aber ist, dass wir wissen oder zumindest uns die Möglichkeit offen halten, dass wir mehrere Schichten in unserem Wesen haben, die von der physischen über die seelische bis zur geistigen Dimension reichen. Wichtig ist auch, dass wir dies aus den bisherigen Erfahrungen unseres Lebens einmal gedanklich nachvollziehen, dass wir uns einmal ganz bewusst durch diese Ebenen bewegen. Denn sie sind immer gleichzeitig da, wir müssen „nur" unser Bewusstsein auf die jeweilige Ebene ausrichten. Dies wollen wir jetzt einmal versuchen und ganz pragmatisch unsere üblichen Erfahrungen und Wahrnehmungen bestimmten Ebenen zuordnen:

1. Physische Ebene:
Da es bei den meisten Menschen unbestritten ist, dass sie einen materiellen Körper haben, können wir uns hier kurz fassen. Es gibt also die Wahrnehmung eines äußeren Körpers, der sich allerdings ständig verändert, in sieben Jahren sogar rundumerneuert, wobei ich als Person stets gleich bleibe und mich auch stets als dieselbe Person fühle, trotz aller

körperlichen Wandlungen. Schon daraus ist zu entnehmen, dass es etwas geben muss, was über den Körper hinausgeht, etwas, an dem ich meine dauernde Identität festmachen kann.

2. Energetische Ebene
Auch ist es für uns leicht in Erfahrung zu bringen, dass wir so etwas wie einen Energiekörper haben müssen oder zumindest verschiedene Energiezustände. Wir fühlen uns mit demselben Körper manchmal frisch und munter, manchmal schlapp und müde, manchmal ärgerlich, manchmal lustig oder aufgeweckt. Dies wechselt auch je nachdem, ob wir eine positive oder sehr negative Nachricht erhalten. Daraus schließen wir auf ein Energiesystem des Körpers, das wir im Volksmund Vitalität oder Lebenskraft nennen. Die Inder nennen diese Energie Prana, die Chinesen Chi, im Abendland wurde es häufig als Od-Energie oder Ätherenergie bezeichnet.

3. Emotionale Ebene
Nun fühlen wir in uns, und dies ist vermutlich auch noch unbestritten, allerlei Gefühle, die oft schnell wechseln. Derselbe Mensch und Körper fühlt manchmal Wut, Ärger, Freude, Trauer, und diese Gefühle sind auch sehr konkret und wirkungsvoll, treiben den Menschen an und sind nicht nur Gedanken. Also gibt es in uns eine emotionale Ebene, von der und auf der diese Emotionen und Gefühle wirken, entstehen und wieder vergehen.

4. Mentale oder Gedanken-Ebene
Ferner finden wir in uns zumindest die Möglichkeit zu denken und die Welt der Gedanken. Jeder Mensch – und hier unterscheidet er sich vom Tierreich, das auch Gefühle und Emotionen hat – hat eigene Überzeugungen, seine Vorstellungen über sich und die Welt und damit sein eigenes Weltbild. Notwendigerweise muss es also eine Ebene geben, in der diese Gedanken, Muster, mentalen Strukturen zu Hause sind, wo auch immer sich diese in ihm befindet, und sie unterscheidet sich von der emotionalen Ebene. Hier finden sich bereits viele Wurzeln von Verhaltensweisen, Einstellungen, Aktionen oder Reaktion des Menschen. Es ist die Ebene der Baupläne, während die nächste, darunter liegende Kausalebene die des Architekten ist.

5. Kausale Ebene – Ursprungsbewusstsein
Es gibt einen Bereich in uns, und nur wenige Menschen sind sich dessen wirklich bewusst, aus dem heraus sie neue, kreative Entscheidungen treffen können, die nicht aus Reaktion auf etwas entstehen oder geschehen – dies wäre die Emotionalebene –, sondern aus freiem Entschluss. Hier beginnt erst die Freiheit des Menschen wie auch seine Verantwor-

tung. Ohne diese Ebene in mir könnte ich nie bestraft werden, da ich sonst nur bestimmten Gedanken und Emotionen notwendig folgen würde wie ein Uhrwerk. Aber von alters her wissen wir instinktiv, dass der Mensch in sich frei ist, eigene Entscheidungen treffen kann, Neues und noch nicht Dagewesenes erschaffen kann, auch wird ihm seit alters her dafür Verantwortung zugerechnet. Daher muss es diese freie Ebene in uns geben, die nicht mehr der Kausalität unterliegt, in der man vielmehr neue Ursachen (causae) und damit neue Wirkungen schaffen kann. Diese Kausalebene fühle ich in mir als bleibende Identität im Wechsel der Zeit, als bleibendes Subjekt jenseits aller Vergänglichkeit, das durch den Lieblingsplatz verkörpert wird.
6. Lichtebene und 7) atmische oder göttliche Ebene
Hierüber ist dem Alltagsmenschen wenig bekannt. In manchen Augenblicken, wenn Dichter, Künstler oder Mystiker über ihr begrenztes Sein hinausgehen, so berichten sie gelegentlich davon, und beschreiben es als Lichterlebnisse oder die Ebene als Lichtwelt. Religiöse Menschen nennen es das Christusbewusstsein oder Buddhabewusstsein, von dem Christus sagt, dass wir hierin mit ihm eins sind wie der Weinstock und die Reben.
Auch Nahtoderfahrungen aus der ganzen Welt sprechen von einer Lichtebene, die nach dem Tode auftaucht, wie es auch das tibetanische Totenbuch beschreibt. Auch bei den praktischen Seelenreisen hat sich gezeigt, dass es eine Ebene gibt, die jenseits der Raum-Zeit-Welt als Lichtwelt auftaucht. Viele Teilnehmer haben damit eigene Erfahrungen gemacht, und es ist am besten, dies auch selbst zu tun, da hier die Begriffe und Beschreibungen schwierig werden. Es sind geistige und damit holographische Ebenen, in denen wir mit allem und allen verbunden sind, intuitiv alle Dinge wissen und alles Wissen abrufen können, wo alles Licht und alles holographisch eins ist, das heißt, ohne dass die jeweilige Identität sich völlig auflöst.

Diese hier dargestellte Einteilung unserer Erfahrungen entspricht der Einteilung der früheren Geheimwissenschaften, ich nenne sie daher esoterische Einteilung, wie sie beispielsweise bei den Theosophen verwendet wird, aber vor allem auch bei den östlichen Religionen, wo der Mensch gemäß den Hauptchakras in sieben Ebenen eingeteilt wird. Doch genauso gut hätten wir dies auch wieder in Körper (1. und 2.), Seele (3. und 4. / und 5. Seelenmitte) und Geist (6.und 7.) einteilen können. Ich zeige hier absichtlich verschiedene Einteilungen, damit erkannt wird, dass es sich nur um Modelle und nicht um die Wirklichkeit handelt, in der die Übergänge fließend sind. Letztlich gibt es nur ein Bewusstsein, und die Ebenen unterscheiden sich nur durch einen höheren Schwingungszustand voneinander, und wie bei den Spektralfarben unterscheidet man bestimmte Stufen, also bestimmte Farben, obwohl sie frequenzmäßig kontinuierlich ineinander übergehen.

Zusammenfassend hier das uralte esoterische Modell des Menschen in sieben Schichten oder Stufen, denen sieben Welten oder Ebenen entsprechen, und diese wiederum den sieben Chakras:

Ebene	Hauptinhalt	Körper	Chakras	Bild-Zuordnung
1. physische	Materie	physischer Leib	Wurzelch.	
2. vitale	Lebensenergie	Energiekörper/Doppelgänger	Sexualch.	
3. emotionale	Emotionen	Emotional-/Astralkörper	Nabelch.	C Seelenhaus
4. mentale	Gedanken	Mentalkörper (Persönlichkeit)	Herzch.	C Seelenhaus
5. kausale	Entscheidungen	Kausalkörper (Geistseele)	Halsch.	B Lieblingsplatz
6. buddhische	Allbewusstsein	Lichtkörper (höheres Selbst)	Stirnch.	A Lichtwelt
7. atmische	Einssein	kein Körper = reiner Geist	Kronench.	

Ob wir nun die exoterische, gröbere Dreiteilung in Körper, Seele und Geist oder die feinere, esoterische Sieben-Stufen-Einteilung wählen, spielt keine große Rolle, und selbst diese höchsten Ebenen können wir mit der hier vorgestellten Übung erfahren und erkunden, wenngleich wir hier noch in der Forschung und Erprobung sind. Doch haben wir in Gruppen wie auch einzeln in dieser Richtung schon beachtliche Forschungserfolge erzielen können, und so will ich die Möglichkeit hier zumindest andeuten. Doch auf diese höheren Ebenen einzugehen ist erst dann anzuraten, wenn das Fundament (also die unteren Ebenen) stabil, geordnet und fest verankert ist. Wir müssen also erst unser Seelenhaus in Ordnung bringen und damit unsere gesamte Persönlichkeit, so wie sie auch nach außen wirkt, kennen lernen, bevor wir nach Höherem streben.

Wenn dies für den einen oder anderen etwas kompliziert klingt oder wen dieser theoretische Teil langweilt, der möge dieses Modell beiseite legen und einfach anfangen, die Übungen auszuprobieren und selbst zu schauen, was es in seinem Inneren so alles gibt. Seien Sie sich nur im Klaren, dass sich das Seelenhaus dabei wandeln wird, sowohl mit wachsendem Fortschritt im Bewusstsein wie auch bei Änderungen und Veränderungen der Persönlichkeit. Es kann sogar sein, dass Sie bei plötzlichen Evolutionssprüngen im Bewusstsein beim nächsten Mal, wenn Sie Ihr gewohntes Haus besuchen wollen, vielleicht ein ganz anderes vorfinden. Das alte

Häuschen ist dann spurlos verschwunden. Doch üblicherweise ändert es sich langsam in einer für den Menschen gewohnten Geschwindigkeit.

Haben Sie also Spaß mit Ihrem Seelenhaus, lernen Sie es kennen, renovieren Sie es, bauen Sie es um, seien Sie ein guter Häuslebauer und souveräner Hausherr. Vor allem aber haben Sie Freude, mit diesem Mittel die eigene Seele zu erkunden und zu erforschen, und ich kann Ihnen versprechen, dass kein Fernsehprogramm, keine äußere Ablenkung – außer vielleicht die der Liebe – so spannend und faszinierend sein wird wie diese Reise, die Sie nun im Stande sind anzutreten. Denn der Seele Grenzen kann man nicht finden, ihre Tiefe nicht ausloten. Damit ist es eine klassische Abenteuerreise wie die des Odysseus, die wir in unserem Bewusstsein unternehmen, und wir selbst sind das Ziel dieser Reise wie auch der Weg dorthin.

3. Es geht los – das Seelenhaus entdecken

3.1 Ein Überblick über die Methode

Nachdem wir bisher einige Grundlagen besprochen haben, ist es nun an der Zeit, die Methode des Seelenhauses praktisch auszuprobieren. Hier ein kurzer Überblick, in weiteren Abschnitten folgen dann genaue Anleitungen für die praktische Durchführung.

Prinzipielles zur Methode

Die Methode basiert auf einer einfachen Visualisationsübung, die wir jederzeit, selbst wenn wir nur für einige Minuten Zeit haben, und praktisch an jedem Ort durchführen können. Sie geht davon aus, dass die Seele uns in einem geeigneten Bildsymbol simultan eine ungeheure Menge an Informationen liefert. Das Haus wiederum ist nun das geeignetste Symbol für diese Information, weil die reine Geistseele sich sozusagen in dieser äußeren Seelenhülle oder Persönlichkeit ausdrückt und hier wie in einem Haus wohnt beziehungsweise verkörpert ist. Während die reine Geistseele ewig und unveränderlich ist, sozusagen der Erkennende, das „Ich Bin", der Zeuge, der Beobachter, so ist der in Raum und Zeit handelnde Mensch, die Persönlichkeit, ständigen Veränderungen unterworfen, die sich in seinem Seelenhaus dann auch zeigen.

Für das Kennenlernen des Seelenhauses ist keine bestimmte Voraussetzung nötig. Doch ist es zu Anfang hilfreich, sich in einen Ruhezustand beziehungsweise in eine leichte Meditation zu begeben. Wir versetzen uns also – durch welche Methode auch immer – in einen ruhigen, entspannten Zustand, machen uns so weit wie möglich frei von Gedanken und Gefühlen oder wir lassen sie nur noch im Hintergrund vorbeiziehen, geben ihnen bewusst keine Bedeutung und Aufmerksamkeit mehr. Dann bitten wir darum, dass wir nun unser Seelenhaus sehen oder treffen (Absicht formulieren), und stellen uns dann bildlich vor, dass vor unserem geistigen Auge unser Seelenhaus auftaucht, und sofort haben wir eine bestimmte Vorstellung davon im Bewusstsein. Oder aber wir wandern mit der Vorgabe, es zu sehen, imaginativ über eine beliebige Landschaft, bis es vor uns erscheint. Wenn wir bereits für innere Bilder empfänglich sind, so wird es dadurch in unserem Bewusstsein auftauchen. Sind wir weniger empfänglich, so erschaffen wir es uns einfach durch unsere Phantasie und Vorstellungskraft.

In dem seltenen Fall, in dem das innere Bild völlig blockiert ist, kann man sich auch fragen: „Ich sehe nichts und erkenne nichts, aber wenn ich es wüsste, welche Farbe könnte das Haus haben?" Danach fragen wir nach Form, Stockwerke, Stil usw., bis dieses Haus konkret vorstellbar wird. Wichtig ist hier der Konjunktiv der Frage, denn der Verstand will uns ja weismachen, dass wir es nicht wissen oder wissen können. Dies akzeptieren wir ohne Widerstand, umgehen ihn aber mit dem Zusatz: Ja, aber wenn ich es wüsste, wie wäre es dann... – und schon haben wir den Verstand umgangen. In ganz schwierigen Fällen lässt man dann raten und stellt dafür duale Fragen, also ungefähr so: „Ist es, wenn ich es wüsste, eher groß oder klein? Ist es eher neu oder alt? Weiß oder farbig?" Nach wenigen Fragen gibt es eine erste Vorstellung von dem Haus, und man kann dann normal weitermachen.

Dieses innere Haus hat üblicherweise nichts zu tun mit dem Haus, in dem wir tatsächlich wohnen, sondern es ist ein reines Haus unserer Vorstellung, und es kann durchaus sein, dass das Seelenhaus sehr unordentlich ist, wir aber im äußeren Leben dies kompensieren, indem wir ein sehr ordentliches Haus haben. Das Seelenhaus ist auch keineswegs bloße Phantasie, denn die meisten dieser Häuser sind gar nicht so schön, großartig, wie es uns unsere Phantasie ausmalen würde, sondern oft klein, alt, baufällig, renovierungsbedürftig, verbunkert, versumpft oder verwildert usw. Meistens ist das Seelenhaus für die Teilnehmer eine Überraschung, ganz anders, als sie es sich vorgestellt haben.

Das Haus erkunden

Ist das erste Bild in unserem Geist aufgetaucht, so richten wir unsere Aufmerksamkeit darauf, damit es dadurch in unserem Bewusstsein stärker, klarer und deutlicher wird, und erforschen es genauso, wie wir ein uns noch unbekanntes Haus in der materiellen Welt erforschen würden. Wir sehen es zunächst von außen und schauen uns zugleich die Umgebung an, die Landschaft, in der es eingebettet ist, bemerken die Beschaffenheit des Hauses, Aussehen, Höhe, Fenster, Stil und Form. Erst dann gehen wir hinein, betreten das Haus durch die Eingangstür und spüren, fühlen und sehen, wie es innen beschaffen ist. Wir gehen Schritt für Schritt durch die Räume, bemerken auch hier die Farbe, den Stil, die Helligkeit, das Mobiliar und, was alles darin enthalten ist, in welchem Zustand es sich befindet, aber auch, wie wir uns in den Räumen fühlen.

Bereits bei der Erkundung können wir auch schon bestimmte uns angenehme Dinge tun, beispielsweise zur Entspannung ein schönes Bad nehmen, uns in der Küche stärken und erfrischen, im Wohnzimmer entspannen und Freunde treffen und vieles mehr. Alle diese Aktivitäten haben über die Bilder und die sie auslösenden Gefühle eine sofortige Auswirkung auf den Zustand unserer Persönlichkeit, auf unseren inneren Gemütszustand, auf unser Energiesystem und im weiteren Verlauf auch auf den Körper. Wenn wir also im Seelenhaus ein Bad nehmen, so reinigen wir nicht nur die Seele von äußeren, kleineren Belastungen, Stress und Ärger, sondern wir vitalisieren und regenerieren uns hier auch energetisch wie körperlich, denn für unser Bewusstsein sind äußere wie innere Bilder gleichermaßen wirksam. Das können wir beispielsweise schon daran ersehen, dass im Mund, wenn wir an unser Lieblingsessen auch nur denken, das Wasser im Mund zusammenläuft, oder wenn wir uns erotische Bilder nur vorstellen, schon körperlich erregt werden. Die Bilder wirken also nicht nur ins Bewusstsein und dann vielleicht später in den Körper, sondern wirken unmittelbar auf alle unsere Systeme, und genauso gut wie äußere Wahrnehmungen. Also ist eine gründlich vorgestellte bildliche Reinigung für unser Energiesystem und Bewusstsein genauso erfrischend wie eine äußere Reinigung. Später können wir übrigens neben dem Bad noch eine tiefergehende innere Reinigung unserer Seele mittels der großen Truhe vor dem Haus vornehmen, die als Energieumwandler funktioniert und ähnlich wie eine Waschmaschine Gefühle und mentale Muster reinigen und transformieren kann.

Die weitere Umgebung
Sind wir einmal mit unserem Seelenhaus vertraut, so können wir uns auf den Weg in die weitere Umgebung machen und dort die Wälder und Wiesen des Unterbewussten erkunden, und besonders die Wälder stehen für unterbewusste, verborgene Bereiche unseres Geistes. Diese werden wir auch durchqueren, wenn wir in unsere Seelenmitte gehen, der durch den „Lieblingsplatz" symbolisiert wird. Auf diesem Weg werden wir manchmal allen möglichen Tieren und gelegentlich auch anderen Geschöpfen begegnen. Hier handelt es sich meistens um einst unerwünschte und daher abgespaltene Seelenanteile, Verhaltensweisen oder Talente, die wir einst verworfen, unterdrückt oder bislang nicht genützt haben. Je weiter diese „Tiere" auf unserem Weg von uns entfernt sind, desto mehr sind sie abgespalten. Aber im Gegensatz zu den karmisch belasteten und daher unterdrückten Anteilen im Keller des Seelenhauses sind diese durch Tiere symbolisierten Seelenanteile einfach nur unerwünscht gewesen und sie können leicht durch eine neue Entscheidung unsererseits wieder integriert werden. Dies geschieht dadurch, dass wir mit diesen Tieren und Wesen im Wald oder auf dem Weg wieder Freundschaft schließen, sie zu uns rufen, uns mit

ihnen unterhalten und Botschaften austauschen, aber vor allem sie füttern und streicheln. Indem wir sie auf diese Weise wieder zu Freunden machen, können wir diese verlorenen Seelenanteile und Gaben wieder annehmen, in uns integrieren, und werden auf diese einfache Weise wieder ganzheitlicher, vollständiger und damit heiler.

Der am Ende eines solchen Weges erreichte „**Lieblingsplatz**", der übrigens auch direkt angepeilt und erreicht werden kann, ist ganz einfach der für uns schönste Platz im ganzen Universum, an dem alles harmonisch, friedlich und noch völlig frisch ist wie am ersten Tag der Schöpfung. Jeder Mensch hat natürlich seinen ganz individuellen Lieblingsplatz, der eine am Meer, der andere auf einer Waldlichtung, der dritte in den Bergen oder im Himmel, jedoch ist er immer dadurch gekennzeichnet, dass er für uns wunderschön, friedvoll, abgeschieden und geschützt ist, ein Ort der völligen Ruhe, Schönheit, Kraft und Entspannung. Wir erreichen ihn, indem wir uns entweder vornehmen und vorstellen, vom Seelenhaus dorthin zu gelangen, und der Weg wird uns dann dorthin führen, oder wir bitten einfach direkt dahin gebracht zu werden, notfalls mit einem imaginativen Fahrzeug, oder wir rufen einfach direkt die Vorstellung in uns auf. Auch hier gilt es für diejenigen Menschen, die noch keine Bilder sehen oder empfangen können, sich ihren Lieblingsplatz einfach kreativ zu erschaffen, so wie man sich einen optimalen Platz vorstellt, sei es nun eine Waldlichtung oder auch eine Art von Himmelswelt. Wenn sich in wenigen Fällen dieser Lieblingsplatz als eine Art von Lichtwelt ohne viele Formen zeigt, dann ist auch dies völlig in Ordnung.

Der Seelenführer

Am Rande dieses Platzes können wir dann, falls wir dies bewusst suchen, eine Behausung, eine Hütte oder Höhle finden oder einfach einen geschützten Platz, wo unser Seelenführer – oder volkstümlich Schutzengel – wohnt. Natürlich lebt er da nicht in materiellem Sinne, sondern wir geben ihm mit dieser Metapher einen energetischen Platz, wo wir ihm im Bewusstsein begegnen und ihn antreffen können, so wie man einen Ordner auf dem Computer erstellt, wo man Daten ablegt und sie dann wieder finden kann. In den bisherigen Seelenreisen hat es sich einfach empirisch gezeigt, dass er der Seele des Menschen ziemlich nah ist und sich daher symbolisch am Rande dieses Lieblingsplatzes, also am Rande unserer Seelenmitte aufhält, folglich dort auch über ein entsprechendes Bild leicht zu finden ist. Hier können wir ihn dann treffen und wahrnehmen, ihn sehen, seinen Namen erfahren, mit ihm sprechen, Geschenke austauschen, um Schutz oder Rat bitten und auch erhalten oder einfach nur ein Schwätzchen halten.

Vom Lieblingsplatz aus lassen sich dann noch weitere Reisen unternehmen sowohl in Raum (andere Welten) wie auch in Zeit (andere Inkarnationen), wie wir noch zeigen werden. Alles in allem sieht diese innere Welt beispielsweise so aus:

1. Das Seelenhaus

2. Der Weg zum Lieblingsplatz

Diese innere Welt, sobald sie einmal erforscht und aufgedeckt wurde, wird mit jedem Male, mit dem wir sie besuchen, immer schneller zugänglich und leichter erfahrbar und als innere Erscheinungswelt im Laufe der Zeit genauso real werden, wie es für materielle Menschen die äußere Erscheinungswelt ist. Wir können auch in der inneren Welt alle möglichen Dinge tun, die wir üblicherweise in der äußeren Welt tun, beispielsweise mit Wesen kommunizieren, herumreisen, Wissen abfragen, aber vor allem auch uns selbst erkennen und danach immer mehr unser eigenes Schicksal aktiv umgestalten, unser Inneres und damit schließlich das Äußere verändern und uns so schneller und leichter weiterentwickeln.

Im Übrigen ist es möglich, diese Übung nicht nur individuell, sondern gleichzeitig mit einer ganzen Gruppe durchzuführen, wobei die Anleitungen von einem Moderator oder Therapeuten gesprochen werden (siehe in Kapitel 4 die geführte Meditation). Die Teilnehmer werden dann in jeweils ihrem Haus wie bei einer Hausbesichtigung eines Maklers herumgeführt und können nacheinander die wichtigsten Zimmer entdecken und erleben.

Manche Menschen, besonders jene, die in solchen Dingen schon etwas geschult sind oder meditative Vorerfahrung haben, werden sofort und problemlos in diese innere Welt eintauchen können. Sie werden die im Folgenden beschriebenen Schritte und Vorbereitungen vielleicht nicht mehr nötig haben. Andere hingegen, für die das Innere noch völliges Neuland ist, sollten diese Reise gelassen und Schritt für Schritt angehen und die nachfolgenden Hilfen und Vorbereitungen berücksichtigen und je nach Bedarf annehmen. Bei Kindern und Jugendlichen kann man auch ein Spiel daraus machen und beispielsweise nach der Meditation das Seelenhaus und die wichtigsten Zimmer zeichnen oder malen lassen.

In jedem Fall sollte die Methode des Seelenhauses niemals anstrengend, sondern stets leicht und spielerisch sein, andernfalls wird sie fehlerhaft angewendet. Die folgenden Schritte sind so aufgebaut, dass sie von jedermann, von welchen Voraussetzungen er auch immer herkommt, ohne große Mühe durchgeführt werden können. Auch ist alles bis ins Kleinste Schritt für Schritt erklärt und aufeinanderfolgend aufgebaut. Ferner werden mögliche Irrtümer, Hindernisse und Blockaden, zumindest soweit sie in der bisherigen Arbeit aufgetaucht sind, berücksichtigt und angesprochen, und es werden dementsprechende Gegenmaßnahmen oder geeignete Hilfen empfohlen, so dass möglichst jeder, der auch nur ein bisschen dazu bereit ist, diese Übung machen und diese Methode leicht anwenden kann. Die Geübten und in solchen Dingen Geschulten aber können auch sofort mit den Visualisationen beginnen.

3.2 Günstige Voraussetzungen schaffen: Ort, Zeit, Atemfokussierung

Zwar ist diese Übung des Seelenhauses jederzeit und an jedem Ort prinzipiell durchführbar – wie beispielsweise beim Warten an der Bushaltestelle, in einem Wartezimmer beim Arzt oder während einer Arbeitspause –, doch ist es für den Anfänger nützlicher, sich zunächst einmal günstige äußere Voraussetzungen zu schaffen, um den wirklichen Wert der Übung erfassen und auch großen Nutzen daraus ziehen zu können. Auch meditativ Geübte wissen den Wert äußerer Hilfsmittel zu schätzen.

Die wichtigsten, wenn auch nicht unbedingt notwendigen Voraussetzungen für die Anwendung der Seelenhaus-Methode sind dieselben wie bei jeder anderen meditativen Übung, inneren Erforschung, bei einem Gebet oder bei herkömmlicher Meditation:

A) Ein harmonischer, ruhiger, geschützter Platz, an dem man nicht gestört wird.
B) Genügend Zeit haben oder sich genügend Zeit nehmen.
C) Ins Hier und Jetzt kommen und über den Atem oder über die Stille ruhig werden.

A) Ein ruhiger Ort

Die wichtigste Voraussetzung für Meditationserfahrung jeglicher Art ist es, jedenfalls solange man die geistige Aufmerksamkeit, die Sinne und den Verstand noch nicht völlig unter Kontrolle hat (und wer hat das schon), sich an einen ruhigen Ort zurückzuziehen, der entweder eigens dafür reserviert oder zumindest so geschützt ist, dass man zumindest während der Übung nicht gestört werden kann. Dies kann ein besonderer Platz im Haus und in der Wohnung, aber auch ein schöner Platz in der Natur oder im Garten sein. Der Ort sollte jedenfalls energetisch mit Ihnen übereinstimmen und für Sie harmonisch sein, was Sie ganz einfach daran erkennen können, dass Sie sich dort wohl fühlen und gerne dort verweilen. Auch ist es empfehlenswert, dass er sauber, angenehm temperiert und gut belüftet ist. Natürlich ist es optimal, wenn sie zu Hause die Gelegenheit haben, sich in einer Ecke des Hauses oder der Wohnung eine kleine Nische oder einen Raum zu schaffen, der ausschließlich für solche Übungen, für Stille, für innere Erholung, für geistige Übungen reserviert ist. Doch ist das keineswegs notwendig, es genügt auch, wenn es einfach eine bequeme Sitzgelegenheit, ein gemütlicher Schaukelstuhl oder eine Liege ist.

Allerdings ist es besser, die Übung möglichst im Sitzen und nicht im Liegen oder im Bett zu machen, da hier die Gefahr größer ist, einzuschlafen oder geistig abzudriften. Denn Liegen signalisiert dem Körper, dass er jetzt schlafen kann und soll, und es ist nicht immer leicht, dagegen anzugehen. Beim Sitzen hingegen ist der Körper zwar auch entspannt, aber nicht in der Schlafposition, und so ist der Geist wacher und klarer und kann sich auf die Übung besser konzentrieren. Doch dies sollen keine dogmatischen Vorgaben, vielmehr Ratschläge sein, denn letztlich spielt die Position keine große Rolle, und Sie sollten sie so auswählen, wie es für Sie am besten passt.

Auf jeden Fall aber sollten Sie während der Übung ungestört sein und auch keine Störungen oder Unterbrechungen erwarten, denn sonst könnte es Widerstand geben, sich in die Übung mit ganzer Aufmerksamkeit hineinfallen zu lassen. Falls Sie mit anderen Menschen zusammenwohnen, dann weisen Sie darauf hin, dass Sie jetzt nicht gestört werden wollen, und setzen Sie dies auch durch. Vergessen Sie auch nicht, Handy bzw. Wecker und ähnliche Geräuschquellen vorsorglich abzuschalten, denn sonst könnten Sie plötzlich und sehr unangenehm aus Ihrer Übung herausgerissen werden.

Gut ist es, die Übung morgens nach dem Aufwachen oder abends vor dem Einschlafen zu machen, selbst wenn Sie dabei einmal einschlafen, das schadet nichts – im Gegenteil. Sie nehmen dann die Absicht mit in den Schlaf und in Ihr Träumen, und die Seele wird dann vielleicht im Traum weiter mit Ihnen sprechen oder Informationen übermitteln. Aber auch hier gilt es, dem Partner oder Kindern oder sonstigen Mitbewohnern klar zu machen, dass man für kurze Zeit nicht gestört werden darf.

B) Genügend Zeit haben oder sich genügend Zeit nehmen

Während der passende Ort bei den meisten Menschen schnell gefunden oder geschaffen werden kann, ist es für manche ein viel größeres Hindernis, sich für sich selbst Zeit zu nehmen, sich für die Beschäftigung mit sich selbst und die eigene Selbsterforschung Zeit zu gönnen, obwohl schon die alten Griechen dieses „Erkenne dich selbst" als eine der wichtigsten Aufgaben des Menschen überhaupt propagiert haben. Was hat man doch Zeit für Behörden, Fernsehen, Kaffeetrinken, Bälle in Löcher schlagen, Umwelt retten, Spiele spielen…alles scheint plötzlich wichtiger zu sein, selbst die banalsten Dinge müssen noch vorher erledigt werden. Und selbst dann, wenn dies selten genug gelingt und alles erledigt zu sein scheint, so fällt einem immer noch etwas Neues ein, was man noch tun könnte.

Oder aber es ist nie die *passende* Zeit, man ist zu müde, zu aufgeregt, zu abgelenkt, zu zerstreut. Kurz und gut, man hat einfach keine Zeit für sich selbst und die inneren Übungen, stattdessen immer neue Ausreden und ein Verschieben in eine imaginäre Zukunft: „Wenn ich erst einmal..., dann...". Diese Ausrede vieler Menschen heute, keine Zeit zu haben, ist aber schon im Ansatz falsch, denn jeder Mensch hat 24 Stunden pro Tag Zeit. Die Menge an Zeit ist also sehr demokratisch und gerecht verteilt und gilt für den Reichen wie den Armen, kann auch niemandem weggenommen und auch nicht gekauft oder verkauft werden. Somit hat jeder prinzipiell dieselbe Menge an Zeit zur Verfügung. Allerdings stopfen die meisten Menschen die ihnen gegebene Zeit mit zu vielen Aktivitäten, Beschäftigungen, gesellschaftlich opportunen Aktivitäten, Sport, Ausbildungen, Vergnügungen und so weiter zu, lassen leider oft andere über ihre Zeit entscheiden (aber auch das ist ihre Entscheidung!), so dass ihnen einfach keine Zeit mehr bleibt für sich selbst. Doch sind es nicht die üblichen Beschäftigungen des Hamsterrades der Gesellschaft, die dem Leben Sinn verleihen und zur Erfüllung führen, sondern es ist vielmehr die Zeit mit und für sich, das „Erkenne dich selbst", als das Essenzielle des Lebens überhaupt, als die ureigenste Forderung an sich selbst, die der Seele Entwicklung ermöglicht und dem Menschen damit Glück, Ganzwerdung und Erfüllung bringt. Ohne diese Selbsterkenntnis ist alles nur ein eitler Tanz und dazu noch so unbewusst, so dass wir uns nach Jahrzehnten plötzlich fragen, wo denn die ganze Zeit geblieben ist. Doch selbst, wenn sie uns von den „grauen Männern" (aus dem Märchen-Roman „Momo") gestohlen wurde, wenn wir sie, verführt durch Verlockungen, abgegeben haben in ach so viele angeblich wichtige Aktivitäten, so haben wir dies doch selbst entschieden und können uns so nicht herausreden, aber wir können es jederzeit wieder ändern. *(Näheres über den Umgang mit der Zeit und über die Prioritäten im Leben in meinem Buch „Die Kunst der Lebensfreude".)*

Bei der Wahl der Zeit für sich selbst sind also Bewusstheit und Achtsamkeit vonnöten, und die möglichen Widerstände können zahlreich und tückisch sein, denn der Verstand kann unzählig viele Gründe finden, keine Zeit zu haben, und darüber hinaus sind sie leider auch meist unbewusst und werden gar nicht mit der Übung in Zusammenhang gebracht. Doch kann man es folgendermaßen bewusst machen: Wenn Sie bemerken, dass Sie ständig diese Übung, aus welchen Gründen auch immer, hinausschieben, dass Sie dies zwar gern machen würden, aber im Moment keine Zeit haben, mit welcher Rechtfertigung auch immer, so ist davon auszugehen, dass Sie sich selbst Hindernisse in den Weg legen, die meist aus mangelndem Selbstwertgefühl oder mangelnder Selbstwertschätzung resultieren. Denn wenn mir alles andere wichtiger ist als ich mir selbst, dann ordne ich meinen Wert sehr weit unten ein auf der von mir geschaffenen Rangskala. Fragen Sie sich doch einmal intuitiv und ohne nachzudenken: „Ich habe davon ja keine Ahnung – aber wenn ich es wüsste, welchen Wert gebe ich mir auf einer Skala von 0-100? /… und wenn ich es wüsste, wie viel Prozent meiner Gesamtenergie verwende ich für mich von 0–100? /… und wenn ich es wüsste, wie viel Prozent meiner Gesamtenergie verwende ich wohl auf Selbstangriff und Selbstsabotage von 0–100?" Denken Sie einmal kurz über die Ergebnisse nach und wiederholen Sie die Übung gelegentlich, um zu sehen, ob sich etwas verändert. Wenn Sie niedrige Zahlen haben, machen Sie erst einmal Übungen zur Steigerung des Selbstwerts und der Selbstliebe, und vor allem geben Sie sich selbst Wertschätzung.

Seien Sie es sich also wert, für sich Zeit zu haben, für sich Zeit zu nehmen und wertschätzen und lieben Sie sich mindestens genauso, wie Sie andere lieben und für andere Zeit haben. Denn es nützt wenig, dies alles nur zu lesen, sondern Sie müssen es auch tun, nur das wird Ihnen etwas bringen. Das Wunderbare an der Seelenhaus-Methode ist ja, und dies kommt sicher vielen modernen Menschen entgegen, dass sie so wenig Zeit erfordert, und sobald Sie einmal angefangen und etwas Zeit damit verbracht haben, werden Sie dabei auch mehr Spaß haben als an manch anderen unnützen Dingen. Denken Sie jedenfalls daran, dass letztlich nur Sie über Ihre Zeit entscheiden, und daraus folgt: *Wenn Sie keine Zeit haben, dann nehmen Sie sich einfach welche.* Entscheiden Sie sich selbst zuliebe, sich diese oder jene Zeit des Tages oder der Woche dafür zu reservieren. Dies könnte durchaus auch ein regelmäßiger Termin sein, vor allem dann, wenn sie sonst wenig Selbstdisziplin oder ein schlechtes Zeitmanagement haben.

Für den Anfang brauchen Sie für die Übung nur 20 bis 30 Minuten einzuplanen, so dass die vielleicht noch ungeschulte Aufmerksamkeit nicht zu sehr angestrengt wird und ermüdet, dass also die Übung leicht und mühelos bleibt. Besser mehrmals kurze als wenige zu lange Übungen, doch finden Sie selbst Ihren Rhythmus heraus. Jede Anstrengung dabei ist stets ein Zeichen dafür, dass man etwas falsch macht oder etwas falsch läuft. Vor allem im geistigen Bereich, wo man keine physische Kraft aufbringen oder schwere Materie bewegen muss, sollte alles leicht und locker gehen. Kommen dennoch Zeitmangel, Müdigkeit, Widerstand auf, so verweist dies auf – vielleicht unbewusste – Blockaden und Hindernisse, die Sie beachten und ausräumen oder zunächst einmal einfach durch Willenskraft und Entscheidung überwinden sollten und können. Haben Sie dies erst einmal getan und damit zugleich Ihre Entscheidungskraft gestärkt, so beginnt die Übung mühelos und spielerisch zu werden, so erwacht immer mehr eine Neugier, ein geradezu kindliches Interesse, eine Entdeckerfreude. In diesem Fall können Sie dann die Übung mit dem Seelenhaus zeitlich beliebig ausdehnen. Fangen Sie aber erst einmal mit 20–30 Minuten an, so dass Sie sich nicht von Anfang an überfordert fühlen und dann vielleicht Widerstände aufbauen. Dehnen Sie Zeit und Häufigkeit dann nach Belieben aus.

C) Ruhig werden über den Atem

Nachdem Sie sich die äußeren Voraussetzungen geschaffen haben, sich einen angenehmen, ungestörten Ort und Platz verschafft und sich zugleich Zeit genommen haben, so müssen wir uns nun die ebenso wichtigen inneren Voraussetzungen schaffen. Dies sind wie auch im Yoga das Zur-Ruhe-Kommen des Körpers, ferner die Zurückziehung und das Nach-Innen-Wenden der umherschweifenden Sinne und schließlich die Beruhigung der Gedanken und Gefühle, die geistige Zentrierung in der eigenen Mitte. Dies bedeutet nicht, dass man die Seelenhaus-Methode nicht auch überall mitten im Alltag und ohne diese Vorbereitungen anwenden könnte, aber es ist schwer, feine, innere Wahrnehmungen zu haben, mit der Seele eine noch zarte Kommunikation aufzubauen, klare innere Bilder zu sehen, wenn mein Gemüt und mein Geist noch von wilden Gedanken und Gefühlen durchjagt werden, wenn in mir noch so viel Lärm und Getöse ist. Dann würde übrigens auch ein ruhiger, äußerer Ort nichts nützen. Daher ist es empfehlenswert, nachdem das Äußere geregelt ist und bevor man mit der eigentlichen Übung anfängt, auch das Innere zu beruhigen, das Getöse der Gedanken und Gefühle leiser werden zu lassen, so dass der Geist zur Ruhe kommt und sich zentriert und empfänglich wird für die feinen inneren Wahrnehmungen, ja, dass der Geist möglichst leer wird. Denn nur wenn die Tasse leer ist, so sagt man im Zen, kann etwas Neues in sie eingegossen werden.

Sicher gibt es heutzutage zahlreiche Methoden, um sich innerlich zu beruhigen und auch innerlich leer zu werden, um etwas empfangen zu können, doch keine ist so bewährt und so alt wie das Mittel der Atmung und die Methode, die Aufmerksamkeit auf den Atem zu richten. In fast allen älteren Meditationsschulen und traditionellen esoterischen Anweisungen ist immer wieder die Rede davon, *dass der Atem der Schlüssel ist*, sich zu konzentrieren, zu beruhigen, sich selber zu steuern, vor allem der Schlüssel über das Gemüt und die Gedanken. Dies ist auch leicht einzusehen, denn wenn ich aufgeregt bin, mir viele hektische Gedanken durch den Kopf gehen oder ich in heftige Begierden verstrickt bin, so geht erfahrungsgemäß mein Atem automatisch schneller, oberflächlicher, wilder oder hektischer. Habe ich aber einen ruhigen, gelassenen und langsamen Atem, so habe ich auch Gelassenheit und Ruhe im Inneren. Diesen engen Zusammenhang zwischen Atem einerseits und Körper, Verstand und Gefühl andererseits kann man nutzen, um sich selbst und sein Inneres zu beruhigen, indem man die Frequenz des Atems verlangsamt und den Atem zugleich vertieft, ohne dies jedoch zu forcieren. Wir entscheiden uns lediglich dafür, und der Atem wird sich danach richten, wird langsamer und tiefer werden. Zugleich bringt die Fokussierung der Aufmerksamkeit auf den Atem den Geist dazu, sich zu konzentrieren und ins Hier und Jetzt zu kommen, und auch die Sinnesorgane werden am Umherschweifen gehindert.

Atemübung
Wenn Sie diese Vorübung machen wollen, dann holen Sie ein paar Mal tief Luft und atmen alle körperliche Anspannung sowie alle Sorgen und Mühen aus, atmen bewusst Ruhe und Kraft ein. Bitten Sie zugleich den Geist, dass er Sie in Ihre Mitte bringt und lassen Sie dies zu. Vielleicht können Sie auch zu Beginn einige Male beim Ausatmen tief seufzen oder sonstige Laute machen und damit zugleich die inneren Spannungen ausatmen und bewusst loslassen, wie wir es tun, wenn wir etwas aufgeben. Dann richten wir unsere geistige Achtsamkeit auf den Atem, ziehen unsere Sinne hier zusammen, bemerken, wie er ein- und ausströmt, und verfolgen die Intention, dass wir mit jedem Atemzug ruhiger und gelassener werden. Wir atmen bewusst und immer etwas tiefer und ruhiger ein und aus, lassen dabei den Atem in seinem natürlichen Rhythmus, ohne ihn anzuhalten, aufzuhalten oder zu manipulieren. Wir lassen ihn vielmehr tief und ruhig in uns hinein, auch in den Bauchbereich, wobei wir gelassen die Ein- und Ausatmung beobachten und voll wahrnehmen. Sie könnten sich dazu noch suggerieren, dass Sie mit jedem Atemzug immer ruhiger, gelassener und stiller werden oder bei jedem Einatmen tiefe Ruhe einatmen, bei jedem Ausatmen alle Gedanken, Sorgen und Spannungen ausatmen. Nach einigen Minuten werden sich mit der Atmung auch die Gedanken verlangsamen, die Gefühle beruhigen, ihre Wichtigkeit nachlassen, so dass sie schließlich nur noch wie Wolken am Horizont unseres Geistes vorbeiziehen. Wir bemerken sie zwar, schenken ihnen aber keine größere Beachtung mehr. Wenn dies sich mehr und mehr manifestiert und wir gelassen in einem ruhigen Zustand verweilen, so ist die beste Voraussetzung geschaffen, um uns

auf die innere Reise zu begeben, und wir sind nun bereit, unser Seelenhaus in uns aufsteigen zu lassen.

3.3 Das Seelenhaus von außen anschauen

Wenn wir ruhig und gelassen geworden sind, dann lassen wir das Seelenhaus auftauchen oder erschaffen es vor unserem inneren Auge, einfach dort, wo wir auch sonst innere Vorstellungen und Bilder sehen, wo wir uns etwa einen rosa Elefanten vorstellen. Es gibt mehrere Einleitungen, und Sie können sich auch neue schaffen, wenn Sie wollen. Mit der Zeit werden Sie Einleitungen nicht mehr benötigen, sondern direkt zum Seelenhaus springen können, wenn Sie es erst einmal kennen. Hier die üblichen Vorgehensweisen zu Beginn:

1. *Wir bitten darum*, dass uns einfach ein Haus gezeigt werde, das der Seele entspricht, oder wir nehmen einfach das nächste Haus, das in unserem Inneren auftaucht.
2. Auch können wir mit der Vorgabe oder Suggestion, unser Seelenhaus zu finden, zuerst *über eine Landschaft gehen* und uns in sie einfühlen, bis am Horizont oder in der Nähe eine Behausung auftaucht. Bitte dann das erste auftauchende Haus nehmen.
3. Wir könnten es uns *einfach ausdenken* mit der Frage: Was könnte wohl mein Seelenhaus sein? Wie würde ich mir mein Seelenhaus vorstellen, wie könnte dies aussehen? Dann erschaffen wir uns eines über die Phantasie und vertrauen darauf, dass dadurch uns jetzt das richtige gezeigt wird, etwa so, wie wenn Kinder ein seelisches Erlebnis nachzeichnen oder nachmalen. Auch dann werden die damit verbundenen seelischen Inhalte stets sichtbar, ohne dass dies bewusst angestrebt wurde.
4. Bei Problemen mit dem inneren Bild, oder wenn Sie nichts sehen können aufgrund eines Widerstands, können Sie auch *polare Fragen stellen*, beispielsweise: Ist es eher groß oder klein? Ist es eher alt oder neu? Weiß oder farbig? Viele Fenster oder eher verschlossen? Dies ist aber nur so lange nötig, bis ein erstes Bild entstanden ist, bis man es sich aufgrund der Angaben in etwa vorstellen kann, und dann kann man einfach in diese Vorstellung hineingehen und direkt weiter erforschen.
5. Wenn aber immer noch Widerstand da sein sollte und das Haus nicht oder nur schwer zu erkennen ist, könnte man das akzeptieren (Ja, ich

weiß eben nicht…) und dann aber sogleich *im Konjunktiv weiterfragen* (Aber wenn ich wüsste, wäre es dann eher groß oder klein….) und einfach raten. Auch so ergibt sich schnell ein erstes Bild, das man dann näher betrachten und in das man hineingehen kann. Bei dieser Technik werden die Details weggelassen und einfach die Extreme bzw. die Gegenpole abgefragt. Weitere polare Fragen könnten beispielsweise sein: (Wenn ich wüsste…)

Ist das Haus farblos/weiß oder farbig?
Ist das Haus in schlechtem oder eher in gutem Zustand?
Ist das Haus eher protzig, luxuriös oder bescheiden?
Ist das Haus eher einstöckig oder mehrstöckig?
Steht das Haus alleine oder hat es Nachbarn in der Gegend?
Steht das Haus in einer eher kargen oder eher fruchtbaren Gegend?
Steht das Haus eher auf stabilem Grund oder ist es riskant gebaut?

Mit Hilfe dieser Fragetechnik kann man vor allem bei ungeübten oder rational bestimmten Menschen sehr gut einsteigen sowie auch denen helfen, die zunächst aufgrund irgendwelcher Ängste nichts sehen wollen oder können. Sowohl in Gruppen wie auch individuell kann dies gut angewendet werden, aber Sie können sich solche Fragen auch selbst stellen, notfalls im Konjunktiv, falls Sie nichts zu sehen glauben, also beispielsweise: „Ich sehe zwar nichts, aber wenn ich wüsste, ist dann das Haus eher groß oder klein…" und dann einfach raten. Dadurch wird der Verstand umgangen, und schon nach wenigen Fragen und Antworten haben Sie dann das ungefähre Bild Ihres Hauses und können es nun entweder mittels weiterer Fragen erforschen, oder Sie können es einfach direkt anschauen und mit dem Bild weiter arbeiten.

Auf diese Weisen wird man das Seelenhaus schnell finden, es sei denn, es gäbe einen massiven inneren Widerstand, der dann therapeutisch bearbeitet und aufgelöst werden sollte. Die bisherige Praxis hat gezeigt, dass es nur ganz wenige Menschen sind, die ihr Seelenhaus beim ersten Mal nicht sehen können. Daher nehme ich üblicherweise, auch bei Gruppen mit unterschiedlich entwickelten Menschen, meistens die Einleitung über eine beliebige Landschaft, also die zweite Einleitung. Sie führt die Menschen sanft ein, gewöhnt sie an das Bilderleben, und sie können sich dann zeitlich individuell anpassen, das heißt die einen sehen das Haus dann früher, die anderen später, jeder kann sein Tempo behalten.

Haben Sie Ihr Seelenhaus erst einmal entdeckt und ein erstes Bild gesehen, dann gehen Sie damit um wie ein Kaufinteressent, der sich für eine

Immobilie interessiert. Betrachten Sie und erforschen Sie diese Immobilie neugierig, bewusst, achtsam, aufmerksam. Dabei sind vor allem folgende Angaben (auch für die spätere Analyse) von Interesse:

GRÖSSE: Wie groß ist das Haus, wie viele Stockwerke hat es?
OFFENHEIT: Hat es viele Fenster, Öffnungen, Glas? Viel Licht oder ist es eher verbunkert?
STIL: Villa, Bauernhaus, Hütte, Zelt, Ranch, Jugendstil, Hexenhaus, Burg, Schloss etc.?
FORMEN: Hat es eckige, mehreckige, maurische oder eher runde Formen?
MATERIAL: Welches Baumaterial, also Holz, Stein, Beton, Marmor, Lehm, Glas, Licht?
FARBEN: Wie sind die verwendeten Farben des Hauses und wie wirken sie?
BAULICHER ZUSTAND: Wie ist der derzeitige Zustand des Hauses, eher neu, alt, renoviert oder renovierungsbedürftig?
DACHKONSTRUKTION: Wie ist das Dach (offen, geschlossen?) und aus welchem Material?
KOMMUNIKATION: Gibt es sichtbare Kommunikationseinrichtungen wie Antennen oder Sattelitenschüssel oder Teleskop auf dem Dach/ im Dachgeschoss?
UMGEBUNG: Wie ist die unmittelbare Umgebung? Kulturlandschaft, Urwald, Steppe, Wüste, Wälder, Garten ? Wichtig: Gibt es Berge oder Wasser/Seen oder beides?
STANDFESTIGKEIT: Ist das Haus auf sicherem oder seichtem, schwankendem, sandigem oder riskantem Grund (z.B. am Berghang) gebaut?
ZUGÄNGLICHKEIT: Ist das Haus leicht aufzufinden oder versteckt? Einfach oder nur schwer zugänglich ? Eingezäunt oder gar befestigt? Gibt es gar bewusste Zugangshindernisse wie Verteidigungsanlagen, Bollwerke, Wehrtürme, Wassergräben oder Ähnliches?
NACHBARN: Gibt es Nachbarn und wie weit sind sie entfernt?

Keine Erwartungen, Bewertungen oder Analysen

Vor allem in der Phase des Kennenlernens und der Erforschung ist es ganz wichtig, jegliche Erwartungen, wie das Seelenhaus zu sein hat, loszulassen, sowie auch jegliche Bewertungen darüber. Sie sollten in diesem Stadium auch der Versuchung widerstehen, es sofort analysieren oder ausdeuten zu wollen. Seien Sie vielmehr wie ein Forscher, der in der Tiefsee oder im Urwald zunächst Objekte beobachtet, erforscht, sammelt, um sie dann später zu Hause oder im Labor auszuwerten. Die Seelenhäuser der meisten Menschen sind keine vollkommenen Häuser oder Prachtbauten (und daher unterscheiden sie sich auch von bloßer Phantasie, in der sich jeder ein schönes Haus machen würde), sondern oft sind es nur einfache, schlichte Häuschen, kaputte Behausungen oder fast unbewohnte Schlösser, halb zerstörte Wehrtürme, nichts Besonderes. Deshalb ist wichtig, alles, was kommt, zuerst einmal zu akzeptieren und anzunehmen, ohne Widerstand, einfach mit kindlichem Interesse. Natürlich kann es durchaus auch Häuser aus Licht, Wohnungen aus Glas oder Kristall oder himmlische Behausungen geben. Deshalb sollte man aber nicht gleich in Stolz und Übermut verfallen, sondern erst einmal neutral anschauen und nach der Meditation analysieren. Denn wenn wir beim Kennenlernen und Erforschen der Häuser schon ins Nachdenken und Bewerten verfallen, selbst wenn nur im Ansatz, dann setzt ganz automatisch und ohne dass Sie es verhindern könnten selektive Wahrnehmung ein. Dann würden diese Bilder wieder verschwinden, verfremdet werden oder gar nicht erst erscheinen, und wir würden zumindest einen Teil der Information verlieren oder sie verfälschen. Daher ist es nötig, mit möglichst neutralem Interesse vorzugehen und alles zunächst so anzunehmen, wie es ist. Wir können das Haus ja später nach unseren Wünschen umgestalten, aber eben nicht schon beim Erforschen und Kennenlernen. Auch wenn das Haus mickrig ist, vielleicht nur eine armselige Hütte im Wald, wenn es vergammelt ist oder zunächst kaum Licht hat, so ist dies zunächst einfach anzunehmen mit der Gelassenheit: Ja, so ist es eben jetzt, so ist die Lage. Denn wenn ich mich entwickeln will, dann muss ich erst wissen und annehmen, wo ich jetzt stehe, und nur mit dieser Erkenntnis kann ich sinnvoll vorwärts gehen. Denn alle Fahrpläne haben nur Sinn, wenn ich weiß, an welchem Bahnhof ich stehe. Solange ich mir noch etwas vormache oder glaube, woanders zu sein, wo ich gar nicht bin, so lange werde ich nicht von der Stelle kommen oder in eine falsche Richtung fahren. Wir lassen also bewusst alle Bewertung los und nehmen mit kindlicher Neugier einfach das an, was kommt, und haben Spaß daran. Wir müssen es ja auch niemand weitererzählen.

Dies sind die wesentlichen Dinge, die für das Kennenlernen des Seelenhauses von außen wichtig sind. Wir werden dann später aufzeigen, was sie im Allgemeinen bedeuten oder wie man sie deuten kann. Doch sollte man das Seelenhaus ganz naiv und ohne solches Wissen erst erfahren und erleben und sich nicht vorher mit der Deutung belasten. Sonst besteht die Gefahr, dass man auf Grund der vorweggenommenen Deutung Bildinhalte ablehnt oder verdrängt und so wichtige Informationen verliert. Natürlich ist dieser hier vorgestellte Fragenkatalog nur ein Gerüst, und niemand sollte sich dadurch beschränkt fühlen, nicht noch viel mehr Einzelheiten in Erfahrung zu bringen, wie beispielsweise das vorherrschende Wetter, das Gefühl, das Sie zu dem Haus haben, die künstlerische Seite oder die Ästhetik des Hauses und vieles mehr, was noch erforscht und erfasst werden kann.

Alle diese Einzelheiten sagen etwas über Sie selbst und Ihre Persönlichkeit aus, und je mehr Sie diese Details herausarbeiten, umso genauer ist das daraus folgende Profil Ihrer Persönlichkeit und die Tiefe und Fülle der Erkenntnis, die Sie daraus ziehen können. Auch hier ist die Seelenhaus-Methode flexibel, und Sie können ganz nach Wunsch schnelle Kurzanalysen oder umfassende Persönlichkeitsprofile erstellen. Eine umfassende Analyse muss auch nicht beim ersten Mal geschehen, sondern Sie können in folgenden Sitzungen immer wieder weitere Aspekte und Details Ihrer Seele erkunden. Doch nun ist es Zeit, sich dem Haus zu nähern und einzutreten, es von innen zu besichtigen.

3.4 Das Seelenhaus von innen anschauen

Nachdem wir jetzt das Aussehen und die Umgebung unseres Seelenhauses betrachtet haben, sind wir sicher schon voller Vorfreude und Neugier, wie wohl das Innere des Hauses aussehen wird, was es enthält und welche Geheimnisse es vielleicht birgt. Wir werden also ganz gelassen zum Eingang gehen, die Tür öffnen und hineingehen. Wir tun dies alles ausschließlich mit unserer Vorstellungskraft, gesteuert durch unseren Willen, ohne jede Anstrengung oder Mühe. Letzteres ist nämlich, wenn überhaupt, nur in der materiellen Welt notwendig, keineswegs aber in der geistigen Welt. Hier bewegen wir uns ganz leicht durch beliebige Räume, können von jedem Ort zum anderen springen und uns dreidimensional im Raum bewegen, etwa so, wie wir im Traum plötzlich von einem Ort zum anderen springen, oder wie beim einem Spielfilm, wo bei jedem Szenenwechsel einfach Raum oder Zeit übersprungen werden, ohne dass uns dies irgendwie merkwürdig vorkommt. Dass wir diesen Raum-Zeit-Wechsel im Film ohne Vorwarnung so ganz selbstverständlich akzeptieren, zeigt, dass wir dies in unserem mentalen System als völlig normal empfinden, dass wir es demnach ständig in unserem Bewusstsein ebenso selbstverständlich tun und erleben. Wir können uns in unserem Seelenhaus also nicht nur so bewegen, wie wir es in der materiellen Welt gewohnt sind, also von einem Raum zum anderen und Schritt für Schritt, sondern können auch jederzeit – einfach durch Willensentscheidung – von einem Raum oder Ort zum anderen springen.

Falls es bei diesem mentalen Springen in Raum und Zeit überhaupt Probleme geben sollte – und dies kommt in der Praxis sehr selten vor –, dann liegt dies vermutlich daran, dass die Person einen sehr schwachen oder fremdbestimmten Willen hat und nicht gewohnt ist, etwas zu wollen oder wollen zu dürfen. In einem solchen Falle wäre dann der Wille zu schulen, von Fremdbestimmung zu befreien und die Entscheidungskraft zu stärken. Wenn sie es aber will und auch dort ist, aber nur schwach oder undeutlich wahrnehmen kann, dann liegt es möglicherweise an der mangelnden Geistkraft oder Aufmerksamkeit. Auch diese ist leicht zu schulen, da sie jedem Menschen von Natur aus innewohnt, allerdings bei Problemen in zu viele Richtungen zerstreut sein kann oder vielleicht zu viele Verhaftungen und Ablenkungen vorhanden sind. In solchen Fällen ist es notwendig, die Steuerung der Aufmerksamkeit zu schulen sowie sie wieder zu fokussieren, also die Konzentrationskraft, die Sammlung auf ein Objekt, die bewusste Achtsamkeit zu steigern.

(Neben den hier vorgeschlagenen Übungen vergleiche auch die entsprechende Schulung in meinem Buch „Geh den Weg der Mystiker" / Via Nova).

ÜBUNG – Das Innere des Seelenhauses erkunden
Wir gehen auf den Eingang zu und betreten das Seelenhaus, öffnen beispielsweise die Tür und treten ein oder springen mental direkt hinein. Wir nehmen zunächst einmal das Gefühl wahr, das von diesem Ort ausgeht oder das dieser Ort in uns auslöst. Jeder Raum hat ja eine bestimmte Schwingung, vermittelt ein bestimmtes Gefühl, weshalb sich auch manche Menschen in alten Schlössern gruseln oder man sich in einem Raum, in dem gerade heftig gestritten wurde, nicht so recht wohl fühlt. Wir fühlen also subjektiv den Gesamteindruck und nehmen ferner ganz sinnlich wahr, wie das Innere im Einzelnen beschaffen ist, Zimmer für Zimmer. Folgende Aspekte sind hier generell wichtig:

LICHTVERHÄLTNISSE: Ist es im Inneren eher hell, lichtvoll oder dunkel und düster?
ATMOSPHÄRE: Ist es sehr muffig, dumpf oder angenehm, rein und klar?
SAUBERKEIT: Ist das Innere des Hauses in sauberem Zustand oder eher schmutzig und ungepflegt?
RÄUMLICHKEIT: Ist das Innere geräumig und weit oder eher eng und beschränkt?

WÄNDE: Sind Mauern oder Außenwände dick oder dünn und aus welchem Material (beispielsweise aus Beton oder aus Glas)?
MATERIALIEN: Wie fein oder klobig, luxuriös oder schlicht sind die innen verbauten Materialien und wie sind sie verarbeitet?
MÖBLIERUNG: Ist es voll möbliert, wenig oder gar nicht und wie ist es eingerichtet, zu welcher Stilrichtung gehören und aus welcher Zeit stammen die Möbel?
EINRICHTUNG: Wie alt oder neu, wie teuer oder billig, wie geschmackvoll oder geschmacklos sind die vorhandenen Gegenstände? Ist die Einrichtung liebevoll oder sogar verschwenderisch gestaltet, wie von jemandem, der gern hier wohnt, oder ist sie eher lieblos, einfallslos, bloß nützlich, minimalistisch oder wie vorübergehend eingerichtet?
GEFÜHL: Wie ist der erste Eindruck, das erste Gefühl, wenn man das Haus betritt? Gibt es inneren Widerstand und wie fühlt dieser sich an?
WOHNLICHKEIT: Ist der Wohnbereich eher gemütlich, wohnlich oder fühlt sich die Wohnung eher kalt, funktional oder ungemütlich an?
FARBGEBUNG: Wie sind die Farben und welche dominiert? Farbton und -helligkeit?
FREMDEINFLUSS: Würde ich mein Haus so einrichten oder folge ich hier fremdem Einfluss?
FREMDE PERSONEN: Gibt es andere Personen im Haus oder Bilder von ihnen?

Manche Menschen treffen in ihrem Haus Personen, wie beispielsweise Verwandte oder auch Fremde. Wenn diese nicht *vorher* ausdrücklich eingeladen wurden, so haben sie im Seelenhaus nichts zu suchen. Auch nicht der Ehepartner oder eine andere nahestehende Person. Das Seelenhaus wird üblicherweise nur von Ihnen selbst bewohnt und andere kommen symbolisch nur zu Besuch. Einige Menschen finden in ihrem Haus auch bestimmte Gegenstände oder Bilder von anderen Personen, beispielsweise vom Vater oder einem Verwandten, die dann vielleicht an der Wand hängen oder sogar einen eigenen Raum beanspruchen. Dies bedeutet, dass in allen solchen Fällen ein noch ungeklärtes Verhältnis oder ungelöstes seelisches Problem mit diesen Personen vorhanden ist. Hier müssen dann möglichst unter therapeutischer Leitung entsprechende Versöhnungs- oder Ablösungsübungen durchgeführt werden beziehungsweise es sind karmische Verwicklungen aufzuarbeiten. Dass diese Personen bereits im oberen Haus „herumspuken" und nicht nur im Keller sind, zeigt an, dass diese Probleme dringend der Heilung bedürfen und schon ins Tages-Bewusstsein drängen. Natürlich dürfen Sie ins Seelenhaus Freunde einladen, bewirten, aber diese gehen dann wieder. Üblicherweise gehört nichts in Ihr Seelenhaus, was Ihnen nicht gehört, Ihnen zugeordnet ist oder mit dem Sie nicht übereinstimmen, in keinem Fall aber fremde Wesen oder Personen.

Auch wenn das Haus oder die Möblierung alt sind, so ist zu fragen, ob dies wirklich Ihr Stil ist oder ob es Ihnen jetzt so gefällt. Wenn nicht, so ist nach Auswertung von vielen Hunderten von Seelenhäusern davon auszugehen, dass die innere Zeit aus einem dramatischen Grund angehalten wurde. Man sollte also fragen, wenn das Alter der Einrichtung nicht mit Ihrem jetzigen Geschmack übereinstimmt, wie alt diese Möbel oder diese Räume sein könnten. Dann reisen Sie mit einem Zeitfahrzeug und möglichst mit therapeutischer Begleitung zu diesem Zeitpunkt zurück und decken auf, was damals geschehen ist. Wenn dies seelisch aufgearbeitet und integriert ist, wird das Seelenhaus das alte Gemäuer oder die alten Möbel verlieren und sich nach Ihrem jetzigen Geschmack verändern.

Natürlich sind beim Erfassen des Seelenhauses und vor allem bei der inneren Einrichtung die verwendeten **Farben** wie auch die gesamte Farbgebung wichtig, über deren Bedeutung wir später noch ausführlicher sprechen werden (5. Kapitel). Wie sicher jeder weiß, sind Farben stets mit bestimmten Gefühlsinhalten assoziiert, die allerdings individuell sehr variieren können. Aber auch die Helligkeit des Farbtons ist von Bedeutung. Während die Art der Farbe auf bestimmte Inhalte verweist, zeigen Helligkeit und Weichheit mehr den Grad der Feinheit und Geistigkeit an. Je heller also der Farbton ist, beispielsweise bei Pastellfarben, die nach bisheriger Erfahrung besonders in den astralen Himmelswelten häufig vorkommen, umso geistiger und feiner drückt sich hier der entsprechende Inhalt der jeweiligen Farbe aus. Doch es ist keineswegs notwendig, ein Spezialist in Farbsymbolik zu werden, sondern jeder kann dies sofort fühlen, wenn er will. Es genügt also, die Grundbedeutungen der einzelnen Farben zu kennen und dann vor allem nach dem eigenen Gefühl zu gehen, danach, wie sie auf Sie wirken und welche Stimmungen sie in Ihnen auslösen. Das können Sie einfach erfühlen.

Wenn Sie einen allgemeinen Eindruck gewonnen haben, die ungefähre Größe des Hauses, die Zahl der Stockwerke, die innere Architektur und den Aufbau des Hauses, die Möblierung und Atmosphäre kennen, dann können Sie ganz nach Ihrem Geschmack daran gehen, die einzelnen Zimmer näher kennen zu lernen, auch einmal in die Schränke zu schauen, die in der Bücherei vorhandenen Bücher zu lesen, im Badezimmer sich ein schönes Bad gönnen oder was Ihnen sonst Spaß macht zu entdecken. Da die Art der individuellen Seelenhäuser unglaublich verschieden ist, da es beispielsweise von einfachen Wohnhäusern, Hütten im Dschungel bis zu hin zu Schlössern, Wehrtürmen, von Wohnungen aus Pflanzen bis hin zu Wohnungen aus Licht alles gibt, was man sich nur ausdenken kann, und erst recht die innere Einrichtung des Hauses individuell völlig verschieden ist, so ergibt es keinen Sinn, Seelenhäuser miteinander zu vergleichen. Auch kann man deshalb für die weitere Erforschung schwerlich noch mehr Vorgaben machen außer der, einfach die Freude an der Entdeckung des Seelenhauses zu genießen und auszuleben, es gänzlich kennenzulernen und zunächst ganz so anzunehmen, wie es ist, ohne Regeln, Vorgaben und Erwartungen, zumal wir zudem die Sicherheit haben, es bei Problemen ja später umgestalten zu können. Doch wie verschieden die Seelenhäuser auch sein mögen, so sollten doch die folgenden wichtigsten Zimmer in ihnen zu finden sein, da sie wesentliche Bereiche unseres menschlichen Daseins symbolisieren.

3.5 Die wichtigsten Zimmer unseres Seelenhauses

Wie unser Seelenhaus unsere gesamte Persönlichkeit abdeckt, so repräsentieren die einzelnen Zimmer oder Bereiche des Hauses wichtige Bereiche von uns selbst. So steht beispielsweise das Schlafzimmer für unsere intimeren Beziehungen und Partnerschaft, die Küche für unsere körperliche Grundversorgung, Ernährung, Verbindung mit der Erde, für die Themen des Wurzelchakras, also für unser leibliches Wohl und energetische Grundversorgung. Das Bad steht für Reinigung und Regeneration, also wie wir uns selbst wertschätzen, reinigen und um uns kümmern. Das Arbeitszimmer steht für unsere Berufung, die nicht immer mit unserem Berufsleben übereinstimmen muss, aber doch sollte. Die Bücherei steht für Wissen und unsere Kenntnisse, die meist aus früheren Inkarnationen stammen und die wir mitgebracht haben und jederzeit wieder aktivieren und nutzen können. Das Wohnzimmer, das auch früher meist die wichtigste Stube und auch Treffpunkt der Familie war, steht für die Mitte des Menschen, die Herzmitte, für das Zentrum seiner Persönlichkeit. Wenn hier im Kamin ein Feuer brennt, so hat er viel Herzenswärme. Das Dachgeschoss, falls vorhanden, zeigt wiederum das „Dachstübchen" des Menschen an, also seine geistigen oder intellektuellen Interessen, und so weiter.

Da alle diese Bereiche für ein erfolgreiches Leben in dieser Welt wichtig sind und daher für das praktische Leben große Bedeutung haben, so sind sie vorrangig zu betrachten und gegebenenfalls auch umzugestalten, sollten wir hier Mängel und Defizite entdecken. Sicher sind für manche Menschen Beziehungen, für andere wiederum das leibliche Wohl, für wieder andere Beruf und Karriere wichtiger, doch darf man, um ein glückliches Leben führen zu können, die anderen Bereiche nicht außer Acht lassen. Vielmehr sollten Sie daran denken, dass ein gesunder Geist auch einen gesunden Körper benötigt, dass neben der Arbeitswelt auch Beziehungen wichtig sind und umgekehrt, dass es zu einer erfolgreichen Persönlichkeit gehört, ausgewogen alle diese Bereiche zu berücksichtigen, um in allen wichtigen Aspekten des Lebens erfolgreich zu sein.

Diese Bestandsaufnahme der wichtigsten Zimmer, die ja generell und bei allen Menschen weltweit die wichtigsten sind, muss nicht gleich zu Beginn erfolgen, sondern kann auch in jeweils folgenden Sitzungen ganz nach eigenem Geschmack und in der von Ihnen gewünschten Reihenfolge durchgeführt werden. Vorrangig sollten jene Bereiche aufgesucht und erforscht werden, in denen Sie im Leben derzeit Probleme haben, die Ihnen Sorgen, Ängste machen oder wo Sie im Leben Blockaden haben. Im Laufe der Zeit sollten Sie aber alle hier genannten Zimmer erforscht, erfahren und so verändert haben, dass Sie sich damit wohl fühlen. Dabei ist aber nochmals zu erinnern, dass Sie bei der Gestaltung Ihres Seelenhauses keineswegs den Vorgaben oder Erwartungen anderer Menschen folgen sollten, beispielsweise, wie groß nun Ihre Küche oder wie eingerichtet Ihr Schlafzimmer zu sein hat, sondern es ist wichtig, dass Sie hier Ihrer eigenen Stimme und Ihrem eigenen Gefühl vertrauen lernen und folgen. Richten Sie es sich so gemütlich, schön und harmonisch ein, dass Sie sich hier wohl fühlen und in Ihrem Seelenhaus glücklich und zufrieden sind. Dazu gehört auch, dass Sie sich Freunde, Partner, Arbeitskollegen und sonstige Menschen, denen Sie seelisch näher sein wollen, in Ihr Haus und damit in Ihre Seele einladen, wobei stets darauf zu achten ist, dass Sie jene Gäste auch wieder verabschieden und diese auch wieder gehen.

Die im Folgenden bei den einzelnen Zimmern vorgeschlagenen Fragen dienen lediglich dazu, Ihnen einige Hinweise, Beispiele oder Anregungen zu geben, was man fragen oder erforschen könnte und welche Fragen für die Selbsterkenntnis wichtig sein könnten. Lassen Sie sich dadurch keinesfalls begrenzen. Sie sollten sie auch nicht auswendig lernen oder bei einem Klienten nach Schema abfragen. Sie dienen wirklich nur als Beispiele und Hinweise, denn jeder hat ganz eigene Interessen. Man könnte auch ohne solche Fragen einfach in das Seelenhaus einsteigen und es ganz planlos anschauen und erkunden, ganz nach Gefühl und Intuition. Ferner werden Sie ja alle diese Dinge nicht in einer einzigen Sitzung klären wollen oder können, sondern in aufeinander folgenden Bildreisen Stück für Stück erforschen wollen, und so dienen diese Fragen lediglich dazu, aus der bisherigen Praxis Anregungen zu geben, was möglicherweise wichtig und interessant oder was für die Selbsterkenntnis wichtig sein könnte. Gestalten Sie daher zusätzlich Ihre eigenen Fragen ganz nach Ihren Wünschen und Bedürfnissen beziehungsweise in Bezug auf die in Ihrem Leben vorhandenen Probleme, und legen Sie sich dabei keine Beschränkungen auf.

Küche und Esszimmer

Hieran zeigt sich, wie wichtig der Mensch (immer als Momentaufnahme zum Zeitpunkt der Bildreise) sein leibliches Wohl nimmt, wie er mit der Erde verwurzelt ist und wie er sich um seinen physischen wie energetischen Körper und dessen Versorgung kümmert, wie und auf welchem Niveau er sich ernährt, was er von der Erde aufnimmt, wie viel von ihrer Energie er sich zuführt und welche Bedeutung er insgesamt diesem Bereich zumisst. Die Küche zeigt auch durch ihre bloße Größe an, ob diese Versorgung nur oder eher für mich selbst ist oder ob sie auch dafür geeignet ist, für andere zu kochen, also andere Menschen zu versorgen. Dies ist nicht im geistigen Sinne gemeint, dafür stehen andere Zimmer, sondern ganz irdisch und praktisch oder energetisch. Wenn die Küche also groß ist, so gehört es zur Aufgabe dieses Menschen, auch Freunde, Klienten, Mitmenschen energetisch oder materiell zu versorgen. Beispielsweise findet man bei einem Arzt, der es sich zur Aufgabe gemacht hat, für die Armen zu sorgen, eine so große Küche mit ebenso großen Kochtöpfen. Aber es könnte auch bedeuten, dass ich gerne für andere aus meinem Bekanntenkreis koche, dass ich also wie eine Art Mutter für meine Freunde und Mitmenschen ganz materiell und praktisch da bin.

An der Zahl und Menge oder dem Fehlen von Lebensmitteln erkennt man sogleich, ob man diese Begabung derzeit ausübt, auslebt oder nicht, ob es also nur ungenütztes Potenzial ist. Auch erkennt man daran, was man sich selbst an Irdischem gönnt. Wenn es in diesem Bereich Knappheit oder Probleme gibt, so ist es möglicherweise auf ein mangelndes Selbstwertgefühl zurückzuführen oder sogar auf Selbstbestrafung, oder aber auf eine Tendenz zu Askese und möglicherweise Lebensverachtung oder -ablehnung. Da sowohl der physische wie auch die feinstofflichen Körper ein Behältnis des göttlichen Geistes, also der Tempel Gottes, sein sollen, so ist zu einem gesunden Leben in dieser Welt sowie für eine gesunde Entwicklung erforderlich, diesen Tempel so harmonisch und gesund wie möglich zu erhalten, zu pflegen und gegebenenfalls auch zu heilen. Wichtige Aspekte sind zu erforschen:

Wie ist die Größe dieses Bereichs, wird hier nur für eine Person gekocht oder auch für andere, vielleicht sogar für viele Mitmenschen? Wie groß sind die Kochtöpfe?

Ist der Bereich Küche/Esszimmer überhaupt so attraktiv, dass man Freunde einladen und hier mit ihnen essen und feiern kann?

Wie ist der Bereich eingerichtet, ist er spartanisch und funktional, also darauf ausgerichtet, das nötigste Essen zum Überleben zuzubereiten, oder hat der Bereich etwas Spielerisches, Luxuriöses, Komfortables, machen hier also das Kochen und Essen auch Freude oder ist es eher bloße Nahrungsaufnahme?

Ist dieser Bereich sauber und aufgeräumt oder schmutzig bzw. in chaotischem Zustand?

Welche Lebensmittel sind vorhanden, viel frische Früchte und Gemüse oder eher Körnernahrung oder Tiefkühlkost?

Sind überhaupt und wenn ja wie viele Vorräte vorhanden oder ist alles sehr knapp und karg?

Gibt es scharfe Gewürze und Kräuter, um das „Leben" zu würzen, oder kocht man hier fad und langweilig?

Ein Tipp: Probieren Sie es doch einmal aus und kochen Sie was. Wenn nicht genug Vorräte da sind, holen Sie oder bestellen Sie sich welche. Laden Sie dazu mental ihre Freunde oder Bekannte ein und gönnen Sie sich ein schönes Festmahl. Gemeinsames Essen ist ein uralter Ritus und schafft freundschaftliche Seelenverbindung.

Das Wohnzimmer

Hieran zeigen sich Zentrum und Kern meiner Persönlichkeit (nicht der Seele, das ist der Lieblingsplatz). Auch im normalen Leben ist dies der Raum, wo ich mich im Haus hauptsächlich aufhalte, wo ich Menschen empfange und wo ich ausruhen kann. Dieses Zimmer zeigt also, wie ich mich im Leben eingerichtet habe und mich dem Leben gegenüber prinzipiell verhalte, auch ob und wie ich Menschen einlade, wobei ein brennender Kamin Herzenswärme gegenüber den Mitmenschen andeutet. Man kann dieses zentrale Zimmer auch mit dem Herzzentrum assoziieren. Wie es eingerichtet ist, weist darauf hin, wie ich mich hauptsächlich beschäftige und auch, wie viel Zeit, Ruhe und Gemütlichkeit ich mir selbst gönne, wie gut ich entspannen kann oder wie ich mich in der Freizeit beschäftige, und vor allem, ob ich mich in mir und mit mir wohl fühle, ob ich also „in mir Wohnung genommen habe". Wichtige Aspekte sind zu erforschen:

Wie ist die Größe dieses Wohnbereichs, lebe ich hier eher allein oder ist Platz für andere Menschen? Ist überhaupt genug Platz, um mich hier wohl zu fühlen?

Ist es hier hell und lichtvoll oder eher dunkel und düster?

Wie ist die Einrichtung und der Einrichtungsstil (rustikalsten, futuristisch, nostalgisch, minimalistisch)?

Wie ist die Ausschmückung dieses Bereichs, Bilder, Blumen, Kunst? Gibt es hier beispielsweise Dinge einfach der Schönheit wegen?

Ist der Bereich komfortabel, luxuriös oder spartanisch eingerichtet? Was gönne ich mir?

Wie ist die Hauptfunktion dieses Zimmers, mehr zum Ausruhen oder Spielen oder Fernsehen oder zum Treffen von Freunden oder wozu sonst? Welche Gegenstände stehen hier und was könnte ich hier alles tun?

Wie ist der derzeitige Zustand, ist der Wohnbereich sauber, gepflegt oder schmutzig und vergammelt? Sind die Möbel alt, abgenutzt, antiquiert oder eher neu, modern? Wie fühle ich mich mit diesen Möbeln und Einrichtungsgegenständen? Passen sie zu mir?

Welcher Typ Mensch könnte hier wohnen, wenn ich daraus Rückschlüsse ziehe?

Befinden sich hier vielleicht Bilder, Gegenstände oder Erbstücke von Vater, Mutter, Verwandten oder Ex-Partnern?

Was könnte in den Schränken oder Möbeln sein beziehungsweise aufbewahrt werden?

Könnte ich mich hier wohl fühlen oder wie fühle ich mich hier?

Gibt es einen Kamin und wenn ja, brennt ein Feuer darin?

Das Schlafzimmer

Hier geht es vor allem um das Thema Beziehungen, genauer gesagt, um nahe und intime Beziehungen wie zum Ehepartner, Lebenspartner, derzeitigen Freund oder Freundin. Das *Schlaf*zimmer zeigt aber auch die grundsätzliche Einstellung des Hausbesitzers zu intimen oder sexuellen Beziehungen, wie schon die Doppelbedeutung des Wortes „schlafen" nahe legt. Ganz generell zeigt es mir schon durch seine Größe und Ausstattung, welche Bedeutung und Aufmerksamkeit ich diesem Thema insgesamt widme und ob ich hier in meiner Seele überhaupt Platz für einen Partner habe oder ob ich – unabhängig von vielleicht äußeren Kompensationen – in meinem tiefen Inneren immer noch Einzelgänger vom Typ einsamer Wolf bin. Ferner zeigt es natürlich durch das jeweilige Ambiente, welchen Wert ich auf sexuelle Aktivitäten, Spiel und Austausch lege, auf welche Weise ich dies gern auslebe oder ob dieses Thema eher unterdrückt ist. Wichtige Aspekte sind zu erforschen:

Wie ist die Grundstimmung des Zimmers? Welche Farben herrschen vor?

Ist es liebevoll und mit besonderer Sorgfalt oder lieblos, funktional eingerichtet?

Welche Größe hat es auch im Vergleich zu anderen Zimmern? Wie viel Raum nimmt es im Haus in Anspruch?

Ist das Bett eher klein oder groß, eher Schlafgelegenheit oder mehr Spielwiese?

Ist die Einrichtung eher karg, zweckmäßig, vielleicht sogar asketisch oder eher luxuriös und verschwenderisch?

Würde sich hier ein möglicher Partner wohl fühlen und gerne übernachten?

Ist der Zweck ein schöner Platz, um mich von der Welt zurückzuziehen und auszuruhen, oder ist es eher zum Schlafen da oder bietet es dazu auch Gelegenheit für sexuelle Spiele und Aktivitäten oder ist es für beides gleichermaßen geeignet?

Hängen hier Bilder an der Wand und wenn ja, welche?

Wie riecht es in meinem Schlafzimmer? Wie ist die Stimmung?

Wie groß sind die Fenster, ist es eher weiträumig und offen oder geschützt und geborgen?

Das Arbeitszimmer

Hier zeigen sich die Berufs- und Arbeitswelt, möglicherweise die derzeitigen Aktivitäten, vor allem aber die Berufung, die Lebensaufgabe und mein größeres Lebensziel. Dieser Raum kann ein Büro oder Studienzimmer sein, vor allem wenn ich noch etwas lerne oder studiere, oder ein Schreib- oder Arbeitsraum, wenn ich etwas verwalte oder betreue, kann ein Atelier oder Künstlerbereich sein, wenn ich kreativ arbeite, oder kann auch ein Meditations-, Praxis- oder Seminarraum sein, wenn ich mit Menschen arbeite oder etwas vermittle. Ich selbst habe an meinem Seelenhaus beispielsweise ein Seminar- und Heilzentrum angeschlossen, und dies entspricht ganz meiner Lebensaufgabe, wobei meine Nebentätigkeiten, die mehr zum Geldverdienen da sind, wie das Filmgeschäft, hier gar nicht auftauchen. Der Stil, die Größe und vor allem die Einrichtung des Zimmers zeigen, was und wie groß Ihre Berufung ist.

Falls im derzeitigen Seelenhaus dieses Arbeitszimmer oder Berufsfeld im Moment nicht vorhanden sein sollte oder nicht gefunden wird, dann ist dies derzeit noch nicht aktuell oder meine berufliche Priorität liegt im Moment in einem anderen Bereich, der nicht meiner Lebensaufgabe entspricht, oder ich muss erst noch etwas erlernen und erfahren, bevor ich diese für mich bestimmte Arbeit machen kann, und ich soll es daher jetzt noch nicht wissen.

Es kann allerdings auch sein, dass ich extreme Widerstände habe, diese Lebensaufgabe und Berufung kennen zu lernen, oder ich lehne sie gar ab, weil sie vielleicht zu viel Verantwortung oder zu viel Egoaufgabe erfordert. In letzterem Fall müsste das Zimmer vorhanden, aber abgeschlossen oder unzugänglich oder leer sein. Sollten Sie hingegen ein Arbeitszimmer haben, das noch leer und unmöbliert ist, oder aber möbliert, jedoch nicht benutzt wird, so zeigt dies an, dass Sie Ihre Lebensaufgabe wohl kennen, aber Ihr Potenzial in diesem Feld noch auf Sie wartet und Sie Ihre Berufung noch nicht leben. Wichtige Aspekte sind zu erforschen:

Wo liegt es im Haus und wie groß ist es, auch im Verhältnis zu den anderen Zimmern?

Welche Art von Zimmer ist es, wozu dient es und was kann man darin machen? Ist es eher Studierzimmer für mich alleine, in dem ich schreibe oder etwas entwickle, oder ein Büro, in dem ich organisiere oder verwalte, oder ein Labor, in dem ich etwas erfinde und erforsche, oder eine Praxis, in der ich vielleicht mit Kollegen arbeite, oder ein Atelier für künstlerische Gestaltung oder ein Schulungsraum, in dem ich mit Studenten oder Klienten arbeite, wo also Leute zu mir kommen?

Welche Gegenstände, Maschinen oder Geräte, wichtige Einrichtungsgegenstände befinden sich darin? Gibt es Gegenstände, die mir irgendwie bekannt vorkommen, vielleicht aus alter Zeit?

Welche technischen oder sonstigen Hilfsmittel stehen dort herum? Was ist in den Regalen?

Wie und wie alt ist die Einrichtung? Aus einer bestimmten Epoche oder neu und modern eingerichtet?

Wie ist der Zustand? Ist das Zimmer eher sauber, ordentlich, aufgeräumt oder schlampig und chaotisch?

Ist es eher ungenutzt, steril, leer oder vielmehr vollgestapelt? Ist es mitten im Arbeitsprozess, also arbeitet hier zurzeit jemand oder nicht, sieht es benützt aus? Wenn nicht, wann könnte es zum letzten Mal benutzt worden sein?

Wenn ich mir vorstelle, dort zu sein und zu arbeiten, was könnte ich dann möglicherweise tun? Was sehe ich mich tun?

Im Falle, dass es ein Seminar- oder Praxisraum ist, welche Art von Klienten kommen, und falls keine da sind, warum kommen sie noch nicht? Was könnte sie hindern?

Fühle ich mich (oder fühlt sich der Hausherr) dort wohl, zufrieden und motiviert oder eher gestresst, angespannt und in Aufopferung? Falls Letzteres zutrifft, was fehlt mir (ihm), um mich (sich) dort wohl zu fühlen?

Welche Gegenstände, Maschinen oder Hilfsmittel könnte ich brauchen, um diese Arbeit hier noch leichter und einfacher zu gestalten und mit mehr Freude? Was fehlt möglicherweise?

Das Badezimmer
Hieran zeigt sich, welche Aufmerksamkeit, Bedeutung und Zeit ich meiner seelischen Reinigung, Harmonie und Seelenhygiene zukommen lasse. Genauso wie die Haut des physischen Körpers ohne besondere Umstände, einfach nur durch das alltägliche Leben – durch Schmutz von außen und Schweiß aus dem Inneren – ständig verschmutzt wird und somit täglicher und ständig sich wiederholender Reinigung und Pflege bedarf, so ist die energetische äußere Hülle der Seele ebenso ständig wechselnden Energiestrukturen und Schwingungen ausgesetzt und wird dadurch „verschmutzt" mit Eigen- wie Fremdenergien, beispielsweise bei einem Bad in einer Menschenmenge. Daher ist es für Sie ebenso notwendig, sich immer wieder aufs Neue sowohl von den aus ihr selbst entstandenen ungünstigen Emotionen zu reinigen wie auch, sich von den übernommenen Fremdenergien anderer Menschen und Orte zu befreien, sich damit energetisch wieder zu reinigen, zu regenerieren, zu harmonisieren und sich ins Gleichgewicht zu bringen. Dies kann dadurch symbolisch geschehen, dass wir ein schönes Bad nehmen und uns vorstellen, wie es uns reinigt und zugleich vitalisiert, wie in der folgenden Übung beschrieben. Somit symbolisieren das Badezimmer und seine mehr oder weniger großzügige Einrichtung einerseits diesen Ort der Reinigung von ungünstigen Fremdeinflüssen, von kleinen Problemen, Stress, Sorgen und Nöten des Alltags, wie zugleich auch einen Ort der Entspannung, Pflege, Harmonisierung, Regeneration und Vitalisierung der inneren Kräfte. Wer also kein oder nur ein kleines, spartanisches Badezimmer findet, sollte es so bald wie möglich ausbauen und wie einen Wellness-Bereich einrichten, einfach schon, um sich in sich selbst wohl zu fühlen. Wichtige Aspekte sind zu erforschen:

Gibt es überhaupt ein Badezimmer in meinem Haus oder wo und wie wasche ich mich?

Welche Bedeutung und Größe hat das Badezimmer in meinem Haus? Ist es eher eine kleine Nasszelle oder ein luxuriöses und aufwändiges Badezimmer?

Wie sind die Lichtverhältnisse und in welchen Farben ist es gehalten? Welche Stimmung strahlt es damit aus?

Ist die Einrichtung eher karg und funktional, nur für Reinigung gedacht, oder kann man hier auch Wellness genießen, ist es also auch zur Entspannung, zum Wohlfühlen da?

Enthält es schöne, edle Materialien oder wurde hier an allem gespart?
Ist es aufgeräumt oder unordentlich? Sauber oder eher schmutzig und unhygienisch?
Wie riecht es hier im Badebereich?
Könnte ich hier auch mit einem Partner ein schönes Bad nehmen oder ist es ein einzig für mich gedacht, ist nur für mich Platz?
Sind ausreichend Pflegemittel, Essenzen, Badezusätze, Blütenstoffe (Rosenblätter) oder sonstige Hilfsmittel vorhanden? Wenn ja, welche und zu welchem Zweck?
Würde ich (oder der Hausherr) hier gerne Zeit verbringen? Ist dieser Bereich einladend, hier zu baden und sich zu entspannen?

Probieren Sie dies doch einfach gleich einmal aus und nehmen Sie in Ihrem Seelenhaus ein wunderschönes, entspannendes, wohltuendes, reinigendes, belebendes und vor allem sinnlich genussvolles Bad. Da der Körper nicht deutlich zwischen äußeren und inneren Bildern unterscheiden kann, so wird sich dies nicht nur auf Ihren energetischen, sondern auch auf den physischen Körper auswirken, und Sie werden sich wunderbar erfrischt und regeneriert fühlen.

3.6 Das Bad – gleich ausprobieren und genießen!

Eines der schönsten Dinge, die Sie im Seelenhaus tun und erleben können, besteht darin, in einem wundervollen Badezimmer mit schöner Atmosphäre ein entspanntes und wohltuendes Bad zu nehmen, mit wertvollen Essenzen oder Rosenblättern wie im schönsten Märchen oder im besten Wellness-Zentrum. Wie schon dargelegt und von vielen Wissenschaftlern wie Deepak Chopra bestätigt, kann Ihr Bewusstsein bei intensiver Imagination nicht zwischen von außen übermittelten und innerlich erzeugten Bildern unterscheiden. Denn beide sind immer nur elektrische Impulse im Gehirn bzw. identische Phänomene und Erscheinungen im Bewusstsein, woher sie auch immer kommen mögen. Es ist dabei nur wichtig, die inneren Bilder gegenüber den äußeren nicht abzuwerten und sie nicht als unglaubwürdig einzustufen, sondern sie ebenso klar wahrzunehmen, zu erleben und zu genießen wie die äußeren Bilder. Dann ist auch die Wirkung, hier im Bad der entspannende und erholsame Effekt, weitgehend dieselbe, denn unser System reagiert auf diese Bilder nicht nur psychisch, sondern auch physisch.

Dies konnte man vor allem an Effekten in Hypnose nachweisen, wobei ein Bleistift mit der bildlichen Suggestion, er sei ein heißes Eisen, am Körper sofort Brandblasen auslösen kann, und umgekehrt ein Mensch ohne weiteres in Zitronen beißen kann, wenn ihm suggeriert wird, es seien Äpfel. Der Zustand der Hypnose ist aber lediglich ein vertiefter Zustand gegenüber dem Alltagsbewusstsein, und ähnlich ist auch der meditative Zustand sehr suggestibel und für innere Bilder empfänglich.

Gehen Sie also in der folgenden Übung in Ihr Seelenhaus und nützen Sie Ihr Badezimmer aktiv für eine innere Reinigung und wohltuende Erholung, wobei Sie zugleich die alten Kleider symbolisch ablegen und nach dem Bad neue, reine, frische anziehen. Machen Sie die Übung mit so viel Sinnlichkeit und Freude wie möglich, und Sie werden ganz gewiss sowohl während wie auch nach dem Baden eine deutliche Veränderung in sich spüren. Es ist also bei der Durchführung der Übung darauf zu achten, dass Sie – zumindest nach einiger Zeit der Übung – die inneren Bilder wie auch sich selbst darin nicht mehr nur äußerlich, visuell oder mit großem Abstand sehen und betrachten, sondern sie immer mehr auch mit den anderen Sinnen erfassen, sie also sinnlich erleben, fühlen, riechen oder hören und somit mit möglichst vielen Sinnesorganen und so intensiv und sinnlich wie möglich dabei sind. Umso mehr Informationen werden Sie dann auf diesen verschiedenen Sinneskanälen übermittelt bekommen, aber auch umso mehr Spaß und Erlebnisse werden Sie dann dabei haben.

Das Wasser steht übrigens nicht nur für das Thema Reinigung, sondern es ist auch ein Informationsspeicher und -übermittler, wie moderne Forschung gezeigt hat (Emoto u. a.) Es kann daher auch neue Lebenskraft und Vitalität oder sonstige gewünschte Prägungen mit sich führen und übermitteln. Deshalb werden wir auch zwei Essenzen in unser Bad geben, wenn Sie dies möchten, Sie können aber beliebig viele andere mit dazu nehmen, wie beispielsweise Rosenessenzen. Spüren Sie also beim folgenden Baden nicht nur, wie sehr es den äußeren Schmutz abwäscht, wie sehr es Sie reinigt und erfrischt, sondern auch, wie sehr es Sie vitalisiert, verjüngt, neu belebt, dem Körper neue Impulse und Anregungen gibt, zumal wenn Sie zusätzlich solche wohltuenden Essenzen ins Wasser geben.

ÜBUNG 3: Energetische Reinigung und Vitalisierung

Durchführung:
Gehen Sie im meditativen, entspannten Zustand in Ihr Seelenhaus und suchen Sie direkt Ihr Badezimmer auf. Sollten Sie noch keines haben, dann

erschaffen Sie es sich mit Hilfe Ihrer Phantasie und Vorstellungskraft so deutlich wie möglich, oder bitten Sie Ihre Seele bzw. den Himmel, Ihnen ein neues Badezimmer zu schenken. Dies können Sie beispielsweise über das Symbol eines himmlischen Innenarchitekten tun, den Sie anfordern und bitten, es nach Ihrem Geschmack und Ihren Vorgaben einzurichten. Betreten Sie nun Ihr bisheriges oder neues Badezimmer und fühlen Sie Dankbarkeit, dass Sie einen solch schönen Ort der Reinigung und der Entspannung besitzen.

Lassen Sie dann angenehm wohltemperiertes Wasser in Ihre Badewanne ein, gestalten Sie das Ambiente und das Licht so, dass es sehr gemütlich aussieht. Vielleicht zünden Sie je nach Wunsch auch ein paar Kerzen an. Visualisieren Sie nun, dass Sie dort alle Ihre alten Kleider ausziehen und ganz bewusst wegwerfen oder in den Mülleimer stecken. Ferner fügen Sie dem Badewasser, falls Sie dies wünschen, einige wertvolle Essenzen, farbige Öle oder Zusatzstoffe hinzu, wobei Sie auch auf die Farbe achten können. Sollten keine Essenzen vorhanden sein, so können Sie wieder darum bitten, möglichst Ihre Engel, Meister oder Ihren Seelenführer bzw. Schutzengel, und Sie werden es erhalten. Rosenessenzen sind übrigens immer hilfreich, vor allem zur Herzöffnung.

Nun spüren Sie einmal mit der Hand in das wohlig warme Wasser und fühlen Sie es ganz sinnlich. Dann stellen Sie sich vor, wie Sie langsam mit Ihrem Körper hineingleiten. Fühlen Sie dabei, wie das Wasser Ihren Körper umschmeichelt und umspielt, wie es Sie dabei tief reinigt, zugleich auch vitalisiert und neu belebt. Wenn möglich, riechen Sie den angenehmen Duft der Essenzen und nehmen Sie die Wärme und Energie des Wassers auf Ihrem Körper wahr. Nun lassen Sie sich eine Zeitlang treiben, lassen die Reinigung geschehen, ohne etwas dazu tun zu müssen. Lassen Sie einfach zu, wie das Wasser und die Essenzen ihre Wirkung tun, wie Sie dabei immer gelassener atmen und mit jedem Atemzug immer tiefer und tiefer entspannen, sich ausruhen, erholen und sich zugleich immer mehr von all den Widrigkeiten des Alltags lösen. Sie können sich auch bewusst vorstellen, wie das Wasser all die kleinen Sorgen und Ängste des Alltags, die übernommenen und anhaftenden Fremdenergien abwäscht, ganz von selbst und ohne Mühe. Schöpfen Sie nun auch einmal etwas Wasser und schütten Sie es sich über den Kopf, oder tauchen Sie einmal ganz in die Wanne ein, so dass der ganze Körper gereinigt und erfrischt wird. Nach einigen Minuten schon erleben Sie die wohltuende Wirkung, und das Bad muss nicht lange dauern, um seine Wirkung im seelischen Bereich zu entfalten. Genießen Sie es, solange Sie mögen, dann steigen Sie aus dem Bad heraus, trocknen sich ab und kleiden sich völlig neu ein. Ziehen Sie sich

also frische, reine Kleider an, in weißen, hellen, pastellfarbenen oder frohen Farbtönen. Fühlen Sie nun, wie Sie sich frisch, vitalisiert und erholt in Ihren neuen Kleidern fühlen.
Damit ist diese Übung zu Ende.

Üblicherweise werden Sie sich nach dieser Übung wie ein frisch gebadetes, rosiges Baby fühlen, leicht und mit neuer Vitalität aufgeladen. Nun können Sie diese Meditation entweder beenden oder weitere Dinge im Seelenhaus in Angriff nehmen. Unabhängig davon, was Sie zukünftig im Haus erforschen, tun oder verändern, ist es ratsam, immer wieder einmal ein Bad zu nehmen, wie man es ja auch im alltäglichen Leben nach einem anstrengenden Tag tun würde. Mit einem einzigen Mal ist es nicht getan, da sich uns ja immer wieder die kleinen Sorgen und Nöten des Alltags anhaften oder wir unangenehme Fremdenergien aufnehmen – vor allem in einer Menschenmenge, die wir wohl gern wieder loswerden wollen. Haben Sie also immer wieder von Neuem Spaß daran, ein Bad zu nehmen, vielleicht auch wechselnde Essenzen und Badezusätze auszuprobieren, wobei Sie den Himmel oder die Engel darum bitten können, Ihnen die jeweils für Sie im Moment passenden Essenzen bereitzustellen.

3.7 Die Energie-Umwandlungs-Kiste: Ballast abwerfen!

In der Praxis hat sich gezeigt, dass es neben dem Bad ein weiteres wichtiges und nützliches Werkzeug gibt, das uns helfen kann, uns noch tiefer zu reinigen und uns sogar von seelischem Ballast zu befreien. Symbolisch ist dies eine vor dem Seelenhaus, am Rande des Grundstücks befindliche große Truhe oder Kiste. Wie unterscheidet sich diese Art der Reinigung von der im Badezimmer? Während wir uns dort eher von äußerlichem Schmutz oder von äußerlich anhaftenden Fremdenergien befreien, also von energetischem Stress, Kummer, Ärger, von kleinen Sorgen, Ängsten und Nöten oder von kurzfristigem Unwohlsein, von momentaner energetischer Unausgeglichenheit, so dient diese alte, große Truhe vor dem Haus mehr dazu, eine Reinigung tief in uns selbst vorzunehmen, also alte, selbst aufgebaute und lange in uns aufgestaute, eventuell schon chronische Prozesse und Energiestrukturen aufzulösen und zu beseitigen.
Diese störenden Energien wie Wut, Hass, Zorn, Rache, Begierden, aber auch Ohnmacht, Opfergefühle und Trauer und viele mehr sind in uns, weil

wir sie entweder direkt erzeugt oder uns für längere Zeit einer solchen ungünstigen Energie ausgesetzt haben, sie toleriert und akzeptiert haben. Auch haben wir versäumt oder vergessen, sie rechtzeitig zu bereinigen, oder wir *wollten* sie nicht vergessen, vergeben oder auflösen. Auf jeden Fall handelt es sich hier um selbst erzeugte, selbst gewählte und selbst ausgelöste energetische Prozesse in uns, die wir einst selbst geschaffen oder uns zumindest dafür entschieden haben, sie dann aber nicht mehr haben wollten. So lagern sie nun in unserem Unterbewusstsein, wohin wir sie ganz oder teilweise abgeschoben haben und nun nicht mehr loswerden können, vor allem weil wir nur noch die von ihnen ausgelösten Symptome bemerken und von deren Ursache nichts mehr wissen oder wissen wollen.

Wir haben sie einst aus bestimmten Gründen geschaffen, weil wir vielleicht eine Wut auf jemand hatten und nun immer noch daran festhalten, obwohl die Sache vielleicht längst vorbei ist, oder weil wir einen Racheplan geschmiedet hatten oder ständig eine Begierde auf etwas erzeugt oder einen Widerstand gegen etwas aufgebaut haben, gegen das wir uns immer noch unbewusst wehren. Im Gegensatz zu dem äußerlich-energetischen Schmutz aus dem Alltag, der uns nur leicht anhaftet und uns allenfalls unausgeglichen und gestresst macht, der deshalb im Bad auch leicht abgewaschen werden kann, sind diese Kreationen oder Prozesse bereits tief in uns eingedrungen. Wir haben diese Gedankenstrukturen und Emotionen also regelrecht materialisiert und „verkörpert", eben nicht mehr nur als äußere Anhaftung. Vielmehr sind sie bereits zu einem Teil unserer Persönlichkeit geworden, sind in unserem energetischen oder sogar physischen Körper abgespeichert und machen sich dort auch körperlich bemerkbar, wie beispielsweise Wut im Bauch, Zorn(falten) auf der Stirn, das Herzeleid beziehungsweise das versteinerte Herz (angina pectoris) in der Brust oder eine Begierde im Sonnengeflecht. Auf jeden Fall sollten Sie sich einmal bewusst machen, dass alle Gefühle oder Gedankenstrukturen, die Sie irgendwann einmal erzeugt oder gewählt, dann aber nicht losgelassen oder verarbeitet haben, nicht einfach fort und verflogen sind. Selbst wenn diese Gefühle oder Gedankenmuster noch so alt sind und vielleicht aus unserer frühen Kindheit stammen, so sind sie noch immer in uns, und sie werden so lange in unserem Energiefeld bleiben, bis wir sie bereinigt oder aufgelöst haben, was vor allem durch eine neue Entscheidung geschehen kann.

Tun wir dies nicht, so werden sich diese Energien entweder durch körperliche Symptome und Krankheiten bemerkbar machen oder durch äußere Schicksalsschläge und Unglücksfälle im Leben auftauchen. Doch warum so lange warten und dies dann erdulden, warum es nicht jetzt schon prophylaktisch bearbeiten und auflösen, so dass unser Seelen-Gepäck mit jedem Tage leichter wird und das Leben uns nicht mehr bittere und harte Lektionen schicken muss? Wir können zwar nicht wählen, ob wir das einst von uns selbst Geschaffene und Gewählte noch erleben wollen oder nicht – das müssen wir in jedem Falle und somit das ernten, was wir gesät haben –, aber wir können entscheiden, ob wir es noch einmal geistig erleben und seelisch verarbeiten wollen, bevor es materielle Wirklichkeit wird, oder ob wir zuwarten wollen und es dann körperlich und materiell durch und im Leben erleiden müssen.

Ferner ist es für die Durchführung der Übung wichtig festzuhalten, dass alle diese Emotionen und seelischen Muster in Ihnen, auch wenn Sie sie bislang vielleicht nur diffus wahrnehmen konnten, ganz konkrete Formen und damit auch bestimmte Farben haben, dass sie also wie alles Geschaffene stets eine bestimmte und konkrete Gestalt besitzen, wenn auch nur im geistigen Bereich. Nur das Ewige, Unveränderliche ist formlos, alles Geschaffene, und sei es auch nur geistig oder emotional erschaffen, besitzt eine Form, eine Farbe und eine bestimmte Größe und Ausdehnung, die Sie mit Ihrem geistigen Auge sehen oder fühlen können. Alles Geschaffene hat also einerseits eine bestimmte *Quantität*, damit Ausdehnung und Größe, und andererseits eine bestimmte *Qualität*, einen Inhalt, der sich durch eine bestimmte Farbe, Struktur und auch mittels seiner Signatur, seiner Form ausdrückt. So haben alle in uns noch vorhandenen, alten und ungünstigen Energien stets eine bestimme Größe und Form, wie auch eine ganz bestimmte Farbe und Struktur. Aufgrund dieser Tatsache können wir sie gefühlsmäßig in uns erkennen, gegebenenfalls auch visuell erfassen, können sie so in der Übung auch handhaben und mit ihnen umgehen. Das konkrete Sehen und visuelle Erfassen ist zwar schön und hilfreich, aber für die Übung nicht unbedingt erforderlich. Es reicht hier aus, wenn Sie diese Blockaden und Hindernisse, diesen Ballast in Ihrem Körper irgendwie fühlen und spüren können.

Es ist allerdings vorweg zu sagen, dass es durch diese einfache Übung nicht immer möglich ist, alle jene in uns befindlichen Strukturen oder Energiemuster so einfach aufzulösen oder zu beseitigen, denn oft halten wir unbewusst noch daran fest, ziehen immer noch irgendwelche – wenn auch noch so problematischen – Vorteile daraus, oder wir wollen es unbewusst einfach noch nicht loslassen. Das ist aber nicht weiter schlimm, denn erfahrungsgemäß können wir zumindest die Mehrzahl dieser alten Energien loswerden. Wir können also immer nur das umwandeln, was eben im Moment umzuwandeln geht, aber dies kann eine Menge sein, vor allem, wenn wir hier eine große Bereitschaft und Bereitwilligkeit mitbringen. Was aber umzuwandeln ist, geht mit dieser Übung sehr schnell und unkompliziert. In jedem Fall schadet es nichts, es einfach einmal auszuprobieren und damit zu experimentieren.

ÜBUNG 4: *Ballast abwerfen oder tiefe seelische Reinigung*

Gehen Sie im Geist wieder zu Ihrem Seelenhaus oder gehen Sie, wenn Sie schon dort sind, vor das Haus und entdecken (oder erschaffen) Sie dort am Rande Ihres Grundstücks eine große, schwere Truhe mit schwerem Deckel. Diese Kiste ist ein so genannter Energiewandler und funktioniert wie eine Waschmaschine für Energien. Öffnen Sie nun den Deckel und bemerken Sie, dass die Truhe noch leer ist. Spüren Sie jetzt in Ihren Körper und in Ihr Energiefeld hinein und nehmen Sie einfach wahr, wo Sie eventuell Blockaden, Beschwerden, Schmerzen oder Belastungen verspüren oder wo Sie sich auch schon vorher im Alltag nicht wohlfühlten oder Störungen oder Schmerzen hatten. Sie können auch ihre altbekannten physischen Beschwerden nehmen, selbst wenn diese im Moment nicht akut sind, aber Sie müssen sich diese zumindest als konkrete Energien vorstellen können mit einer bestimmten Farbe und Form oder sie irgendwie in sich spüren können. Um diese alten Blockaden und negativen Energien noch mehr zu konkretisieren oder um sie klarer zu sehen, könnten Sie auch Ihr Unterbewusstsein fragen: „Wenn ich wüsste, welche Farbe diese Energie hat, welche Farbe... Form... und so weiter". Fühlen Sie dabei auch deren Größe, wie weit sie sich ausdehnt, und lassen Sie sich hierfür ruhig Zeit. (Die meisten Menschen sehen oder fühlen solche negativen Energien ganz spontan in sich, daher ist die Übung üblicherweise gar nicht so kompliziert.)

Wenn Sie also jetzt – mit welcher Methode auch immer – gefühlsmäßig Ihren ganzen Körper sowie Ihr Energiesystem durchscannen, dann achten Sie auf Störfelder oder negative Energien, die hier nichts zu suchen haben. Sobald Sie solche bemerken, fühlen oder vielleicht sogar sehen, dann nehmen Sie sie mit Ihren geistigen Händen absichtlich aus Ihrem vorgestellten Körper und legen Sie sie in die große Kiste. Sie können sich Ihre Hände auch wie einen Kamm vorstellen, womit Sie diese Energieblockaden oder Energieabfall herausfischen, so wie man etwas aus dem Wasser fischen würde. Nehmen Sie dazu einfach Ihre Willens- und Vorstellungskraft zu Hilfe. In den meisten Fällen werden Sie ein konkretes Bild haben, wie die jeweiligen Störenergien, die Wut, der Zorn, die Begierde aussehen. Nun stellen Sie sich ganz konkret vor, wie Sie eine solche Energie nach der anderen aus Ihrem Körper herausnehmen, beispielsweise als Steine, als Schleim oder als Geschwür. Legen Sie jetzt nacheinander diese Energiebündel in die große Kiste hinein. (Hinweis unten beachten!)

Tun Sie dies, bis Sie eine deutliche Erleichterung verspüren oder fühlen oder sehen können, dass Ihr Körper davon befreit ist. Dann schließen Sie den schweren Deckel der Truhe. Diese dort hineingelegten negativen Energien werden nun in den nächsten Stunden, während Sie ruhig etwas anderes machen können, wie in einer Waschmaschine gereinigt und umgewandelt werden, ganz von selbst, ganz ohne Ihr Zutun. Sie werden Ihnen dann automatisch wieder als frische Energien zur Verfügung stehen. Ende der Übung.

Beispiel: Wenn Sie beispielsweise immer eine Verkrampfung oder Verspannung in der Magengegend verspüren, so fühlen oder visualisieren Sie diese Energie, fühlen oder stellen Sie sich vor, welche Farbe und Form sie hat, vielleicht ein rotes Wutbündel im Bauch. Sehen oder fühlen Sie auch die Größe dieses Bündels, und nehmen Sie dann diese rote Energie mit Ihren geistigen Händen aus dem Bauch heraus (als wenn diese Energie ein Stück Materie wäre, welche ja übrigens auch nichts anderes als „gefrorene Energie" ist) und legen Sie es in Ihrer Vorstellungskraft in die Kiste, gesteuert durch Ihren Willen.

Hinweis: Wie schon erwähnt, lassen sich nicht alle negativen Energien so aus dem Körper befreien. In wenigen Fällen scheinen sie darin festzuhängen, sie lassen sich also nicht aus dem Körper nehmen. Dies ist übrigens auch der Unterschied zur Phantasie, wo wir alles machen könnten. In einem solchen Fall halten Sie am jeweiligen Problem noch unbewusst fest, ein Teil von Ihnen will es einfach noch nicht loslassen, oder es gibt noch eine nicht aufgedeckte verborgene Wurzel und Ursache dafür, oder Sie ziehen noch erhebliche Vorteile daraus. Wenn es also einmal trotz Ihres guten Willens und ihrer Bereitwilligkeit, dies jetzt loszulassen, dennoch nicht klappen sollte und Sie die Energie nicht herausnehmen können, so lassen Sie es einfach gut sein und akzeptieren Sie dies zumindest für die Dauer dieser Übung. In solchen Fällen ist es empfehlenswert, das hartnäckige Thema vielleicht mit einem Therapeuten gezielt zu untersuchen und fokussiert zu bearbeiten. Bitte hier keinesfalls etwas forcieren oder sich anstrengen, denn mit der hier gezeigten Übung sollte alles ganz leicht und einfach gehen.

3.8 Weitere Zimmer und Stockwerke

Die Bedeutung der Stockwerke
Wenn wir die wichtigsten Zimmer unseres Seelenhauses erkundet haben, können wir uns daran machen, weitere Stockwerke – falls welche vorhanden sind – kennen zu lernen oder uns nach anderen Zimmern im Haus umzuschauen. Üblicherweise zeigen die Größe des Hauses und die Zahl der Stockwerke das Potenzial eines Menschen an, welches er in diese Inkarnation mitgebracht hat. Nach bisheriger Erfahrung zeichnen sich Führungspersönlichkeiten aus der Wirtschaft oder Menschen mit gesellschaftlichem Einfluss dadurch aus, dass sie in ihrem Seelenhaus mehrere Stockwerke haben. Dies bedeutet aber nicht, dass Sie dadurch etwa besser oder weiter entwickelt oder mehr wert wären als Menschen mit nur einem Stockwerk. Hier besteht überhaupt kein Zusammenhang, vielmehr brauchen jene für die ihnen bestimmte Aufgabe in diesem Leben ein solches Potenzial oder sie nutzen im Rahmen ihrer Tätigkeiten bereits weit mehr als der Durchschnitt ihre intellektuellen, geistigen, mentalen Fähigkeiten, die im Seelenhaus durch das Dachgeschoss ausgedrückt werden. Nicht umsonst sagt man im Schwäbischen dazu auch: „…der hat was im Dachstübchen…". Um welche Fähigkeiten es sich konkret handelt, kann man dann am Inhalt der oberen Geschosse ersehen.

Um es aber nochmals zu sagen: Die Größe des Hauses hat nichts mit der Qualität und dem Fortschritt der Seelenentwicklung zu tun. So kann jemand durchaus als Wirtschaftsboss, als geistiger oder religiöser Führer viele Stockwerke haben, und dennoch seelisch sehr unterentwickelt sein. Dies sieht man eben am Zustand, der Form, der Lichtdurchlässigkeit, der Feinheit des ganzen Hauses, und nicht an der Größe und an der Zahl der Stockwerke. Ferner ist es ja möglich, und wir können es selbst auch mitbestimmen und umgestalten, dass sich die Größe und die Form des Seelenhauses im Laufe der Zeit verändert, beispielsweise, wenn ich meine Bestimmung annehme oder mich für neue Aufgaben entscheide oder bestimmte Entwicklungsprozesse durchgemacht habe. Daher liegt es nicht nur an der Veranlagung, sondern auch an meinem Willen, wie weit ich mein geistiges und mentales Potenzial nutze, und derzeit – so sagen die Wissenschaftler – nutzt der Mensch nur wenige Prozente seiner möglichen Gehirnleistung, so dass mehr als 90 % der Kapazität brachliegen. Insofern ist ein Mensch mit einem mehrstöckigen Seelenhaus einfach einer, der vor oder während dieses Lebens entschieden hat, in größerem Rahmen gesellschaftlich oder wissenschaftlich zu wirken oder einfach sein mentales Potenzial vermehrt zu nutzen, um damit bestimmte gesellschaftliche oder wissenschaftliche Aufgaben erfüllen zu können. Andere Menschen hingegen begnügen sich mit einem kleinen Wirkungskreis oder haben einfach andere Lebensaufgaben und Ziele, und so können auch große und ethisch hochstehende Seelen kleine und feine Seelenhäuser haben und umgekehrt. Jeder entscheidet selbst, welches Potenzial und welche der Möglichkeiten er in diesem Leben nutzen will, und jeder hat dafür immer das optimale Seelenhaus zum jeweiligen Zeitpunkt.

In seinem Innersten ist jeder Mensch in seiner Geistseele, dort, wo er Bild Gottes oder Kind Gottes genannt wird, mit jedem anderen Menschen gleich, ganz unabhängig von der Art seines Seelenhauses. In dem ewigen, geistigen Kern der Seele verfügt jeder über die drei ewigen Grundkräfte des Geistes, und zwar *Willen, Erkenntniskraft und Liebe*. Diese sind während der Verkörperungen zwar mehr oder weniger verdunkelt oder verdeckt, bleiben aber immer unauslöschlich im Grund der Seele und können auch niemals zerstört werden. Alle Seelenentwicklung dient nun dazu, diese inneren Kräfte wieder zu entdecken, aufzudecken und von darüber gelegten Ego-Kreationen zu befreien, so dass der verlorene Sohn wieder heimkehren kann. Diese Sohnschaft oder Gotteskindschaft kann er sowieso nicht verlieren, selbst wenn er in dem bekannten Gleichnis sich als Schweinehirt verdingt, aber er kann sie, wenn er umkehrt, wieder in seinem Bewusstsein entdecken und damit zugleich seine göttlichen Grundkräfte – freier Wille, Erkennen und Lieben – wieder aktivieren und im Leben umsetzen. Denn, wie Meister Eckhart sagte, es gibt im Geist nur ein Erkennen, ein Lieben, ein Sein.

Wenn ein Mensch nun vor allem mit dem rein Lebensnotwendigen beschäftigt ist, also mit dem Überleben, Arbeiten, Essen und Schlafen, so kann man auch sagen, dass er energetisch vor allem in oder aus den beiden unteren Chakras seines Energiesystems lebt. Andere Menschen wiederum leben schon mehr für ihre Persönlichkeit, ihren Besitz, ihre Macht, ihre Darstellung im Außen, leben also hauptsächlich für Aspekte der Ego-Persönlichkeit, und so sind sie energetisch vor allem im Sonnengeflecht, dem 3. Chakra, aktiv, wo sie auch die meisten Gefühle verspüren. Wieder andere leben schon aus dem Herzen und entwickeln Empathie und Mitgefühl, und entwickeln so ihr 4. Chakra und empfinden die meisten Gefühle im und aus dem Herzbereich. Schließlich bauen Menschen auch ihre höheren Fähigkeiten aus, entwickeln beispielsweise Intuition und Vernunft, erkennen Sinn und verbinden sich wieder mit dem Sein oder dem Göttlichen und entwickeln daher ihre geistigen und spirituellen Fähigkeiten in den höheren Chakras. So ist der Lebensausdruck oder der Entwicklungsstand der Menschen verschieden, ohne dass dies als besser oder schlechter gewertet werden darf, denn jeder Mensch hat prinzipiell dieselben Chakras und verfügt über dieselbe Lebenskraft, und jeder kann und wird sie erwecken und nutzen, wann es für ihn an der Zeit ist.

Herrschaftliche Gebäude

In der Praxis hat es sich gezeigt, dass einige Menschen nicht nur ein einfaches Haus oder eine Villa besitzen, sondern ein herrschaftliches Gebäude bewohnen, beispielsweise eine Burg, ein Schloss, einen Fürstensitz oder irgendein herrschaftliches Haus oder ein Verwaltungsgebäude. Wenn Sie etwas Derartiges in sich finden, dann deutet dies darauf hin – auch wiederum unabhängig von dem Entwicklungsstand der Seele –, dass Sie sich in diesem Leben vorgenommen haben, sich nicht nur um sich selbst zu kümmern, sondern dass Sie – zumindest potenziell – eine Lebensaufgabe haben, die das Führen, Verwalten, Inspirieren oder Heilen und Entwickeln von Menschen umfasst. Sie sind also eine geborene Führungspersönlichkeit, die, wie das Haus anzeigt, einen mehr oder weniger großen Bereich oder eine bestimmte Zahl von Menschen führen soll. Hier ist natürlich ganz entscheidend, ob das Schloss oder das herrschaftliche Haus leer und ungenutzt oder möbliert und bewohnt ist, auch ob es verfallen oder in gutem Zustand ist.

Falls es ziemlich leer ist, so habe ich diese Aufgabe noch gar nicht akzeptiert oder keine Fähigkeiten beziehungsweise die dazu gehörigen Dinge entwickelt. Ist es zwar möbliert und benutzbar, wird aber nicht bewohnt, oder man bewohnt nur einen kleinen Teil des Hauses, so hat die Person zwar schon alles in sich für ihre Aufgabe, aber sie lebt sie nicht oder sie führt sie nicht aus. In beiden Fällen bedeutet dies ganz klar, dass sie ihre Aufgabe verleugnet oder dass sie sich, aus welchen Gründen auch immer, zurückgezogen hat, dass sie derzeit zu mutlos oder zu schwach ist oder sonstige Blockaden hat, um dieser Führungsaufgabe im Moment gerecht zu werden. Hier wäre dann zu empfehlen, bewusst die Aufgabe zu suchen und zu erkennen, was prinzipiell aus der Funktion des Hauses, aber auch aus dem Arbeitszimmer leicht abzuleiten ist, sie anzunehmen, sich in seine vom Leben zugedachte Position zu begeben und vor allem sich zu entschließen, die anvertrauten oder zugedachten Menschen anzunehmen und zu führen.

Seminar-, Heil- oder Lehrzentrum

Einige Menschen wiederum, und dazu zähle ich selbst, entdecken vielleicht auf dieser Reise ins Innere, dass sie ein Seminarzentrum oder ein Schulungszentrum bewohnen beziehungsweise dieses im Haus integriert haben oder dass, wie in meinem Fall, dieses Zentrum als Anbau an das persönliche

Haus vorhanden ist. Dies bedeutet natürlich eine entsprechende Lehr- oder Lernaufgabe wie auch die Berufung, Menschen bei ihrer körperlichen, seelischen oder geistigen Entwicklung zu helfen. Menschen mit solch einem Seelenhaus haben es sich zum Ziel gesetzt, vielleicht eine bestimmte Lehre zu verbreiten oder das Bewusstsein der Menschen weiterzuentwickeln oder auch ganz konkret zu heilen und heilsam zu wirken. Es ist auch möglich, dass sich ein Seelenhaus parallel zur seelischen Entwicklung des Menschen verwandelt und dass, obwohl ursprünglich keine solche Aufgabe zu sehen war, diese später auftaucht und sich das normale Seelenhaus dann in ein entsprechendes Zentrum verwandelt oder solche Funktionen mit umfasst.

Falls Sie ein solches Haus mit einer Praxis oder ein solches Heil- oder Seminarzentrum als Seelenhaus haben und genauer wissen wollen, was hier Ihre Aufgabe oder Tätigkeit ist, so können Sie das dadurch feststellen, dass Sie dieses Seminarzentrum, die Schule oder Praxis einfach aktivieren, eventuell möblieren und einrichten, falls dies noch nicht geschehen ist. Schauen Sie dann, welche Art von Menschen mit welchen Wünschen oder Problemen hierher kommen und was Sie hier mit ihnen tun oder gemeinsam machen könnten. Wenn also jemand Seminare halten soll, so würde er eine Schulungsstätte vorfinden, in der die Menschen nach Wissen und Informationen suchen. Ist er ein Heiler, so wird er Menschen sehen, die Heilung suchen, ist er ein Körpertherapeut, so wird er die entsprechende Ausstattung wie auch Klientel sehen können, aber auch, wie er selbst im Seelenhaus diese Therapien durchführt.

Wenn nun jemand bereits seine diesbezügliche Lebensaufgabe oder Berufung erkannt hat und dazu auch bereit ist, aber im wirklichen Leben noch keine Klienten oder Kunden, also noch keine Nachfrage nach seinen Talenten hat, dann kann man im Seelenhaus sehr wirksam diese Klienten, Studenten oder Kunden einladen. Dies geschieht beispielsweise dadurch, dass Sie im Seelenhaus visualisieren, wie Sie Ihr Zentrum oder Ihre Praxis eröffnen, mit großem Schild und entsprechender Werbung, und vielleicht Eröffnung feiern. Ferner können Sie viele Einladungsbriefe schreiben und an imaginäre Empfänger verschicken, einfach mit der Auflage an den himmlischen Postboten, er möge diese Briefe denjenigen zukommen lassen, für die sie bestimmt sind, ohne dass Sie sich darum mehr kümmern müssten. In bisherigen Fällen hat sich diese Imagination als Auftrag ans Unterbewusstsein als sehr wirksam erwiesen, und es tauchten plötzlich viele Kunden auf.

Struktur und Funktion sind Hinweise auf Lebensaufgabe oder Lebensstil
Die Menschen bringen in jedes Leben bestimmte Aufgaben mit, und so geben auch ihre Seelenhäuser bereits von ihrer Struktur oder Funktion her

Hinweise darauf, wie diese Aufgabe aussieht. Doch, um es nochmals zu sagen, bedeutet dies niemals eine Wertung, und es ist genauso wertvoll, einmal ein gemütliches, beschauliches Leben ganz für die eigene Entwicklung zu leben wie ein großer Wirtschaftsführer oder berühmter Lehrer zu sein. Dies alles sind nur Identitäten, also Persönlichkeiten, die kommen und gehen und *an sich* keine Bedeutung haben, schon gar nicht für Ihren Entwicklungsstand in der Zeit (Evolution) und erst recht nicht für die ewige, unveränderliche Geistseele. Wichtig für die Seele ist nicht, was ich im meinem Leben mache, sondern *wie gut und mit wie viel Liebe* ich das mache, wozu ich gekommen bin; und wenn ein Bauer gute Lebensmittel produziert, so ist das im Sinne seines Karmas und der Evolution wesentlich besser als ein Wirtschaftsboss, der egoistische Ziele verfolgt und nicht zum Gemeinwohl beiträgt. Natürlich können Sie auch jederzeit darum bitten, wenn Sie größere Aufgaben oder Dinge tun möchten, dass Ihr Haus weiter ausgebaut wird, wie wir es noch besprechen werden. Doch die Art und Weise des Ausbaus sollten Sie dem Himmel oder den höheren Schicksalsmächten überlassen und nun nicht eigensinnig versuchen, Stockwerk um Stockwerk hochzubauen und sich Aufgaben aufzuladen, vielleicht aus Ruhmsucht oder anderen egoistischen Gründen, für die Sie in diesem Leben nicht geschaffen sind.

Zuordnung der einzelnen Stockwerke

Es ist vorauszuschicken, dass die folgenden Zuordnungen nur vorläufig sind und sich mit weiteren Erkenntnissen noch verändern können, da sich diese Erforschung noch in der Entwicklung befindet und wir hier nur erste empirische Ergebnisse vorlegen können. Während es also im **Erdgeschoss** üblicherweise eher um die lebensnotwendigen Bedürfnisse, den Austausch mit den Mitmenschen und auch den praktischen Umgang mit sich selbst geht, so findet man das Schlafzimmer und oft auch das Badezimmer im ersten Stock.

Beim **ersten Stock** geht es damit nicht mehr nur um Lebensnotwendiges, sondern mehr um persönliche, seelische Belange wie das Thema nahe und intime Beziehungen, welche durch das Schlafzimmer repräsentiert werden. Oder aber es geht um Beziehungen zu Kindern, die hier ihre Zimmer haben.

Hier beziehungsweise im obersten Stockwerk, falls es noch eins darüber gibt, findet man häufig einen Meditationsraum oder einen Altar. Jemand hatte hier auch einmal einen Raum, um Engel zu treffen, oder aber es existiert hier ein Seminarraum oder ein Ort, wo man sich mit mentalen oder geistigen Dingen beschäftigt. Übrigens ist es in jedem Fall empfehlenswert, auch wenn Sie keine höheren Stockwerke haben sollten, sich in einer schönen und harmonischen Ecke des Hauses einen Meditationsraum oder Ruheraum einzurichten, um sich hier zurückzuziehen und dem Himmel nahe zu sein.

Das **Dach** selbst zeigt wiederum die mehr oder weniger starke Abgrenzung und Abschottung gegenüber höheren Welten, wobei man bei besonders spirituellen Menschen ein Dach aus Glas oder aus durchsichtigem Material vorfindet. In wenigen Fällen haben Seelenreisende sogar das Dach völlig abgeschafft, so dass sie direkten Zugang zum Himmel hatten, was sich aber auch sehr ungeschützt anfühlen konnte. Für eine solche gewagte Öffnung bedarf es natürlich eines sehr starken Gottvertrauens und man muss vorher alle Schutzbedürfnisse und diesbezüglichen Ängste aufgeben, oder, anderes gesagt, man muss dem Kosmos sehr weitgehend vertrauen, um ein weit offenes oder gar kein Dach zu haben.

Wenn also die oberen Stockwerke eher die intellektuellen oder hochgeistigen Fähigkeiten darstellen, ist der **Keller** im Gegensatz dazu der Ort, in dem unsere verdrängten und belasteten Anteile liegen oder der Ort – wie der Volksmund so treffend sagt – wo unsere Leichen vergraben liegen. Diese „Leichen" sind karmische Belastungen, Schuldgefühle oder traumatische Erlebnisse, die wir nicht verarbeitet haben, oder es sind Teile von uns selbst hier begraben, so genannte innere Kinder. Dies sind Anteile von uns, die wir einmal verurteilt oder verdammt haben, weil sie zu jenem Zeitpunkt der Verdrängung zu schuldbeladen, zu schmerzhaft oder zu unerwünscht waren, um sie bewusst anzuschauen oder sich mit ihnen auseinander zu setzen. Wir haben dann entschieden, diese Anteile nicht mehr zu gebrauchen oder jene schlimmen Erlebnisse nie mehr erleben und fühlen zu wollen, und haben sie dann in unseren Keller gesperrt und dort verschwinden lassen. Diese unverarbeiteten Erlebnisse, oft auch belastende Geschichten aus früheren Leben, oder jene als bösartig verdammten Anteile unseres Selbst, auch schmerzliche und traumatische Erinnerungen sind oft mit solch starken Emotionen und Energien belastet, dass es nicht ratsam ist, bei unserer Seelenübung allein in den Keller zu gehen, und das werden wir hier auch nicht tun. Die Erforschung des Kellers im Seelenhaus sollte nur darin erfahrenen Personen vorbehalten bleiben. Dies bedeutet konkret, dass Sie so etwas nur mit einem erfahrenen Therapeuten machen sollten, der mit Ihnen in den Keller hinunter geht und dabei mit seinen Methoden die Gewähr bietet, dass er das, was Sie hier entdecken, auch mit Ihnen aufarbeiten kann. Ich empfehle also, allenfalls den Zugang zum Keller zu entdecken, aber nicht die Tür aufzumachen und hinunter zu gehen, außer Sie sind in erfahrener, therapeutische Begleitung.

Manchmal haben die Keller auch noch ein zweites Untergeschoss, einen tieferen Keller, und der steht für das tief Unbewusste, und es lassen sich hier zwar manchmal großartige Schätze finden, aber es hausen hier metaphorisch gesprochen auch die Drachen und Dämonen. Daher ist von solchen Experimenten und von Erforschung des Kellers ohne wirklich erfahrene Begleitung dringend abzuraten. Dies kann nur in therapeutischen Einzelsitzungen geschehen.

Weitere Entdeckungen und Gestaltungen

Doch gibt es im oberen Seelenhaus noch genug zu entdecken und es wird hier so schnell nicht langweilig werden. Haben wir ein Thema mit Geld, so könnten wir beispielsweise einen Tresor oder Geldschrank erschaffen und visualisieren und darin öfter nachschauen, wie viel materiellen Reichtum wir uns gönnen oder wie viel Geld hereinkommt. Wenn nicht genug da ist oder er sich trotz unserer Bitten und Vorgaben nicht füllt, so ist zu fragen, warum dies so ist. Kenne ich den Grund, kann ich es auch verändern. Es lässt sich auch über Visualisation verändern, wenn keine gewichtigen Gründe in der Seele entgegenstehen. Ich stelle mir also vor, wie immer mehr Geld hereinkommt und wie der Tresor sich füllt, oder gebe den Menschen etwas von meinen Gaben und sehe mich dafür konkret Geld bekommen, das ich hier in meinem Tresor stapele. Dies gibt dem Unterbewusstsein den Hinweis, Geld anzusammeln.

Häufig findet sich im Seelenhaus auch eine Bücherei, und diese symbolisiert das bereits erworbene oder das in das jeweilige Leben mitgebrachte Wissen. Wenn Sie also eine solche Bücherei in Ihrem Seelenhaus finden, dann schauen Sie zunächst einmal, ob diese in letzter Zeit benutzt wurde oder ob die Bücher völlig verstaubt und unbenutzt aussehen. Dies zeigt, inwieweit Sie dieses Wissen in Ihrem Leben schon aktiviert haben, ob Sie es schon gebrauchen und damit arbeiten oder nicht. Schauen Sie ferner nach, wovon diese Bücher handeln, von welchem Fachbereich, ohne dass Sie die jeweiligen Buchtitel erkennen müssten. Sie werden es meist auch intuitiv wissen, von welchen Themen die Bücher handeln, und es hat immer einen Sinn, dass sie da sind, auch wenn Sie damit zunächst nichts anfangen können. Erfahrungsgemäß handeln sie von bestimmten Wissenschaften, von Medizin, Alchemie, von Geschichte, Jura oder auch Allgemeinwissen und vielem mehr. Es ist aber als lustige Anekdote auch schon vorgekommen, dass jemand Bücher zur Säuglingspflege gefunden hat. Nachdem wir lange gerätselt haben, was dies wohl bedeutet, wurde in einer folgenden Meditation herausgefunden, dass die Person genau dieses Wissen brauchte, um eine bestimmte Aufgabe im Leben zu lösen und zu erfüllen, und das Wissen dafür mitgebracht hat.

Vertrauen Sie also darauf, dass die Themen, von denen die Bücher handeln, mit Ihnen etwas zu tun haben, dass Sie – wenn vielleicht auch noch unbewusst – über dieses Wissen in sich verfügen und dass auch sein Vorhandensein einen Sinn hat, dass es zu einem bestimmten Zweck da ist, ob nun für jetzt oder für später in Ihrem Leben. Sie müssen es dann lediglich aktivieren oder, wie Platon einst sagte, sich nur wieder daran erinnern (im Dialog „Menon"). Sie haben dieses Wissen nicht zufällig mitgebracht, sondern es unterstützt Sie und hilft Ihnen bei Ihrer Berufung oder Lebensaufgabe oder macht Ihnen Ihr jetziges Leben leichter. So kannte ich einmal einen Kaufmann, der mit seinem Beruf und so auch in seinem Leben nie wirklich glücklich oder zufrieden war. Dann entschied er sich dafür, seiner Berufung und seinem Interesse zu folgen und Heilpraktiker zu werden, aber ihm fiel das Lernen für die Heilpraktikerprüfung sehr schwer. Als wir sein Seelenhaus besuchten, fanden wir darin eine Bücherei mit umfangreicher medizinischer Fachliteratur, viele alte Bücher aus früheren Jahrhunderten. Sie waren aber verstaubt und unbenutzt, da er sie, wie sich später herausstellte, aufgrund einer seelischen Blockade (etwas war einmal medizinisch schief gelaufen, und ab da wurde dieses Wissen verdrängt) unbewusst nicht mehr benutzen wollte. Als er diese Blockade ins Bewusstsein gehoben und aufgehoben hatte, war es ihm ein Leichtes, dieses Wissen wieder zu aktivieren und ins Leben zu integrieren, und somit fiel es ihm auch leicht, die medizinischen Prüfungen zu schaffen. Inzwischen arbeitet er als Chiropraktiker und ist, wie man von seinen Patienten hört, sehr erfolgreich.

Fazit: Wenn Sie also Bücher in Ihrem Seelenhaus finden, dann brauchen Sie sich nicht die Mühe zu machen, alle zu lesen, sondern finden Sie nur heraus, wovon sie handeln. Dann wünschen oder materialisieren Sie sich, dass Sie sich wieder daran erinnern und sie benutzen wollen, oder Sie können visualisieren, dass Sie darin lesen oder dass die Bücher wieder in benutztem Zustand sind. Auf Grund Ihres Willens und dieser über die Bilder eingegebenen Absicht wird Ihre Seele Ihnen dieses Wissen wieder leicht zugänglich machen.

Neben diesen wichtigen Bereichen gibt es aber auch noch ganz andere und eher beliebige Zimmer und Einrichtungen, die man im Seelenhaus finden oder sich verschaffen kann, beispielsweise ein Schwimmbad, das ich mir zugelegt habe und in dem ich mich regelmäßig erfrische. Das ist sein ganzer Zweck. Andere Seelenhausreisende haben sogar kleine Wasserfälle, einen Whirlpool oder ein Terrarium in ihr Haus eingebaut, und so kann jeder für sich einen Freizeitbereich erschaffen, in dem er sich wohlfühlt, in dem er einfach Spaß und Entspannung oder Erfrischung findet. Es könnte auch ein Musikzimmer sein oder ein Bereich für sportliche Betätigung oder ein Hobbyraum. Dort können Sie dann auch einmal spielerisch einem neuen Hobby nachgehen oder etwas visuell und gefühlsmäßig ausprobieren, ohne dass es Sie etwas kostet. Dadurch finden Sie heraus, wie gern Sie dieses Hobby ausüben würden, ob es Ihnen Spaß macht und ob es Sie weiter bringt. Lassen Sie also Ihrer Phantasie freien Lauf, indem Sie weitere Zimmer erschaffen oder indem Sie Ihr Haus vergrößern, ausbauen, neue Räume anbauen oder sich einen schönen Garten anlegen. Sie sind der Besitzer, Sie sind der Boss in Ihrem Seelenhaus, und Sie haben alle Mittel in Ihrem Geist, die Sie dazu brauchen. Sie sind auf Grund ihrer göttlichen Herkunft auch dazu berechtigt, zu Ihrem Wohl und dem Wohl anderer alles zu erschaffen und zu gestalten, was Sie wollen. Gehen Sie verantwortungsbewusst mit dieser Gabe um.

Zum Schluss möchte ich noch eine kleine Anekdote anführen, die zeigt, dass man mit dem Seelenhaus auch in die Zukunft schauen kann – was ich aber in diesem Buch nur andeute – oder wie sich sogar zukünftige Ereignisse im Seelenhaus abzeichnen. Ich wurde vor einigen Jahren einmal im Rahmen meiner Seminartätigkeit plötzlich nach Ecuador eingeladen, um dort in zwei Städten Seminare abzuhalten und sogar philosophische Vorträge an der privaten Universität in Quito zu halten, ferner Interviews für Radio, Kabelfernsehen und Zeitungen zu geben über die von mir vorgestellte neuartige dynamische Psychologie und ihre modernen Verfahren. Dieses spontane Reden in der Öffentlichkeit ist eigentlich kein Problem für mich und auch keine große Herausforderung, aber hier sollte alles *in Spanisch* geschehen, was ich bislang nur rudimentär gesprochen habe und ohne Übersetzer. Neben meinen unvollständigen Kenntnissen der spanischen Sprache war mir vor allem die Fachterminologie im Spanischen nicht vertraut. Neben den Zweifeln und Unsicherheiten, wie diese neuen Inhalte und Verfahren in einem solchen Entwicklungsland aufgenommen werden und ob sie überhaupt auf Verständnis stoßen würden, kam die recht sichere Erwartung, dass ich mich mit meinem Spanisch kaum wirklich verständlich machen könnte, vielmehr mich dort vermutlich ziemlich blamieren würde.

Im Vorfeld dieses gewagten Unternehmens besuchte ich nun mein Seelenhaus, aus anderem Grund und ohne es mit dieser Reise in Verbindung bringen zu wollen. Schon als ich es von außen sah, erblickte ich eine Menge Leute, die damit beschäftigt waren, im Vorgarten meines Hauses ein großes Fest vorzubereiten mit Bühne, Musikkapelle, Essen und Trinken,

Girlanden, Blumen, Dekoration. Die Leute sahen auch irgendwie südamerikanisch aus. Als ich dies sah, wurde mir aus den Bildern klar, dass meine Reise nach Ecuador ein großer Erfolg werden würde, denn offensichtlich schien es bald etwas zu feiern zu geben, und dies hatte etwas mit Südamerika zu tun. Es war ein kleiner, unbeabsichtigter Blick in die Zukunft, und die Seele wusste wohl schon oder wollte mir damit sagen, wie es ausgehen würde, um mich damit zu ermutigen. Mit dem Bild hat sie mir übrigens nicht nur diese Information aus der persönlichen Zukunft übermittelt, sondern zugleich auch das Gefühl des Erfolgs, des Feierns, des glücklichen Gelingens. Und so geschah es dann auch: Gegen alle Wahrscheinlichkeit und Zweifel wurden diese Reise und meine Aktivitäten dort ein wirklicher Höhepunkt in meinem Leben, ein großartiger Erfolg mit Auftritten sogar im ecuadorianischen Fernsehen, auch verschiedenen Radiostationen, wo ich live auf Spanisch Interviews gab, und es klappte einfach alles prima.

Das Besuchen des Seelenhauses ist also zugleich eine sehr wertvolle Kommunikationshilfe und eine Brücke für die Seele, über die Sie Ihnen zusätzliche und auch nicht gefragte Informationen zukommen lassen kann, die Sie vielleicht gar nicht erwarten oder abrufen würden. Ich kann Sie daher nur einladen, dieses großartige Werkzeug immer wieder einmal zu nutzen, einfach so, auch wenn kein Problem ansteht. Denn es macht nicht nur viel Spaß und ist spannender als manches Fernsehprogramm, sondern es ist auch ein Tor zur Selbsterkenntnis, zur direkten Kommunikation mit Ihrer Seele und eine Brücke in Ihr innerstes Wesen, das noch zahlreiche weitere Wunder und Dinge enthält, vielleicht mehr, als es sich Ihre Schulweisheit träumen lässt.

4. Das eigene Seelenhaus erleben – eine geführte Medidation

Vielleicht haben Sie nun nach all den Erläuterungen einmal Lust, einen gemeinsamen Ausflug zum Seelenhaus zu unternehmen, bei der ich Sie begleite und wie ein Touristenführer dort umherführen werde. Natürlich können Sie auch jederzeit selbst diese Übung durchführen, denn sie ist vor allem unter Berücksichtigung der im vorigen Kapitel (3) dargelegten Voraussetzungen ganz einfach, leicht und mühelos, und Sie können jederzeit ohne weitere Anleitung loslegen. Aber vielleicht möchten Sie es sich ganz bequem und angenehm machen und sich führen lassen, um sich ganz den inneren Bildern hinzugeben, ohne über die jeweiligen Schritte nachdenken zu müssen. Im Folgenden ist also eine exemplarische Bildreise mit durchschnittlicher Länge angeführt, bei der Sie Ihr Seelenhaus kennen lernen und die wichtigsten Inhalte anschauen können, die es darin gibt, ohne sich zu sehr in Details zu verlieren. Diese können Sie dann jederzeit bei weiteren Exkursionen erkunden. Sie können den folgenden Text also von jemandem vorlesen lassen, aber auch selbst auf ein Tonband sprechen, in Ihrem Rhythmus, mit Ihren Variationen und Änderungen, und sich so selbst vom Tonband aus oder von einem Begleiter auf dieser Seelenreise führen lassen.

(Noch in diesem Jahr wird dazu im Verlag Via Nova auch eine CD mit dem Titel „Das Seelenhaus" erhältlich sein, auf der alle in diesem Buch angegebenen Reisen mit Musikuntermalung aufgesprochen sind.)

ÜBUNG 5: Das Seelenhaus erkunden

(Vorbereitung): Begeben Sie sich an einen ruhigen Ort, an dem Sie nicht gestört werden, und machen Sie es sich bequem. Sitzen oder liegen Sie so, dass Sie für eine Weile den Körper ruhig halten oder ruhigstellen können. Vor allem aber sollten Wirbelsäule und Nacken gerade bleiben und nicht verkrümmt werden, um den Fluss der Energie nicht zu beeinträchtigen. Lassen Sie nun Ihren Körper bewusst los und einfach auf der Unterlage ruhen, und er ruht sich nun aus, während Ihr Geist zugleich leicht und frei, wach und klar wird.

(Einleitung): Wenden Sie nun die Sinnesorgane bewusst nach innen, schließen Sie die äußeren Luken wie ein U-Boot, das auf Tauchstation geht, hören und lauschen Sie nach innen und bemerken Sie dabei Ihren Atem, der immer tiefer und immer ruhiger wird. Mit jedem Atemzug atmen Sie Ruhe und Frieden ein, mit jedem Ausatmen atmen Sie alle noch bestehende Nervosität und Unruhe aus. Lassen Sie Ihren Atem dabei bewusst zur Ruhe kommen, gelassener werden, aber ohne etwas zu forcieren. Mit jedem Atemzug sinken Sie immer tiefer und tiefer in sich hinein, wie ein Blatt im Wind, das langsam zu Boden schwebt, und alle Gedanken, die nicht zur Übung gehören, sind nur noch wie Wolken am Horizont, ziehen einfach vorbei, haben keine Bedeutung mehr. Sie hören nur noch die Worte, die Sie führen, und die Musik, die Sie trägt, und mit jedem Atemzug öffnet sich nun auch Ihr Unterbewusstsein. Ihr Geist zentriert sich und wird zugleich frei und weit, Ihr drittes Auge öffnet sich, und Sie können in Ihrem Inneren jetzt alle Dinge leicht visualisieren und anschauen, die Sie zu sehen wünschen. Sie sind jetzt ganz offen für alle auftauchenden Bilder und können alles deutlich vor Ihrem inneren Auge erkennen und auch in sich fühlen, was Sie zu sehen wünschen. All dies geht jetzt spielerisch leicht und ganz von selbst.

(Durchführung): Sehen Sie sich nun über eine schöne und interessante Landschaft gehen, während Sie sich zugleich vornehmen, Ihr Seelenhaus kennen zu lernen. Bald wird ein Haus vor Ihnen auftauchen, das sofort Ihre Aufmerksamkeit weckt und das Sie näher betrachten. Sie können auch direkt zu Ihrem Seelenhaus gehen oder sich fragen, wie es aussehen könnte: Ist es eher groß oder klein, weiß oder farbig und so weiter? Nehmen Sie jetzt alles an, wie Sie es spontan sehen, ohne Widerstände und vor allem ohne Bewertung, und nehmen Sie bitte das erste auftauchende Haus. Es ist Ihr Seelenhaus, und es ist so, wie es jetzt ist, und Sie nehmen es mit viel Interesse und Wohlwollen an, denn es zeigt einfach den momentanen Stand und die Art Ihrer Persönlichkeit.

(**Außenansicht**) Sobald Sie es gefunden haben, richten Sie Ihre Aufmerksamkeit ganz auf dieses Haus und betrachten Sie es von allen Seiten. Bemerken Sie zuerst, welche Farbe und Form es hat --- nehmen Sie den Baustil wahr, die Größe und den Umfang des Hauses. Fragen Sie sich: Ist es leicht zugänglich und wirkt es hell und offen – oder eher schwer zugänglich und verschlossen? Wie wirkt es auf Sie, --- welches Gefühl haben Sie, wenn Sie es betrachten? --- Nehmen Sie in Ruhe alle Einzelheiten auf und schauen Sie auch nach, in welchem baulichen Zustand es ist. Ist es eher vernachlässigt oder gut in Schuss? --- Ist es ein alter Baustil, und wenn ja: Aus welchem Jahr oder Jahrhundert könnte es sein, oder ist es ein modernes Haus? --- Ist es ein Privathaus oder eher ein größeres Gebäude, und wenn ja, mit welcher Funktion? --- Wie ist die Umgebung des Hauses, und gibt es da Berge, Flüsse oder Seen? – Ist es eine fruchtbare Landschaft oder ist sie eher karg und wüstenartig? ---

Ist es eine Kulturlandschaft oder steht Ihr Haus in Wäldern? --- Ist es auf sicherem Grund gebaut oder nicht? --- Gibt es irgendwelche Nachbarhäuser in Sichtweite? --- Lassen Sie sich Zeit, alles Äußere des Seelenhauses aufzunehmen, bis Sie ein genaues Bild davon haben.

(Hier können Sie nun direkt zum Abschluss übergehen oder aber das Innere des Hauses wie folgt erforschen.)

(Innenansicht) Wenn Sie einen ersten Eindruck von außen gewonnen haben, so gehen Sie nun zum Eingang des Hauses, öffnen Sie die Tür und gehen Sie hinein. --- Wie ist der erste Eindruck? Wie ist Ihr Gefühl dabei? Nicht analysieren oder bewerten, nur aufnehmen. Nun schauen Sie sich um und gewinnen Sie einen Eindruck vom Inneren. Wie sind die Lichtverhältnisse? Wie ist die Atmosphäre? --- Ist es sauber und ordentlich oder eher das Gegenteil? --- Wie ist die Raumaufteilung? Ist es geräumig oder nicht? ---

Wenn Sie einen ersten Eindruck gewonnen haben, begeben Sie sich in die Küche und das Esszimmer, die meist im Erdgeschoss liegen, oder fragen Sie sich, wo der Hausherr isst. ---

Bemerken Sie nun, wie groß dieser Bereich und wie ausgestattet er ist. Kann man hier nur für einen, für wenige oder für viele Menschen kochen? Notfalls sehen Sie dies an den Kochutensilien. – Ist es sauber und aufgeräumt? Schauen Sie nach, welche Lebensmittel vorhanden sind, und öffnen Sie dazu auch die Schränke.

Nun gehen Sie weiter ins Wohnzimmer oder in den Wohnbereich und stellen fest, wie dieser Teil des Hauses eingerichtet ist. Überladen oder spärlich möbliert? Alt oder modern? ---

Welche hauptsächlichen Gegenstände gibt es hier, etwa Fernseher oder technische Geräte? Schauen Sie ruhig einmal in den Schränken nach, was darin vorhanden ist. --- Ist dieser Bereich gemütlich oder ungemütlich eingerichtet oder eher dazu da, zu repräsentieren und Leute zu empfangen? Was macht der Hausherr hier hauptsächlich, wenn er mal da ist? – Gönnt er sich hier auch Luxus oder Kunst oder schöne Dinge, oder ist dieser Wohnbereich eher zweckmäßig eingerichtet? Und gibt es vielleicht einen Kamin? – Gewinnen Sie noch einmal einen Gesamteindruck dieses Bereichs.

Nun gehen wir weiter und suchen das Schlafzimmer oder die Stelle, wo der Hausbesitzer schläft. Oft liegt es im ersten Stock, kann aber auch irgendwo anders sein. Lassen Sie sich von Ihrer Intuition führen. --- Wie ist die Atmosphäre dieses Raums, welche Stimmung strahlt er aus? --- Wie groß ist er im Vergleich zu den anderen Räumen und wie sind die Farben? --- Wie viel wurde hier investiert, ist es also luxuriös oder schlicht, aufwendig oder billig eingerichtet? --- Beachten Sie bitte auch das Bett – wie groß ist es, wurde es frisch gemacht oder ist es unordentlich? --- Ist das Zimmer eher zum Schlafen da oder lädt es auch zur Erotik ein oder zum Relaxen oder wozu sonst? --- Gibt es hier religiöse Gegenstände wie etwa ein Kruzifix?

Stellen Sie sich nun intuitiv die Frage: Würde oder könnte sich ein Partner hier wohlfühlen? Nehmen Sie die erste Idee in Ihrem Bewusstsein als Antwort, bitte nicht nachdenken. Wenn nicht, dann fragen Sie sich, warum wohl nicht.

Jetzt gehen wir weiter zum Badezimmer oder dahin, wo in dem Haus der Besitzer sich wäscht und reinigt. Vielleicht ist dies nur eine Waschgelegenheit, vielleicht aber auch ein Luxusbad. Nehmen Sie es zunächst so an, wie es ist, und erkennen Sie dabei, ob es eine Badewanne hat oder nur eine Dusche. --- Wie ist die Größe des Bades, welche Bedeutung hat es im Haus und wie viel hat der Hausherr hier investiert? --- Wie sind die Farben und die Einrichtung dieses Bereichs, fühlt man sich hier wohl, ist es einladend zum Relaxen und Entspannen oder dient es nur, um sich zu waschen? --- Bemerken Sie auch, ob es hier sauber und aufgeräumt ist ---

Fragen Sie sich: Würden Sie hier gerne baden und Zeit verbringen? Wenn ja, können Sie ja gelegentlich ein Bad nehmen und sich hier entspannen.

Als Letztes schauen wir noch in das Arbeitszimmer oder in den Bereich, wo der Hausherr seiner Tätigkeit nachgeht, ob dies nun ein Atelier, Büro oder Praxisraum ist.

(Falls es schwer zu finden ist, dann haben Sie möglicherweise noch Widerstände gegen Ihre Berufung und Lebensaufgabe. Sie können dann diesen Abschnitt zunächst überspringen und dann die Übung Nr. 6 später dazu machen.)

Gehen Sie hinein und schauen Sie zunächst, was die Hauptfunktion dieses Raumes ist, was man hier macht. --- Vertiefen Sie den Eindruck, indem Sie die Gegenstände, Maschinen oder Hilfsmittel in diesem Raum betrachten. Wie alt sind sie? --- Sieht der Bereich aus, als würde er derzeit benützt, sieht man hier jemand arbeiten, oder ist er ungenützt oder steht sogar leer? --- Wenn noch ungenutzt, dann fragen Sie sich wieder intuitiv: Was braucht der Hausherr noch, um hier tätig zu werden? Oder was hindert ihn daran? --- Merken Sie sich zunächst einmal alle Antworten, ohne zu bewerten. Falls er benutzt wird, schauen Sie nach, woran der Hausherr im Moment arbeitet, was beispielsweise auf dem Schreibtisch liegt. Es könnte ein Hinweis sein, was der Geist zu tun vorschlägt.

Bevor wir nun die Meditation beenden, gebe ich Ihnen noch ein paar Minuten Zeit, noch etwas im Haus herumzugehen und vielleicht noch andere Zimmer und Gegenstände zu betrachten. --- Nehmen Sic dabei auch wahr, ob sich irgendwelche Personen oder Wesen in Ihrem Haus aufhalten. Oder wo gibt es Bereiche, wo Sie nicht gern hingehen wollen? --- (einige Minuten Zeit geben) ---

(**Abschluss**) Nun kehren Sie langsam wieder zurück in das Hier und Jetzt, und ganz von selbst schließt sich wieder Ihr Seelenauge, und Ihr Bewusstsein geht wieder auf das für Sie normale Maß zurück. Dennoch können Sie sich jederzeit an die erlebten Bilder und Gefühle voll und ganz erinnern. Sie fühlen sich jetzt auch wieder voll und ganz in Ihrem Körper, spüren ihn, wie er auf der Unterlage ruht, und Sie nehmen ihn wieder bewusst in Besitz, indem Sie einige tiefe Atemzüge machen und Arme und Beine bewegen und strecken. Nun öffnen Sie wieder die Augen und beenden damit die Meditation.

(Bei Problemen, das Haus zu finden:) Nehmen Sie sich vor, hier, in dem geistigen Raum Ihres dritten Auges, oder in Ihrer Phantasie Ihr Seelenhaus vor sich auftauchen zu lassen, oder bitten Sie, dort hingebracht zu werden, wo es ist, oder bitten Sie Ihren Geist, es einfach schauen zu dürfen. Wenn Sie auch nur einige wenige Eindrücke haben, nehmen Sie diese und arbeiten Sie sich dann weiter vor. Es ist auch möglich, sich zu fragen: Wenn ich wüsste, ist es groß oder klein ... hell oder dunkel ... weiß oder farbig ... eher rund oder eckig ... und so weiter, bis ein erster Eindruck entstanden ist, von dem aus man dann weiter erforschen kann (Näheres siehe 3.4.). In jedem Fall haben Sie nun ein Gefühl dafür, wie es etwa aussieht, und können davon ausgehend weitermachen.

Herzlichen Glückwunsch, Sie sind sich damit selbst viel näher gekommen, haben begonnen, etwas über sich zu erfahren, und hatten hoffentlich viel Spaß dabei. In weiteren Sitzungen können sie nun in Ihrem Haus herumstreifen und die vielen Details im Inneren weiter erkunden. Sie können es auch verändern und umbauen und so mit der Seele kommunizieren, indem Sie mit ihr über die Bilder in einen Dialog eintreten, denn die Seele wird stets mit Bildern antworten. Wenn Sie das Bedürfnis haben, können

Sie diese Technik auch einmal in einem meiner Seminare zu dem Thema weiter vertiefen. Aber jetzt wollen Sie natürlich erst einmal mehr darüber wissen, wie diese geschauten und erlebten Bilder am besten und einfachsten zu deuten und zu verstehen sind, und wollen sicher daran gehen, diese Bildersprache für sich zu entschlüsseln und zu übersetzen. Dazu wollen wir nun einige Hinweise geben.

5. Verstehen und Deuten der Seelenbilder

5.1 Grundsätzliches zur Deutung

Zunächst muss ich hier vorausschicken, dass ich meine Erkenntnisse in dieser Richtung weniger durch wissenschaftliche Studien als vielmehr durch Erfahrung aus der praktischen Arbeit mit Klienten und Seminarteilnehmern gewonnen habe. Daher empfehle ich Ihnen auch, nicht unbedingt viele Bücher zu lesen, um sich entsprechendes Wissen anzueignen, oder tiefgründig zu recherchieren und zu studieren. Denn zumindest so lange, wie es sich ums eigene Seelenhaus handelt, liegt die Antwort, die Bedeutung und der Sinn, stets in Ihnen selbst, da es ja Ihre Seele selbst ist, die dieses Bild geschaffen hat. Und der, der es geschaffen hat, weiß auch um die Bedeutung und die darin liegende Information. Diese ist aber statt durch den Verstand viel einfacher durch das Gefühl, das jedem zugänglich ist, und noch einfacher durch Intuition erfassbar, was eingeübt werden kann. Daher sollten und können Sie, wenn Sie diese Seelenhausreise durchführen, zunächst einmal einfach Ihrem inneren Gefühl vertrauen, und auch den Assoziationen, die dieses Bild in Ihnen auslöst, und sich fragen, ob es Ihnen bekannt vorkommt, und wenn ja, in welchem Zusammenhang und was es denn speziell für Sie bedeutet und in Ihnen auslöst. Allein über dieses in Ihnen liegende Gefühl wissen Sie schon um die Bedeutung dieses Bildes, kennen instinktiv den Inhalt und erkennen dadurch, was es Ihnen sagen will.

Unglücklicherweise existieren in uns aber auch noch zahlreiche Blockaden und Verdrängungsmechanismen, die wir einmal eingerichtet haben, um unangenehme Gefühle nicht fühlen zu müssen. Sie blockieren allerdings auch die für uns nützlichen oder schönen Gefühle. Aufgrund dessen könnten wir unmittelbar, nachdem das Gefühl aufgekommen ist, die Tendenz haben, es wegzuschieben, es intellektuell zu interpretieren, es nicht zur Kenntnis zu nehmen und vieles mehr. Deshalb ist es wiederum neben dem subjektiven und gefühlsmäßigen Eindruck, der immer die beste Interpretation liefert, durchaus nützlich, zusätzlich einige objektive Kriterien zu haben, an die man sich halten kann, falls der direkte Zugang zur Deutung versperrt ist, oder um die übermittelte Information noch klarer und deutlicher werden zu lassen oder besser verstehen zu können.

Dabei kommt uns zugute, dass Bilder weit mehr als Worte bereits alle Informationen in sich enthalten und als solche auch universal verständlich sowie ganzheitlich sind, wie wir bereits besprochen haben. Selbst wenn uns ein Chinese ein Bild vor Augen hält, so können wir dies sogleich verstehen, auch wenn wir seine Worte nicht verstehen. Man muss die vorgestellten Bilder also gar nicht erst in eine Sprache übersetzen, sondern kann sie direkt aus dem Bild heraus verstehen, wie es etwa kleine Kinder schon tun können, lange bevor sie Sprache erlernen. Wir verstehen das Bild unmittelbar gemäß seiner *Form, Darstellung* und *Farbe, Signatur* und *Ausdruck*, ferner gemäß der üblichen Bedeutung dieses Gegenstands für uns und vor allem gemäß seiner *Funktion* oder aber gemäß seiner *symbolischen Aussage* oder *kollektiven Bedeutung*. Letztere findet man heraus, indem man nachforscht, was der Volksmund dazu sagt oder wie entsprechende Redewendungen und Sprichwörter lauten. Beispielsweise sagt man: „Ein Esel geht aufs Eis tanzen, wenn ihm zu wohl ist." Die Folgen kann ich mir selbst ausmalen und über das Bild des Esels auf einen Menschen schließen, der schnell leichtsinnig oder übermütig wird, wenn es ihm zu gut geht. Übrigens haben auch Symbole meist kollektive Bedeutungen, und man kann diese oft sogar bei mehreren Völkern gemeinsam finden.

Wenn wir irgendwo blockiert sind und etwas nicht verstehen oder herausfinden können, so ist es auch möglich, den Rat anderer Menschen einzuholen und zu fragen, wie sie es deuten oder verstehen. Denn ohne ein Hindernis im Bewusstsein ist jedes Bild eigentlich selbsterklärend und leicht verständlich. Daher können wir durchaus nahestehende Personen fragen wie beispielsweise unseren Partner, unsere Kinder oder Freunde, zumal diese sicher einen neutraleren Blick für den jeweiligen Inhalt haben, wenn es sie nicht selbst betrifft. Fragen Sie sie einfach, welchen Inhalt sie in einem bestimmten Bild sehen oder was dieses oder jenes für sie aussagt, welche Bedeutung es haben könnte. Falls diese Methode zu keinem schlüssigen Ergebnis führt, kann man natürlich immer noch die Möglichkeit nutzen, einen Therapeuten, Psychologen oder Lebensberater aufzusuchen und zu befragen. Diese verfügen aufgrund ihrer praktischen Tätigkeit zumeist über eine große Erfahrung mit Bildern und Bildinhalten und haben vielleicht bereits ähnliche Fälle oder Bilder gehabt und mit ihnen gearbeitet.

Alle im nächsten Kapitel ausführlich dargelegten Deutungsmöglichkeiten können uns durchaus helfen und Anregungen geben, die Bildinformationen der Seele zu entschlüsseln, aber letztlich ist es unser Gefühl, unsere innere Stimme, denen die letzte Entscheidung vorbehalten bleibt. Denn wir entscheiden zum Schluss ja immer selbst, ob wir bestimmte Deutungen und Auslegungen annehmen oder nicht, und so bleibt die Verantwortung immer bei uns und nicht im Außen. Solange in Bezug auf die Deutung ein mulmiges, unsicheres Gefühl besteht oder Schwere, Widerstand oder Belastung, so haben wir vermutlich den Kern nicht gefunden, denn die Wahrheit macht immer frei, gibt uns ein Gefühl von Aufatmen, von Befreiung, von Sicherheit. Geben Sie dann weiterhin die Absicht in Ihr Bewusstsein ein, die Antwort zu finden, und bleiben Sie aufmerksam, ohne es zu forcieren. Auf irgendeine Weise werden Sie dann früher oder später die Antwort bekommen. Vielleicht fällt es uns gerade dann ein, wenn wir nicht mehr weiter fragen oder verbohrt daran denken.

Aber selbst dann, wenn Sie es einmal nicht schaffen sollten, vielleicht aufgrund größerer innerer Widerstände, etwas zu deuten oder klar zu verstehen und trotz der vielen Möglichkeiten der Deutung die treffende Botschaft herauszufinden, spielt dies keine große Rolle. Abgesehen davon, dass wir ja zumindest die Bedeutung der wichtigsten Zimmer und der für die Seele wichtigsten Faktoren kennen, wirkt das Bild auch mit seiner Information und seinem damit verknüpften Gefühl direkt auf das Oberbewusstsein, auch wenn der Intellekt es im Moment nicht versteht.

Eigentlich bräuchten wir intellektuell überhaupt nichts zu wissen oder zu deuten, sondern könnten uns wie Kinder ohne jegliche intellektuelle Vorbelastung unser Seelenhaus bildlich und naiv anschauen, es freudig annehmen und dann einfach so umgestalten, bis wir damit glücklich und zufrieden sind und gerne darin wohnen. Das ist das einzig wichtige Kriterium, und es erfordert nicht, dass wir wissen, was welches Detail und welche Farbe bedeutet, sondern wir machen es einfach so, wie und bis es uns gefällt und wir damit glücklich sind. Dieses Glück, stets begleitet von innerem Frieden, ist letztlich der einzige und allein wichtige Maßstab, anhand dessen und auf diesen zu wir uns entwickeln und unsere Persönlichkeit, also unser Seelenhaus und seine Einrichtung, gestalten sollten. Wir beseitigen das, was uns nicht gefällt, und bauen das, was uns gefällt und mit dem wir uns wohl fühlen, auch ganz ohne Deutungen.

Dann könnte man sich das Nachdenken ersparen und muss sich auch nicht sorgen, etwas zu verpassen, denn dieses Gefühl der Zufriedenheit und des Glücks kann man keinesfalls verpassen, übersehen oder falsch interpretieren. Doch so einfach wollen wir es ja nicht haben, vielmehr will es unsere Neugier ja ganz genau wissen und auch wollen wir gerne die Kontrolle darüber behalten, es selbst analysieren und auch mit dem Intellekt verstehen, gern ein bisschen an den inneren Bildern herumrätseln, selbst Bedeutung verteilen oder Sinn geben. Dies ist auch völlig in Ordnung. Daher stellen wir nun einige Wege und Methoden vor, um die inneren Bilder oder Gestaltungen auch intellektuell erfassen und begreifen zu können.

5.2 Verschiedene Deutungsmöglichkeiten

Wenn uns die Seele ein bestimmtes Bild zeigt, einen Gegenstand, ein Wesen, eine Situation, die wir nicht direkt fühlen, intuitiv erfassen oder subjektiv begreifen können, dann haben wir auch folgende Möglichkeiten, die Bedeutung herauszufinden. Wir fragen nach:

A) SIGNATUR: Wie ist es beschaffen, was drückt es mit seiner Form, Farbe, Signatur aus?
B) FUNKTION: Was ist seine Funktion, wozu ist es nütze, was macht man damit?
C) SYMBOLIK: Was sind die üblichen symbolischen Bedeutungen und Interpretationen?
D) KULTURELLE BEDEUTUNG: Was ist die Bedeutung in der jeweiligen Kultur, in der Gruppe, im Volk? Was sagt der Volksmund darüber? Welche Sprüche oder Witze gibt es dazu in der Umgangssprache?
E) INNERE STIMME: Was sagt die innere Stimme, meine Intuition dazu? Einfach mal raten!
F) MEINUNG ANDERER MENSCHEN: Was sagen Freunde, Partner, Kinder, Therapeut?

Gehen wir also nun zu den einzelnen Möglichkeiten und schauen, was sie leisten können oder wie wir mit ihnen die Bedeutungen der Bilder herausfinden oder ihnen zumindest näher kommen können.

A) SIGNATUR: Wie ist es beschaffen, was drückt es mit seiner Form, Farbe, Signatur aus?
Die alte Signaturlehre, die Deutung nach der Form, geht davon aus, dass die Form unmittelbar mit dem darunter liegenden Inhalt zusammenhängt. Das bedeutet, dass eine aggressive Form, beispielsweise ein Tier mit Stacheln oder Schutzpanzer, stets auch einen aggressiven Inhalt oder etwas Wehrhaftes verkörpert. So hat man früher direkt von der Form auf den Inhalt geschlossen, auch schloss man von einer bestimmten Form auf einen Zusammenhang mit einer anderen, ihr analogen Form, beispielsweise von einer Walnuss, die von der Form her dem Gehirn ähnelt, mit dem Gehirn. So hat man im Altertum und vor allem im Schamanismus auch Medizin gesucht und gefunden, und die Walnuss wäre dann gut für das Gehirn (was sie vermutlich tatsächlich ist wegen des Lecithin-Gehalts), und eine herzförmige Pflanze würde dann auf eine Medizin für das Herz verweisen und so

weiter. Das ist zwar keineswegs logisch, denn das eine hat mit dem anderen materiell oder kausal nichts zu tun, aber es ist analoges Denken, wie es im Altertum bis in die Neuzeit gang und gäbe war. Darunter liegt natürlich die Weltsicht, dass alles mit allem zusammenhängt.

Nachdem nun auch die moderne Physik wieder diese Einheit hinter den Dingen zu erkennen scheint, kommt diese alte Signaturlehre wieder zur Geltung, die nur dann Sinn ergibt, wenn alles mit allem sinnvoll verbunden ist und auf einer zugrundeliegenden Einheit beruht. Nach diesem Verständnis kann eine Form also nie vom Inhalt getrennt werden, und dies gilt vor allem für die Natur und die Erscheinungswelt, wo sich der Inhalt eben stets über eine ihm entsprechende Form ausdrückt. Nur Menschen mit der Absicht zur Täuschung scheinen immer wieder zu versuchen, mit der Form über den Inhalt zu täuschen und sich und den Dingen Masken oder schöne Verpackungen überzustülpen, die nicht dem Inhalt entsprechen. Doch im Unterschied zum Ego werden uns die Seele und der Geist nicht täuschen und daher können wir aus der Form der auftauchenden Bilder stets Rückschlüsse ziehen auf den Inhalt oder das Wesentliche der Botschaft, und so verweist beispielsweise ein verbunkertes Seelenhaus ganz klar auf eine verschlossene Persönlichkeit.

Diese Art und Weise, über die äußere Form und ihre Signatur Erkenntnisse zu gewinnen, hat eine sehr alte Tradition. Diese Vorgehensweise war anscheinend erfolgreich, sonst hätte man auf Grund dieses Zusammenhangs nicht so viele Heilmittel entdeckt. Auch heute noch, wenn Schamanen beispielsweise in den Urwald gehen und eine passende Medizin suchen, probieren sie nicht alles wahllos aus, bis sie zufällig auf einen Wirkstoff treffen (wie die moderne Pharmazeutik), sondern sie suchen ganz gezielt nach einer Pflanze, die ihnen durch ihre Form bereits Hinweise auf ihre medizinische Wirkung oder auf mögliche Zusammenhänge mit entsprechenden Organen des Menschen gibt.

Daran ist eigentlich nichts Magisches oder Geheimnisvolles, denn auch im Alltag schließen wir – leider meist unbewusst – ständig von der Form auf den Inhalt. Wie sehen beispielsweise das Bild eines Felsberges, und diese große, unbewegliche Form zeigt uns etwas Stabiles, Dauerhaftes, Monumentales. Oder wir sehen das Bild eines Schmetterlings, und aus seiner Form schließen wir auf etwas Zartes, Ätherisches, Zerbrechliches, aber auch Flatterhaftes, Unbeständiges, Luftiges, Leichtes. Auch die Form eines Menschen zeigt stets Signaturen, die wir meist unbewusst wahrnehmen und interpretieren. Dies zeigt sich beispielsweise deutlich bei den Comic-Zeichnern und ihren Cartoons. Durch solche Formen allein drücken sie bereits klar den Charakter der Figuren aus, wie beispielsweise in der Form der

„Panzerknacker" den bulligen, aggressiven Typ mit starkem Durchsetzungswillen, symbolisiert durch ein starkes, hervorstehendes Kinn. Die Leser wissen dann aus der Form der Figuren sofort, um welchen ungefähren Charakter es sich handelt. Auch Schriftsteller haben stets von diesen Zusammenhängen Gebrauch gemacht, und die Lehre der Physiognomie, die jetzt wieder zu Ehren kommt, hat dies vor allem im vorletzten Jahrhundert auch wissenschaftlich erforscht. So stehen beispielsweise abstehende Ohren für Widerspenstigkeit, eine lange Nase zeigt den Genießer oder den im ästhetisch-sinnlichen Bereich verhafteten Menschen und so weiter.

Wenn Ihnen also die Seele ein Bild präsentiert, so schauen Sie sich die Form und Struktur, aber auch die Farbe genau an und bemerken Sie einfach deren wesentliche Merkmale. Welch ein Signum weist es auf, ist er eher rund oder eckig, eher männlich oder weiblich, weich oder hart, aggressiv oder zugänglich, eher verschlossen wie der Krebs oder eher weltoffen? Erinnert mich seine Form an irgendetwas? Welche Assoziationen tauchen auf? Wenn Sie nicht weiterkommen, so schlüpfen Sie doch einfach imaginativ in diese Form und fühlen Sie sich in sie hinein, so wie man in einen Handschuh schlüpft und seine Form von innen her fühlt. *Identifizieren Sie sich mit dieser Form, und Sie werden den Inhalt erspüren.* Dies ist übrigens die beste Methode, die Signatur oder die wesentlichen Merkmale zu erfassen, und durch dieses innere Erfassen werden Sie auch wissen, was die entsprechende Aussage ist.

Nehmen wir also beispielsweise an, jemand hätte als Seelenhaus eine Burg mit Wehrturm und mit zahlreichen Befestigungsanlagen. Dann zeigt das Bild an, dass Sie sich bedroht fühlen, sich zu schützen oder zu verteidigen suchen, dass Sie andere Menschen nicht gerne oder leicht an sich heranlassen. Oder jemand hat im Gegensatz dazu eine weit offene Villa ohne feste Türen, mit vielen Fenstern. Das zeigt eine sich sicher fühlende, den Menschen gegenüber offene Persönlichkeit, die sich nicht bedroht fühlt. Hat jemand ein Seelenhaus mit vielen Rundbögen und Rundungen, vielleicht dazu noch mit warmen und weichen Farben, so kann man davon ausgehen, dass unabhängig vom tatsächlichen Geschlecht diese Person insgesamt eher weich und weiblich ist, einen femininen Einschlag hat, im Leben nicht „anecken" will und eher auf Kompromisse ausgeht, während jemand mit einem Haus mit vielen Ecken und Kanten oder aus Granit eher männlich betont und eher hart ist. Dies sind hier nur sehr einfache und plakative Beispiele, um das Prinzip klar zu machen. In der Praxis werden über die Form noch viel mehr Details und zahlreiche Einzelheiten erschlossen, wobei hier auch die subjektive Einschätzung oder das subjektive Gefühl eine große Rolle spielt, denn neben der allgemeinen Bedeutung haben Formen natürlich auch ganz persönliche Bedeutungen für die jeweilige Person, die das Bild bekommen hat.

Schließlich hat die Farbe des Bildes oder Gegenstandes eine wichtige Aussagekraft, wie schon im Tierreich oft zu sehen ist. So zeigt die Dichte oder Intensität der Farbe die Intensität des Inhalts, und die Art der Farbe sagt etwas über die Qualität des Inhalts aus. Zum Beispiel verweist warmes Rot unter anderem auf Lebendigkeit, Feurigkeit, auf Blut und Leben, auch auf Sexualität und Lebenstrieb, während ein kaltes Blau eher auf den Gegenpol verweist. Eine strahlende, gelbe Farbe verweist auf etwas Ausstrahlendes wie die Sonne und so weiter. Wir können hier bei der Deutung die Natur zur Hilfe nehmen und uns fragen: Welche Dinge oder Bilder hat sie hauptsächlich mit dieser Farbe ausgestattet? Dies wird uns entsprechende Hinweise geben. Daneben gibt es Lexika, die die Bedeutungen von Farben auflisten.

B) FUNKTION: Was ist seine Funktion, wozu ist es nütze, was macht man damit?

Das zweitwichtigste Kriterium neben Form und Signatur ist die Funktion. Hier kommt man fast immer weiter, denn nichts im Seelenhaus ist zufällig, alles hat eine Bedeutung, und diese ist ganz leicht von der Funktion abzuleiten. Wenn also etwas auftaucht, ist stets zu fragen: Wozu dient dieser Gegenstand, wofür ist er nützlich, was tut er (falls es sich um etwas Lebendiges handelt), wozu wird er üblicherweise gebraucht? Beispielsweise ist eine Waffe, auch wenn sie von Form und Farbe her harmlos aussehen sollte, dazu da, jemand anzugreifen, zu verletzen oder zu töten. Dieser Zweck und nicht die Harmlosigkeit der Form ist dann die wesentliche Aussage des Bildes. Für mich ist die Frage nach der Funktion in der analytischen Arbeit die beste Herangehensweise, wenn die Deutung unklar ist, denn alle Dinge haben eine bestimmte Funktion, und das Bild wurde ja von der Seele eigens dazu erzeugt, uns auf etwas aufmerksam zu machen, was wir in einem bestimmten Bereich oder Zusammenhang tun, getan haben oder was hier zu tun ist. Auch ist die Funktion im Allgemeinen leicht zu ermitteln, denn ein Korkenzieher dient dazu, Weinflaschen aufzumachen, während Schüsseln und Töpfe die Funktion haben, Nahrung aufzubewahren oder zuzubereiten, und so weiter. Dies ist immer sehr einfach, und man kann im Seelenhaus fragen, wozu hier ein Tisch steht oder dort Malsachen herumliegen, wozu die große Küche dient oder wozu ein Fest vorbereitet wird. So ist aus der jeweiligen Funktion des Gegenstandes gut abzuleiten, was er aussagen will oder was er darstellt, und damit, was seine Botschaft ist oder die Seele damit sagen will.

C) SYMBOLIK: Was sind die üblichen symbolischen Bedeutungen und Interpretationen?

Ferner kann man zur Deutung natürlich die übliche symbolische Bedeutung eines Gegenstandes oder Bildes berücksichtigen, und dies geht natürlich oft über die subjektive und individuelle Ebene hinaus, da ein Symbol ein gemeinsames Zeichen einer Gruppe, eines Kollektivs, eines Volkes oder der gesamten Menschheit ist. So symbolisiert etwas Durchgestrichenes beispielsweise auf einem Schild ein „Nein" oder ein Verbot. Der dunkle Wald steht für etwas Dunkles, Geheimnisvolles, Verborgenes. Das Reh symbolisiert etwas Unschuldiges, Zartes, Flüchtiges und so weiter. Weitere Symbole sind etwa die Sanduhr (für Tod und Vergänglichkeit), das Haus (für Geborgenheit), der Fuchs (für Verschlagenheit) oder der Fisch (Erkennungssymbol des frühen Christentums). Man kann hier auch auf kollektive Bedeutungen zurückgreifen, die beispielsweise bei sexuellen Symbolen uralt sein und die ganze Menschheit umfassen können.

Die Magie, die Mystik, die älteste Philosophie und vor allem die Religionen nützen diese Symbole bis heute, die meist noch mehr sagen als Worte, und so wurden die Bildsymbole im Laufe der Jahrhunderte mit viel Bedeutung und Geistkraft aufgeladen und damit in ihrer Wirkung bis heute extrem verstärkt, wie beispielsweise das Kruzifix. Die Seele kennt über das kollektive Massenbewusstsein diese in das Menschheitsbewusstsein eingravierten Symbole und verwendet sie daher auch nur in diesem Sinne, selbst wenn dies für die einzelne Person unbewusst geschieht und sie gar nichts von der Bedeutung weiß..

Ein Symbol (griechisch von symbolon: Wahrzeichen, Merkmal) wird üblicherweise definiert als ein sinnlich wahrnehmbarer Verweisungsgegenstand oder -vorgang, der zeichenhaft für etwas anderes, mit den Sinnen nicht Wahrnehmbares (Gedachtes bzw. Geglaubtes) steht. Ursprünglich war das Symbol ein Erkennungs- bzw. Beglaubigungszeichen, das zwischen Freunden, Vertragspartnern oder Boten verwendet wurde, wie beispielsweise ein zerbrochener Ring, dessen erneutes Zusammenfügen sicherstellte, dass beide Teile einst zusammengehörten. Bei Goethe stellt die ganze Welt nur ein Gleichnis dar (... alles Vergängliche ist nur ein Gleichnis ..., Faust) und ist somit nur ein Zeichen für etwas dahinter Stehendes. Dies ist auch die Auffassung der Mystiker, für die die Welt nur ein Spiegel ist für die in der Seele befindlichen Emotionen, Muster, Glaubenssätze.

Die kollektive Bedeutung von Symbolen ist neben dem Allgemeinwissen, das wohl jeder Mensch darüber hat, in vielen Lexika oder Verzeichnissen über Symbole niedergelegt und kann dort abgerufen werden, in Büchereien wie auch über das Internet. Diese Lexika geben aber oft nur eine allgemeine Bedeutung an, die wiederum sehr einseitig oder unvollständig sein kann, oder eben mehrere Bedeutungen, und man muss dann die passende auswählen. So ist ein Stab nicht nur ein Phallussymbol, sondern auch ein Symbol von Stärke und Macht, von Herrschaft (Herrschaftsstab). Es kommt also sehr darauf an, in welchem Zusammenhang das Symbol auftaucht. Auch ist zu berücksichtigen, dass die Lexika unter bestimmten Vorgaben oder ideologischen Gesichtspunkten geschrieben wurden, nach psychologischen, magischen oder religiösen Aspekten, und nur selten findet man eines, das einigermaßen universal ist.

Dennoch kann man hier entweder nur die allgemeine Bedeutung erfassen und dann subjektiv über den Zusammenhang des Bildes mit seinem Kontext die weitere Bedeutung herausfinden, erraten und erfühlen; oder man kann den Lexika mehrere spezifische Bedeutungen entnehmen und dann die am besten passende oder einleuchtendste auswählen. Auf jeden Fall bringt dieses Vorgehen auch ein Erkenntnistraining mit sich und mit der Zeit eine Zunahme an Wissen, mit dem wiederum weitere Symbole immer besser verstanden werden können.

D) KULTURELLE BEDEUTUNG: Was ist die Bedeutung in der jeweiligen Kultur, in einer Gruppe, im Volk? Was sagt der Volksmund darüber? Welche Sprüche oder Witze gibt es dazu in der Umgangssprache?

Das uns Unbewusste zeigt sich oft auch in Redewendungen unserer Sprache. Deshalb ist es interessant, einmal bewusst festzustellen, wie das zu deutende Bild als Wort oder Metapher in der jeweiligen Sprache oder Kultur verwendet wird, auch mit welchen Assoziationen es verbunden ist. Selbst in Witzen findet sich oft eine über den normalen Sprachgebrauch hinaus weisende Bedeutung. Wenn man also beispielsweise von einem dicken Gierhals spricht, dann assoziiert man mit dem Bild eines dicken Halses einen gierigen Menschen. Oder wenn man im Volksmund von einer feigen, dreckigen Ratte spricht, so ist die Rede von einem Menschen mit diesen Charaktereigenschaften, und wenn ich dann in meinem Seelenhaus eine solche Ratte finde, so habe und verberge ich möglicherweise diese Eigenschaften.

Aus solchen Redewendungen und damit aus dem sprachlichen Gebrauch des Bildes im Volk kann man verborgene kollektive Bedeutungen eines Bildes oder Symbols herausfinden, oft sogar wirklich witzige, die aber daraufhin geprüft werden müssen, ob diese Bedeutung wirklich für den Betreffenden gemeint sein kann oder ob ihm sein Symbolbild vielleicht nur eine persönliche Botschaft ohne die kollektive übermitteln will. Dies kann so geschehen, dass man die kollektive Bedeutung erkennt, sie dem Betreffenden mitteilt (ggf. sich selbst) und der Betreffende dann fühlt, ob er darauf irgendwie reagiert oder ob er dadurch neue Erkenntnisse gewinnt. Auch kann ein Therapeut oder Berater mit ihm prüfen, ob diese neue Variante der Deutung in dem Kontext des Bildes Sinn ergibt.

Oft sogar können hier mehrere Ebenen zusammenspielen, so dass das Symbolbild mehrere Aussagen zugleich macht und so darin neben einer (oder mehreren) persönlichen Bedeutung auch kollektive Aussagen enthalten sind. Sie dürfen sich nur nicht widersprechen. Dies ist nach meiner Erfahrung nicht möglich, denn die Seele ist in sich stimmig und macht aus sich heraus keine widersprüchlichen Aussagen. Im Gegenteil zeichnen sich diese Bilder aus dem Geist oder dem Seeleninneren durch eine sehr hohe Intelligenz und unglaubliche Präzision in der Aussage aus, so dass man über die Genialität der Botschaft oft nur staunen kann. Widersprüche können erst durch nachträgliche begrenzte Verstandesinterpretationen oder Fehlinterpretationen zustande kommen. Es ist somit festzuhalten, dass es mehrere (persönliche wie kollektive) Bedeutungsebenen und damit Aussagen eines Bildes geben kann, aber nicht muss. Doch wenn es sie gibt, stehen diese immer in einem sinnvollen Zusammenhang, ergänzen sich vielleicht, jedoch widersprechen sie sich nicht.

E) INNERE STIMME: Was sagt die innere Stimme, meine Intuition dazu? Einfach mal raten!

Am besten ist es natürlich, wenn jemand schon über eine geschulte und erprobte Intuition verfügt, auf die er vertrauen kann. Im Gegensatz zu dem quantitativem Wissen, das nebeneinander und nacheinander die Dinge beschreibt, ordnet und erklärt, funktioniert Intuition stets spontan, augenblicklich und ganzheitlich. Das bedeutet, die übermittelte Erkenntnis kommt nicht in Einzelheiten oder Einzelteilen und nacheinander in der Zeit, sondern die Erkenntnis ist a) als Ganzes da, b) sofort da und c) als plötzliche Einsicht in die Sache evident, kommt also mit einer inneren Gewissheit und Klarheit.

Nach dem Lexikon ist Intuition (lateinisch intuitio: Anblick, Anschauung) eine „spontane Erkenntnis, die nicht auf begrifflicher Reflexion basiert. Die intuitive Erkenntnis wird allgemein als Fähigkeit des Geistes angesehen, Sachverhalte und Gegebenheiten unmittelbar zu erfassen". Platon hat einmal in seinem Dialog Menon sehr schön dargelegt, wie prinzipiell alles Wissen und alle Erkenntnis schon in uns vorhanden sind. Dies ist auch aus esoterischer oder philosophischer Sicht leicht nachvollziehbar, wenn wir uns als geistige Wesen sehen, die Teil eines Allgeistes sind, als Kinder

Gottes, die damit Teil an Gott haben oder die, wie Christus sagte, in Gott eins sind. Denn der Geist übersteigt Raum und Zeit, zumal jene nur Kategorien des Verstandes sind, wie schon Kant erklärte, und somit dem Geist untergeordnet, von ihm erst erschaffen. Wird er so als Grund des Seins gesehen – und woher sollte es sonst kommen als aus einem einheitlichen Feld oder aus diesem ewigen Potenzial –, so enthält er auch in sich alles, was je in Raum und Zeit erschaffen, erfahren oder gewusst werden kann. Da es zudem prinzipiell nur *einen* Geist geben kann (sonst wäre es kein einheitlicher Grund), in dem dann auch unser Geist enthalten ist – so wie die Welle zwar nicht das Meer ist, aber als Wasser im Wasser darin enthalten und somit doch auch Meer ist –, so haben wir auch stets zum ganzen Geist, zum gesamten Ozean Zugang oder sind ständig damit verbunden, jenseits von Zeit. Folglich müssen wir diese Verbindung nur aktivieren oder zulassen, aufhören, sie zu behindern, und somit ist es für uns nur notwendig, diese Intuition oder diesen Zugang zum Allwissen wieder zu schulen, den Kanal dafür wieder zu öffnen.

Dafür gibt es zahlreiche Methoden. Die einfachste ist, sich wieder wie Kinder von allen gedanklichen und vom Verstand produzierten Begrenzungen frei zu machen oder sich ein bildliches Hilfsmittel zu holen, eine Metapher wie das „Zeitfahrzeug", über das die Intuition hereinkommen kann. Wenn wir über eine solche direkte Intuition verfügen, so bekommen wir eine große Klarheit und Sicherheit in der Deutung und sind üblicherweise nicht mehr von äußeren Hilfsmittel wie Symbolerklärungen abhängig, sondern können beispielsweise einem Klienten auf den Kopf zusagen, was etwas bedeutet, und er wird es dann fühlen können.

Wenn Sie aber im Moment noch nicht über eine solche Intuition verfügen oder Ihrer inneren Stimme noch nicht vertrauen, so gibt es folgende elegante Möglichkeit, den Verstand zu umgehen, der Sie ja ständig davon überzeugen will (oft sehr erfolgreich), dass wir und alles Geschaffene voneinander getrennt sind. Auf folgende Weise können Sie Informationen direkt aus dem Unterbewusstsein oder dem kollektiven Geist bekommen:

Wir schauen das Bild oder die Situation an, das oder die wir deuten wollen, fühlen uns darin hinein, so gut es eben geht. Dann stellen wir uns folgende Fragen:
„Ich weiß es ja nicht, aber wenn ich es wüsste, welche Bedeutung oder Aussage könnte dieses Bild für mich haben?"
„Ich weiß ja nicht, aber …, welchen Sinn könnte es enthalten?"
„Ich weiß ja nicht, aber …, wenn ich einmal raten dürfte, was könnte es sein?"

„Ich weiß ja nicht, aber... wenn ich es wüsste, welche Botschaft könnte es mir sagen wollen?"

Eine alternative Methode ist die Frage nach der Botschaft. Sie fragen sich:

„Wenn ich es wüsste, was ist die Botschaft (des Bildes, Situation, Krankheit ...) an meine Mutter?
„Wenn ich es wüsste, was ist die Botschaft ... an meinen Vater?"
„Wenn ich es wüsste, was ist die Botschaft ... an meine Geschwister?"
„Wenn ich es wüsste, was ist die Botschaft .... an meine Familie insgesamt?"
„Wenn ich es wüsste, was ist die Botschaft ... an meinen Partner?"
„Wenn ich es wüsste, was ist die Botschaft ... an meinen Ex-Partner?"
„Wenn ich es wüsste, was ist die Botschaft ... an mich selbst?"
„Wenn ich es wüsste, was ist die Botschaft .... an Gott?"

Hinweise zur Übung:
Diese von Dr. Spezzano entwickelte Fragetechnik im Konjunktiv ist, wie ich aus der Praxis bestätigen kann, äußerst erfolgreich und zeitigt auch in der Problemanalyse mit einem Klienten fast immer schnelle, brauchbare Ergebnisse. Warum ? Weil sie mit dem Konjunktiv arbeitet und wir damit für unseren Verstand akzeptieren, dass wir es ja nicht wissen. Der Verstand will uns nämlich einreden, dass wir über diese Erkenntnis nicht verfügen und gar nicht verfügen können, was an sich schon unlogisch ist, denn sonst hätten wir dieses Bild oder dieses Symbol mit der Botschaft ja gar nicht erst produzieren können. Anstatt nun gegen ihn anzugehen, geben wir ihm einfach Recht und sagen, ja klar, wir wissen es nicht, geben ihm sein Futter und er ist zufrieden. Wir akzeptieren, dass die Vordertür verschlossen ist, und gehen dann durch die Hintertür, indem wir einfach weiter fragen: „Ja, aber wenn ich wüsste...". Hierdurch entsteht kurz ein inneres Fenster, eine Möglichkeit, eine Öffnung, in der die Information auftauchen kann und es üblicherweise auch tut.

Doch auch ohne diese Wirkungsweise zu verstehen, funktioniert es einfach. Wir haben es in Tausenden von Fällen erfolgreich ausprobiert. Manchmal sofort, manchmal erst nach einigen dieser Fragen tauchen hier sinnvolle Antworten und Deutungen aus dem Unterbewusstsein auf, deren Wahrheitsgehalt wiederum daran zu erkennen ist, dass der Betreffende damit ein „Aha-Erlebnis" hat, es also für ihn evident ist mit entsprechenden Einsichten und Gefühlen.

F) MEINUNG ANDERER MENSCHEN: Was sagen Freunde, Partner, Kinder, Therapeut?

Letztlich aber zählen allein die subjektive Deutung und das Erleben dessen, der dieses Bild in sich gesehen und somit produziert hat. Denn auch wenn er, um eine Deutung oder ein Verstehen zu erreichen, die oben beschriebenen äußeren Hilfsmittel hinzunimmt, dann entscheidet er aufgrund seiner unbewussten und daher unausweichlich selektiven Wahrnehmung, aber auch mittels seiner bewussten Auswahl der Informationen sowieso immer darüber, ob er eine von außen kommende Erkenntnis annehmen will oder nicht, welchen Argumenten und Deutungen er folgen will und welchen nicht. Diese Auswahl bleibt sowieso stets der subjektiven Einschätzung überlassen, und hier können Ihnen außer Ihrem gesunden Menschenverstand nur Ihr Gefühl und Ihre Intuition helfen.

Doch müssen wir dies nicht alleine machen, und wenn wir in einer Sache nicht neutral oder zu befangen sind, um die Antwort zu finden, so können wir Freunde oder Bekannte fragen, die vielleicht in dieser Sache neutral sind oder es von außen und mit Abstand und mit mehr Klarheit und dadurch besser sehen und verstehen können. Wenn momentan niemand da ist, können wir die Frage auch mental projizieren und uns fragen, was würde mein Partner dazu sagen? Was würde dieser oder jener Mensch dazu sagen? Wie würden es meine Kinder sehen? Besser ist aber, sie direkt zu fragen, aber nur dann, wenn sie mit Bild oder Situation nicht direkt zu tun haben, also seelisch nicht involviert sind, wenn sie keine Reaktionen darauf haben. Nehmen Sie einfach mal zur Kenntnis, was jene zu sagen haben, ohne es gleich zu bewerten.

Holen Sie sich aber auch Hilfe von einem Lebensberater oder Therapeuten, denn diese verfügen oft über viel Lebenserfahrung, da sie mit vielen Menschen arbeiten und sicher schon viele Geschichten gehört haben. Diese Lebensweisheit kann sehr wertvoll sein, und Sie können so schnell herausfinden, auch notfalls mit Prozesskarten oder sonstigen Hilfsmitteln, was die Deutung oder Botschaft ist.

Fazit der Deutungen:

Deutungen sind interessant und spannend und sollten durchaus nach Belieben gemacht werden. Doch die ultimative Frage bleibt, bei allem, was immer wir im Seelenhaus vorfinden, welche Dinge, Zusammenhänge, Eindrücke wir haben: Bin ich damit zufrieden, bin ich mit diesem Haus, der Einrichtung, der Umgebung, also mit dieser Form einverstanden, gefällt sie mir, macht sie mir Freude, fühle ich mich dort wohl – dies ist das letztendliche Kriterium. Selbst wenn ich die Bedeutung der Dinge nicht kenne, bei denen mir nicht wohl ist oder die mich nicht zufrieden machen, so können sie doch einfach aus dem Seelenhaus entfernt oder dieses so umgebaut werden, bis ich damit zufrieden bin und auch mein Leben harmonisch und zufrieden verläuft. Alles andere ist bloße Neugier, ist mehr von wissenschaftlichem Interesse.

Es ist zwar richtig und wichtig, dass ich mich dabei selbst erkenne, aber dies kann hier auch über das Gefühl und die Bilder gehen und muss nicht vom Verstand begriffen werden. Wichtig ist letztlich, dass ich mich nicht nur intellektuell selbst erkenne und mich schon gar nicht noch zusätzlich mit der Erkenntnis belaste, dass ich so viele Probleme habe, von denen ich bislang nichts gewusst habe. Es geht vielmehr darum, diese Erkenntnisse nur dazu zu gewinnen, um sie dann für eine Heilung einzusetzen, in Richtung auf eine positive Veränderung meines Seelenhauses und damit meiner gesamten Persönlichkeit, also zur Bewusstseinsentwicklung.

Ob ich beispielsweise nur erkenne, dass die kleinen Fenster im Seelenhaus mich stören und ich deshalb größere Fenstern einbaue, einfach auf Grund der Tatsache, dass sie mich gestört haben, so ist das genauso gut und effizient, als wenn ich mittels der Deutung erkenne, dass die Fenster Begrenzung der Kommunikation und Offenheit nach außen sind, dies für mich ungünstig ist und ich mich aus diesem einsichtigen Grunde entscheide, sie zu verändern. Erkenntnis ist also gut und hilfreich, aber letztlich ist sie nur ein weiteres Mittel zum Zweck, und dieser Zweck ist immer meine Evolution, meine Bewusstseinsentwicklung. Diese wiederum können Sie mit der Seelenhaus-Methode generell auf zwei Wegen erreichen, indem Sie (a) entweder die ganzen Bilder und Situationen symbolisch *deuten* und auf Grund der Bedeutung dann entscheiden, was Sie verändern wollen oder wie und wohin Sie sich entwickeln wollen. Oder (b) Sie *fühlen* einfach, was Sie stört, wo Sie sich nicht wohl fühlen, was Sie irgendwie behindert, und dann ändern Sie dies in Ihrem Seelenhaus, auch ohne zu wissen, was es im Einzelnen bedeutet. Oder Sie gehen einmal den einen, ein andermal den anderen Weg, ganz nach Belieben.

5.3 Einige Beispiele von Seelenhäusern

Nachdem Sie Ihr Seelenhaus kennen gelernt haben, ist es für Sie sicher interessant zu erfahren, welche Art von Seelenhäusern bei anderen Menschen auftaucht und wie diese sich voneinander unterscheiden. Wenn Sie daran Interesse haben, ist es auch zu empfehlen, einmal ein Seminar zu diesem

Thema zu besuchen, wobei nicht nur zahlreiche Seelenhäuser vorgestellt, sondern auch besprochen und gemeinsam gedeutet werden. Schon in unserem alltäglichen Leben wohnen die Menschen in einer Vielzahl verschiedenster Häuser und Wohnungen, erst recht aber gibt es diese Vielheit im seelischen Bereich, denn hier gibt es wirklich nichts, was es nicht gibt. Jede Seele ist äußerst kreativ im Gestalten ihres Seelenhauses, und dies nicht immer in positiver Hinsicht. Wie wir uns komplizierte Krankheiten erschaffen können, so auch „kranke" Seelenhäuser. Hier zeigt sich auch, dass jeder Mensch einzigartig ist, und selbst wenn Menschen in unserer Massengesellschaft an der Oberfläche sich noch so ähnlich zu sein scheinen, so ist spätestens beim Seelenhaus zu bemerken, dass jeder sein ganz eigener und individueller Architekt ist und wirklich kein Haus dem anderen gleicht. Das ist auch gut so.

Ferner müssen Sie beim Vergleichen immer berücksichtigen, dass das Seelenhaus immer nur den momentanen Zustand des Menschen aufzeigt und nicht, wie er früher einmal war oder später sein wird. Im Unterschied zum „Lieblingsplatz", also der Seelenmitte, die sich während des Lebens kaum verändert, repräsentiert das Haus die äußere Seele oder die derzeitige Persönlichkeit, und diese verändert sich ständig. Daher kann man von einem Menschen nicht sagen, dies ist prinzipiell sein Haus und dies zeigt nun sein ganzes Leben. Vielmehr ist und bleibt es stets eine *Momentaufnahme*, die allerdings sehr präzise über den gegenwärtigen Stand der Entwicklung und die derzeitige Persönlichkeit Auskunft gibt. Natürlich sind in den Seelenhäusern auch die mitgebrachten Belastungen sowie die noch zu erfüllenden Aufgaben angedeutet oder dargestellt. Aber auch hier zeigt sich immer aufs Neue, wie weit diese jetzt erkannt, akzeptiert oder schon umgesetzt werden. Daher gleicht kein Haus dem anderen, und zwar nicht nur wegen der Individualität und Einzigartigkeit des Menschen, sondern auch wegen der stets sich wandelnden Persönlichkeit, die ja (hoffentlich) von der Kindheit bis zum Alter ständigen Veränderungen unterworfen ist.

Neben den Seelenhäusern, die einigermaßen im üblichen Rahmen, in der gesellschaftlichen Norm liegen und somit normalen Häusern in der materiellen Welt ähneln, gibt es auch solche, die völlig exotisch sind oder außerhalb jeglicher Norm liegen. Einige außergewöhnliche Menschen haben manchmal Häuser aus Licht oder ein Haus in einer großen Pflanze, wie es sonst nur im Märchen zu finden ist, oder Häuser aus Kristall. Andere eher von ihrem Schicksal belastete Menschen haben nur eine kleine Hütte im Wald, ein Zelt in der Wüste oder ein verfallenes oder kaum noch erkennbares Seelenhaus. Menschen mit Führungsaufgaben haben manchmal Herrschaftsgebäude oder schlossähnliche Anlagen, die sie allerdings nicht immer richtig nützen und die daher manchmal eher belastend sein können. Das ungewöhnlichste Seelenhaus, das mir in der Praxis je untergekommen ist, war das einer Frau, deren Seelenhaus die ganze Welt war. Um zu testen, ob es sich hier nicht etwa um Größenwahn oder Verleugnung handelt, wurde sie von mir gefragt, wo sie denn kocht, isst, badet, schläft, Freunde empfängt und so weiter. Sie konnte dies aber sofort beantworten, badete in einer Meeresbucht, aß im „Esszimmer", also von den Bäumen des Dschungels, schlief in der Hängematte einer Kokospalme, bewirtete die Freunde am Strand. Sie lebte im ganzen Kosmos. Ihr Bewusstsein schien so ausgedehnt, dass sie sich die ganze Welt zu ihrem Zuhause gemacht hatte, und sie war ganz frei, es gab für sie keinerlei Beschränkungen mehr. Zwischen dieser völlig losgelösten, weltumfassenden Kreation und der armen Hütte im Wald oder einem baufälligen Haus liegen Welten, und in dieser großen Bandbreite liegen auch die Seelenhäuser, die bislang entdeckt und erforscht wurden.

Es folgt nun aber nicht eine Sammlung der exotischsten und sensationellsten Häuser, sondern wir nehmen hier nach dem Zufallsprinzip und aufgrund der besseren Vergleichbarkeit ganz typische Beispiele, wie sie in Seminaren oder Einzelberatungen üblicherweise auftauchen. Es handelt sich um konkrete, wirklich erlebte und selbst gefundene Bilder von Klienten und Seminarteilnehmern, die sie anonym zur Veröffentlichung freigegeben haben. Daraus darf jedoch keinerlei Anspruch auf Vollständigkeit oder irgendeine Systematik oder Häufigkeit abgeleitet werden, sondern es sind lediglich zufällige Beispiele für Seelenhäuser anderer Menschen, und ich stelle sie mit deren eigenen Worten vor. Daher unterscheiden sich auch Stil und Wortwahl der einzelnen Berichte erheblich voneinander.

Falls Sie zusätzliches Interesse daran haben, wie manch andere Seelenhäuser – vielleicht noch konkreter als die hier beschrieben – aussehen, so machen Sie doch mit ihrem Partner, Kindern, Verwandten oder Bekannten diese Übung. Schlagen Sie vor, diese inneren Bilder in einer gemeinsamen, vielleicht geführten Meditation zu entdecken, und haben Sie dann Spaß daran, es miteinander anzuschauen und zu besprechen. Hier nun einige beliebige Beispiele:

Christina, Versicherungsfachfrau, 39

Ich habe als Seelenhaus eine gelbe Jugendstil-Villa, dreigeschossig, mit grünen Fensterläden, roten Dachziegeln, großen Fenstern, mit einer Terrasse. Es liegt am Meer, etwa so wie an der Nordsee in der Nähe der Dünenkrone. Es ist ein schönes Grundstück mit einem Naturgarten und links und rechts stehen ähnliche Nachbarhäuser. Der Hauseingang ist über eine Treppe auf der rechten Seite des Hauses zu erreichen und durch ein Glasdach vor Wind und Regen geschützt. Im Erdgeschoss ist eine große gemütliche Küche mit viel Platz, riesigen Fenstern, einer Tür nach draußen. Im Wohnzimmer ist ein Holzfußboden (uralt) und es besitzt einen Kamin in der Mitte des Raumes. Eingerichtet ist es mit Sofas und einem Sessel, hell, modern, bequem. Es existieren ein weicher heller Teppich, bunte Vorhänge, riesige Fenster, eine Tür zur Terrasse, Blumen und Pflanzen, Bilder und Fotos, Bücherregale und Musikanlage.

Im Erdgeschoss befindet sich darüber hinaus nur noch die Vorrats- und Abstellkammer sowie ein Bad und das Treppenhaus. Alles im Haus ist warm, hell, belebt. Im ersten Stock sind die Kinderzimmer, das Arbeitszimmer. Hier steht ein Computer auf dem Schreibtisch, ein Bücherregal, und es gibt ein zum Strand ausgerichtetes Fenster mit Blumen und einige Fotos und Bilder – sieht so aus, als würde hier ein Buch geschrieben werden. Im Schlafzimmer könnte es gemütlicher sein, denn dort steht außer einem Bett, dem Schrank und einer Kommode nichts. Es gibt nur noch auf dem Dachboden ein großes helles Bad und ein Yogazimmer. Der Dachboden ist als Studio ausgebaut, hat einige Fenster und bietet genug Raum und Ruhe.

Anonym (Frau mittleren Alters)
Mein Seelenhaus ist ein klassisches japanisches Häuschen mit einem Innengarten. Es ist von Bergen umgeben in einem schönen Tal gelegen, inmitten einer fruchtbaren Umgebung. Dennoch sieht es näher betrachtet etwas zwielichtig aus.

Innen ist es zwar sehr geordnet, aber auch leer an Möbeln. Was vorhanden ist, ist meist angestaubt und sieht aus, wie wenn es lange nicht benutzt worden wäre. Nur das Wohnzimmer ist gemütlich eingerichtet. Der Gesamteindruck innen ist eher eine erdrückende Atmosphäre. Es zeigt sich eine Verbindung zur Außenwelt über ein Telefon, aber der Stecker ist herausgezogen.

Die Küche ist viel zu groß für mich, sogar zu groß für eine kleine Gruppe von Menschen. Dementsprechend ist die Küche auch mit vielen Lebensmitteln ausgestattet. Jedoch sieht es aus, als wenn sie nur ab und zu benutzt wird. Das Schlafzimmer ist vor allem für Erholung ausgelegt und sieht im Unterschied zu den anderen Zimmern regelmäßig genutzt aus. Es gibt da auch eine Bibliothek, die mit sehr alten Büchern vor allem spiritueller Art ausgestattet ist. Das Arbeitszimmer sieht im Moment völlig ungenutzt aus.

Lisa, 21, Sportstudentin
Ich sehe es von weitem, es ist ein großes Haus. Ich gehe auf einem sandigen Weg entlang. Er ist gesäumt von Weizenfeldern. Ich sehe weit und

breit nichts außer dem Haus und den Feldern. Die Gegend ist flach und weit. Die Felder sind gelb, das Grün ist aus den Gräsern gewichen. Es ist ein schöner, sonniger Tag. Durch den frischen Wind fühle ich eine leichte, aber angenehme Kühle. Ich gehe weiter auf das Haus zu. Es wird zunehmend dunkler um mich herum. Das Haus steht im Nebel. Es ist ein großes, anscheinend unbewohntes Haus. Das Haus ist grau, die Fenster sind trüb und verschmutzt.

Ich gehe auf die Haustüre zu. Über eine alte, morsche Holztreppe komme ich auf die Veranda und schließlich zur großen, mit schönen Schnitzereien verzierten Tür. Ich gehe hinein. Gleichzeitig überkommen mich ein leichter Schauer und ein Gefühl der Faszination. Ich sehe wenig, es ist dunkel. Langsam gewöhnen sich meine Augen an die Dunkelheit und geradeaus blicke ich auf eine große Treppe. Ich gehe nach rechts auf die Küche zu. Ich fühle mich beklommen. Das Haus scheint zwar unbewohnt, aber ich fühle, dass ich nicht alleine hier bin.

Als ich in die Küche eintrete, schlägt mein Herz wie verrückt. Irgendetwas ist hier. Irgendjemand. Ich sehe keinen, bleibe aber wie angewurzelt stehen und blicke mich um. Die Küche ist groß und dunkel. In der Mitte des Raumes gibt es eine Arbeitsfläche. Plötzlich sehe ich in der Ecke, rechts hinter der Arbeitsfläche zwischen zwei Unterschränken eine Kreatur. Ich kann sie nicht richtig erkennen, sie ist im Dunkeln. Die Kreatur starrt mich bedrohlich an.

Ich geh aus der Küche raus und schließe die Tür hinter mir.

Ich gehe weiter zur Treppe. Sie ist geschwungen, mit schönen Schnitzereien am Geländer.

Ich gehe nach links ins Schlafzimmer. Der Raum ist sehr groß, sehr hoch. Vor mir steht das große Ehebett. Es ist aus massivem dunklem Holz gebaut (es ist ein Gestell angebracht, an dem ein aufgeraffter Stoff hängt). Der Raum ist zwar dunkel, ich kann aber alles gut erkennen. Durch eine Nebenzimmertür komme ich in das Bad. Der Raum ist nicht sehr groß, aber schön. Es ist hell, eine weiße, große Badewanne steht in der Ecke. Über dem weißen Keramik-Waschbecken ist ein großer Spiegel angebracht.

Ich gehe aus dem Nebenzimmer über das Schlafzimmer wieder auf den Flur. Und in den Raum nebenan. Es ist das Wohnzimmer. Es ist ein großer, nach rechts lang gezogener Raum. Ich stehe im Raum. Hier, im vorderen Teil des Raumes, stehe ich in der Sitzecke. An der Wand steht eine große, wuchtige Regalwand. Davor stehen zwei schwarze Couchs. Eine an der Wand, vor dem Fenster, die andere senkrecht dazu, gegenüber der Schrankwand. Im hinteren Teil des Raumes ist eine Arbeitsecke eingerichtet. Über und neben dem Tisch sind Bücher in einem Regal. Rechts in der Ecke des

Tisches steht ein Bücherständer. Der Tisch ist wie die anderen Möbel aus dunklem, massivem Holz. Ich gehe wieder aus dem Zimmer.

Nebenan ist das Kinderzimmer. Der Raum ist kleiner als das Schlafzimmer und kleiner als das Wohnzimmer. Links an der Wand steht ein Regal. Im Regal sitzt ein Teddybär. Außerdem sehe ich noch andere Kinderspielsachen. Vor mir steht eine Kinderwiege. Sie ist oval und steht auf kleinen Rädern. Ein heller, leichter Vorhang mit blauen Blümchen hängt schützend darüber. Die dicke Decke ist aufgeplustert und wirkt weich und warm. Dieser Raum wirkt warm, aber ich fühle mich wieder bedrückt.

Es gibt in dem Haus noch einen Speicher (Dachboden). Ich habe kein gutes Gefühl, aber gehe die Treppe nach oben. Ich habe Angst. Irgendetwas in diesem Raum ist sehr bedrohlich. Mein Herz rast, ich werde nervös. In der dunklen Ecke sehe ich wieder eine Gestalt. Es ist nicht die Kreatur aus der Küche. Sie starrt mich an. Ich bekomme Panik. Ich fühle mich bedroht und will wegrennen. Die Kreatur starrt mich weiter an. Rückwärts gehe ich schließlich aus dem Zimmer und schließe die Tür hinter mir. Mein Herz schlägt weiter wie verrückt. Ich bleibe vor der Tür stehen und beruhige mich langsam.

Ingrid, 60, Bauingenieurin

Ich gehe über eine Wiese auf einem schmalen Pfad. In der Ferne fließt ein Bach, ringsherum sind hohe Berge. Ich bin auf der Alm, und vor mir steht ein Haus an einen Hang gedrückt. Es ist aus grau-schwarzen Holzbalken, die am Stirnholz gerissen sind, aber alles ist noch sehr stabil. Es ist ein großes Haus mit zwei Etagen. Auf dem Dach liegen Platten, die mit großen Steinen beschwert sind. Die Fenster sind klein und haben Fensterläden.

Ich gehe über eine Treppe auf einen Balkon und von dort ins Haus hinein. Hier ist ein großer Raum und im Kamin brennt ein Feuer. Daneben steht ein Herd mit Holzfeuerung mit Abzug zum Kamin. Rechts vor dem Fenster steht ein großer Tisch mit vielen Stühlen. Es kommt wenig Licht von außen in den Raum. Der Holzfußboden ist sauber. Links steht ein Küchenschrank für das Geschirr. Unter dem linken Fenster steht ein Schaukelstuhl. In Blickrichtung auf eine Konsole steht ein Fernseher. Links vom Kamin ist die Vorratskammer, reich gefüllt mit Speck, Würsten, im Regal Konserven, auf dem Tisch auch Schüsseln für Dickmilch. Es gibt ein Fass mit Wasser mit einem Zulauf von außen.

Ein Wohnzimmer gibt es nicht. Im rechten hinteren Teil ist der Schlafraum mit zwei einfachen Holzbetten und karierter Bettwäsche, die zwei Holzbetten stehen nebeneinander. Ferner gibt es noch einen Kleiderschrank, eine Truhe und zwei Teppiche als Bettvorleger. Meine Begleitung fühlt sich da nicht wohl. Ich auch nicht, aber zum Schlafen reicht es. Das Zimmer ist insgesamt sauber, aber schmucklos.

Eine Leiter führt von der Küche zum Dachboden mit Heu für Gäste. Über eine Fallklappe geht eine Treppe nach unten ins Bad und ins Plumps-Klo. Das Bad ist ein Holzzuber mit ständig durchlaufendem Wasser vom Dach. Weiter im Erdgeschoss sind Stallungen, aber es sind keine Tiere da. In der Mitte ist ein Pfosten mit einem senkrechten, schmiedeeisernen Stab mit Ringen zum Einlegen von Ketten. Das ist mein Arbeitsplatz.

Der Keller ist übrigens eine Höhle im Felsen.

Erich, ca. 60, Landwirt

Das mir begegnende Seelenhaus war ein alter, jedoch neu renovierter, hoher, schlanker Turm in hell-gelber Farbe, fernab vom Weltgeschehen inmitten eines Mischwaldes gelegen. Das Dach war leuchtendes Rot und damit aus der Ferne ein anziehender und interessanter Punkt. Auf der Spitze war ein Windrichtungsanzeiger montiert. Der Eingang war schon von weitem erkennbar, und man konnte geradewegs darauf zugehen.

Ich öffnete die Tür und vor mir war in dämmriger Beleuchtung eine zum Besteigen einladende helle Holztreppe, welche ich emporstieg. Oben angekommen öffnete ich die Tür, und ein heller, zunächst blendender Lichtblick der aufgehenden Sonne zeigte sich. (Ein neues lichtes Kapitel öffnet sich in seinem Leben). Vor mir lag nun ein Rundumblick auf Felder und Wiesen, Berge und Täler, Flüsse, Seen und Dörfer, alles, wie ich es mir nicht erfüllender hätte wünschen können. Nun sah ich eine Orientierungstafel, auf der ringsum sehr viele Richtungen eingegeben waren. Wege zeigten sich, breite, schmale, steinige, Spuren im Gras, auch ein wegloses Gehen war im Angebot. Meine innere Stimme sagte nun: „Hier kannst du nicht bleiben, deshalb entscheide dich..." Tief beeindruckt nahm ich Abschied von dem beseligenden und mich berührenden Gesehenen, ging die Treppe hinunter und begegnete dann dem Wächter des Turms (vermutlich Seelenführer), einem alten, jedoch anscheinend weisen Mann, den ich fragte: „Auf welchem Weg komme ich zum nächsten Gasthaus, wo ich übernachten kann?" Der Wächter sagte: „Entscheide dich! Alle Wege führen ins Dorf, wo dir alles, was du brauchst, geboten ist."

(hier folgt der Gang zum Lieblingsplatz)

Ich entschied mich für einen Waldwiesenpfad, auf dem vermutlich nur Rehe und Hirsche gehen. Der führte mich an einem Wegkreuz vorbei über einen Holzsteg zu einem kleinen Wasserfall. Dort zog ich mich aus und stellte mich unter das glasklare Bergwasser (stets zu empfehlen, wenn Sie auf einen Wasserfall treffen), anschließend wiegte ich mich gelassen und gottergeben in der Sonne.... Dann notgedrungen, da ich keine neue Kleidung hatte, zog ich meine alten Kleider wieder an (er hätte sich einfach neue bestellen oder visualisieren sollen). Was ich aber fühlte, war in mir ein gereinigter, erfrischter, glückseligkeitserwachter Friede und Freude....

Werner, 51, Dipl. Ing.
Auf der Wiese erscheint eine kleine Kapelle. Sie hat einen rechteckigen Grundriss, ist aus Bambusgeflecht gebaut und hat ein Palmblattdach. In der Umgebung gibt es Bananenstauden und Papaya-Bäume. Die Kapelle hat zwei oder drei Fensteröffnungen auf den beiden Längsseiten, durch die man auch hineinsehen kann. Die Tür ist nur angelehnt. Drinnen sind rechts und links einfache Holzbänke und vorn ein Tisch mit Blumen und einem Kreuz. Zum Schlafen packe ich die Bänke nach draußen und lege mir eine Isomatte hin. Der Boden ist aus Lehm, uneben, aber sauber. Das Haus ist in einem guten Zustand.

Zum Reinigen gehe ich zum nahe gelegenen See. Ich benutze Kernseife, danach ziehe ich mir helle Kleidung an. Das Haus liegt an einem Pfad, an dem ab und zu Leute vorbeikommen. Sie grüßen ganz herzlich und bleiben teilweise zu einem Tee oder einem Plausch. Meine notwendigen Utensilien habe ich auf dem Tisch und in einem einfachen Schrank. Strom habe ich nicht, vermisse ihn aber auch nicht. Auf dem Weg zum nächsten Dorf komme ich an einigen Hütten vorbei, dort gibt es auch Hühner, Schweine, Kühe. Diese Tiere beachte ich aber kaum, aber ein Chamäleon am Weg erregt meine Aufmerksamkeit...

Mein Lieblingsplatz ist am Rande des Dorfes, mit Blick auf einen tiefer gelegenen See, an dessen Hängen Anpflanzungen sind. Auch das Quellbächlein sieht man im Hintergrund ... Einen Keller, Arbeitszimmer und anderes habe ich nicht. Ihr könnt mich aber gerne besuchen kommen auf einen Tee…

Unbekannter Autor
Eine etwas ausführlichere Reise über das Seelenhaus bis zum Lieblingsplatz
Das Haus ist ein etwas längerer Bau, dessen Dachfirst die Form eines japanischen Tores hat, an den Seiten höher als in der Mitte des Daches. Auf der mir zugewandten Seite des Hauses zieht sich das Dach bis zum Boden hin (wie bei einem Erdhaus), es gibt auf dieser Seite also keine Außenwand. Auf der zweiten, schmalen Seite ist eine Wand ohne Türen und Fenster.

Ich ging etwas nach links um das Haus herum und sah, dass die linke Hälfte des Hauses komplett fehlte. Es war nichts davon zu sehen, auch kein

Bauschutt. Man konnte von dieser Seite in die offenen Räume schauen. Die vierte Seite des Hauses konnte ich nicht sehen, ich bin nicht ganz in das Haus herumgegangen. Das Haus schien nur ein oder zwei Stockwerke zu haben.

Beim Eintritt in das Haus (eine richtige Eingangstüre habe ich nicht gesehen) fand ich nur einen dunklen, nach links gebogenen Gang. Die genaue Position der einzelnen Räume in dem Haus konnte ich nicht eindeutig definieren. Das Arbeitszimmer schien auf der einen Seite rundlich zu sein, Möbel waren außer einem Schreibtisch nicht vorhanden. Im Schlafzimmer gab es ein Ehebett, an einer Stelle des Raumes lag einiges durcheinander auf dem Haufen. Das Badezimmer war sehr schmal, eine Badewanne passte aber doch hinein. Auch das Baden in der Wanne klappte recht gut. Im letzten Raum des Seelenhauses fand ich nur einen etwa 3 bis 4 m hohen Obelisken, der in der Mitte des Raumes stand.

Die Energie-Umwandlungkiste war bei mir auf der einen Seite auf fast ganzer Länge ziemlich eingebeult. Ich nahm je ein kugelförmiges Gebilde aus dem Brustraum und von der Fußsohle und legte sie in die Kiste.

Der Weg zum Lieblingsplatz war karg, steinig, mit wenig Graswuchs, ohne Bäume und verlief entlang eines etwas steileren Hanges. Der Lieblingsplatz war eigentlich nicht besonders einladend. Er bestand aus einer bunten Plattform, die waagrecht an einem Berghang angebracht war, so dass man sich auf ihr ausruhen konnte. Linker Hand war ein Wald zu sehen. Mein geistiger Führer war nicht am Rande des Lieblingsplatz zu finden, sondern er kroch, als ich ihn suchte, unter meiner Plattform hervor. Er war etwas größer als ich und schien sehr mager zu sein. Ich nahm ihn in die Arme.

Hier zwei etwas exotischere Seelenhäuser:

Tanja, 31, Architektin

Das Haus liegt völlig versteckt in dichtem Nebel, im Wald und gleichzeitig in einer Kuhle, so dass nur etwas vom Dach herausragt. Es scheint groß zu sein. Das Gefühl zum Haus ist gar nicht gut. Es gibt keinen richtigen Eingang. Der Eingang ist vielmehr ein schwarzes Loch. Drinnen ist es stockdunkel, aber überall winden sich Drachen, schuppige Körper und fledermausartige Reptilien. Von rechts greifen mehrere Hände nach mir. Eine Türöffnung führt schräg nach unten, eine größere Hand kommt daraus und macht eine Handbewegung, ihr dahinein zu folgen. Dies mache ich aber nicht. Über mir zieht sich das Ende eines Schlangenkörpers durchs Haus und durch die Wand, aber schuppige Drachenkörper haben sich darum gewickelt. Schnüre oder Wurzeln versperren den Weg. Die Decke ist ein Gewölbe und in den Wänden sind überall Öffnungen. Alles bewegt sich.

Im ganzen Haus habe ich kein einziges Möbelstück gesehen. Der Herd in der Küche ist ein halbrunder Stein und darüber noch ein Stein. Ein alter Mann läuft teilnahmslos vorbei, eine junge Frau mit verschränkten Armen beobachtet mich. Ein Freund verabschiedet sich, ich will ihn nicht gehen lassen. Aus den Wänden schnappen große Gebisse in den Raum.

Der Schlafplatz ist ein weicher Berg mit einem Stoffzelt darüber. Eine Frau mit Haaren bis zu den Knien steht im Raum. Es sind immer noch überall Tiere. Dann blickt mich ein riesengroßer Schlangenkopf oder Ähnliches direkt an und ich bekomme Angst.... Das Bad ist eine Höhle mit Wasserbecken und gedämpften Licht. Als ich aus dem Wasser steige, bemerke ich ein rundes Loch hoch oben im Dach, durch das strahlendes Sonnenlicht fällt. Durch dieses Loch kommen viele helle Wesen, die Sachen in den Händen haben und sie in einiger Entfernung vor mir ablegen. Es kommen immer neue Wesen, bringen etwas und verschwinden wieder durchs Loch...

Jasmin, 13, Schülerin

Das Seelenhaus ist ein Doppelturm oder besteht aus zwei parallelen Türmen, die aussehen wie zwei Säulen. Sie erscheinen von außen klein und haben nur ein paar kleine Fenster. Doch von innen sind die Räume unlogischerweise (so sagt sie) ganz groß. Es sei zwar nicht logisch, doch könne man die Räume von außen nicht sehen, sondern nur von innen. Außerdem gibt es von innen gesehen große Fenster... (vorher von außen kleine !!).

(Dies ist zwar unlogisch, aber psychologisch ganz klar, denn es bedeutet, dass diese Person sich nach außen ganz unscheinbar gibt und nicht auffallen will, aber in ihrem Inneren hat sie große Begabungen und Talente, die sie aber derzeit nicht nach außen zeigt oder zeigen will, gerne aber nach außen kommuniziert – große Fenster von innen nach außen –, andere aber nicht in sie hineinschauen lassen will – kleine Fenster von außen nach innen.)

Draußen gibt es übrigens auch noch einen Swimmingpool. Die Einrichtung ist gemütlich und der Stil ist rustikal. Die Küche ist modern und in Weiß gehalten, hat einen Esstisch und vier Stühle und es gibt auch einen Balkon. Ich esse aber unten im Wohnzimmer.

Das Bad hat eine Badewanne, ein Waschbecken, ein Sprudelbecken, auch Schränke und kann seine Farbe wechseln oder verändern.

Das Schlafzimmer enthält ein großes Himmelbett, Eichenmöbel und die Wände sind aus Glas.

Im Arbeitszimmer oder Hobbyraum kann man verschiedenen Freizeitbeschäftigungen nachgehen wie beispielsweise Internet oder Telefonieren, Zeichnen und am Computer arbeiten. Oben im Turm gibt es noch eine Sternwarte, wobei die Decke aussieht wie ein Sternenhimmel (scheint ein Planetarium zu sein).

Schließlich gibt es noch einen dunklen Raum, und dieser Raum dient zum Träumen, man kann ihn aufschließen, hineingehen und dann durchgehen zu einer Welt seiner Wahl (deutet auf eine ganz außergewöhnliche Begabung hin, im Bewusstsein gezielt in andere Welten und Dimensionen gehen zu können...).

Dies ist nur eine kleine Auswahl von Hunderten von Seelenhäusern, die bislang entdeckt wurden, und es ist immer wieder spannend, wie kreativ und genial die Seele Ihnen hier Ihre Persönlichkeit, Ihre Anlagen und Fähigkeiten sowie auch Ihre Probleme und Blockaden präzise aufzeigt, mit allen Details, die Sie wissen wollen.

6. Die Veränderung des Seelenhauses

6.1 „Alles fließt" – auch das Seelenhaus

Alle Dinge sind ständig im Fluss, und man kann nie zweimal in denselben Fluss steigen, so die treffende Aussage des griechischen Philosophen Heraklit. So ist auch das Seelenhaus ständig in Wandlung begriffen und verändert üblicherweise immer wieder seine Form. Viele Menschen wundern sich darüber, vor allem in Seminaren mit tiefgreifenden seelischen Wandlungsprozessen, dass sie an einem Tag ein bestimmtes Haus hatten und am nächsten Tag schon wieder ein ganz anderes Haus vorfinden. Auch dies ist völlig in Ordnung, wenngleich solche Hauswechsel sich meist nur bei größeren Persönlichkeitsveränderungen zeigen, ansonsten aber sich im normalen Leben das Haus eher langsam und stetig verwandelt. So sollte man weder zu große Erwartungen hegen, noch auch sich vollziehende Veränderungen ablehnen, – keine Begierde, kein Widerstand. Zumeist ist es ja eine Veränderung zum Besseren.

Diese Möglichkeit zur Veränderung ist für uns prinzipiell eine gute Nachricht, denn dann können Sie auch selbstbestimmt sowie gezielt nach Ihren Wünschen Ihr Seelenhaus verändern und müssen nicht warten, bis das Leben Sie dazu bringt oder dazu zwingt. Genauso, wie äußere Veränderungen, die wir herbeiführen, neue Entscheidungen, die wir treffen, neue Erkenntnisse, die wir haben, stets als äußere Einflüsse nach innen auf unser Seelenhaus wirken und es verändern, *so können wir umgekehrt auch jederzeit von innen nach außen wirken,* also durch die Umgestaltung und Veränderung unseres Seelenhauses damit ganz leicht und schnell unsere Persönlichkeit, unseren Ausdruck, unsere Muster und unser Verhalten und somit unser ganzes Leben verändern. Hier zeigt sich die Geltung des alten hermetischen Prinzips: *Wie innen, so außen, wie außen, so innen. Das entspricht dem Satz: Wie oben, so unten und wie unten, so oben.* Die inneren und äußeren Ebenen entsprechen sich und beeinflussen sich, wenn man auch nicht aus den Augen verlieren darf, dass die obere Ebene oder das Innere das Kausale ist, die ursächliche Ebene, also die Wurzel, und das Äußere stets nur seine Erscheinung. Doch wirken beide Ebenen aufeinander ein, und ich kann auch von außen nach innen verändern ganz einfach deshalb, wenn ich etwas im Äußeren verändere oder umgestalte, ich damit durch meine Entscheidung und Akzeptanz oder auch Widerstand stets von einer tieferen, kausalen Ebene her wirke und somit auch hier wieder von innen oder von oben. Wie ein Software-Programmierer können wir uns und unser Seelenprogramm und damit unsere Persönlichkeit verändern, ganz leicht und schnell, und somit unsere Evolution und Bewusstseinsentwicklung jetzt selbst in die Hand nehmen – welche Ermächtigung nach so vielen Jahren von Opfersein und Ausgeliefertsein! Wir müssen nur das Programmieren und die Programmiersprache lernen, und dies geschieht hier ganz leicht mit Hilfe der Bilder, die wir in die Seele eingeben. Das ist die Programmiersprache, die die Seele versteht, und sie antwortet uns auch, wenn wir dies wünschen.

Die Veränderung geschieht *erstens auf Grund unseres Willens* und unserer Absicht, *dass* wir etwas verändern wollen, sowie *zweitens durch unserer Vorstellungskraft*, die der Seele darlegt, was wir verändern wollen und wie wir es verändern wollen. Das erste entwickelt die dafür nötige Energie, das zweite den Inhalt über die visualisierten Bilder. Der Philosoph Schopenhauer hat dieses Prinzip übrigens, wenn auch etwas verkürzt, dargestellt in seinem Hauptwerk: „Die Welt als Wille und Vorstellung". Doch veranschaulichen wir an einem Beispiel, wie dies für uns funktioniert. Nehmen wir an, dass wir in unserem Seelenhaus zu enge Fenster oder zu stark befestigte Außenmauern haben, so zeigt uns die Seele damit in ihrer Sprache, dass wir zu verschlossen, zu verfestigt, zu abwehrend sind gegenüber der Umwelt und unseren Mitmenschen. Nun können wir dies mit unserer Vorstellungskraft einfach umgestalten, die Mauern einreißen, das Haus offener visualisieren und damit der Seele das neue, gewünschte Bild eingeben. Sie wird dann dieser inneren Vorlage im Äußeren folgen, wie ein Architekt dem Bauplan, und so unsere Persönlichkeit umgestalten, ohne dass wir lange unser Verhalten neu einüben oder sonst wie trainieren müssten. Alles andere (die Energie und die äußere Erscheinung) folgt dem Gedanken, wie die Heiler so treffend sagen.

Diese leichte Art der Umgestaltung ist natürlich nur dann möglich, wenn keine größeren Hindernisse oder Ängste dem entgegenstehen, beispielsweise keine Angst da ist, bei offenem Haus verletzt zu werden. In solchem Falle würde das neue Bild vielleicht nicht angenommen, es würde einfach nicht wirklich weggehen oder wenn doch, so würde die Seele neue Verteidigungsstrategien entwickeln, und wir bekommen somit in vielleicht neuen Variationen immer wieder das alte Bild des Seelenhauses gezeigt, bis wir eben bereit sind, solche Ängste zu erkennen und aufzulösen. Auch hierfür werden wir im Folgenden Methoden vorschlagen, beispielsweise die Übung „Ängste auflösen". Stehen aber keine großen Hindernisse entgegen, dann genügen üblicherweise die Willenskraft und die Absicht, es anders haben zu wollen, verbunden mit dem entsprechenden Bild oder auch nur der entsprechenden Bitte an den Himmel, falls man sich nicht selbst auf ein bestimmtes Bild festlegen will. So bekommen wir ein fantastisches Werkzeug und können jetzt unser Seelenhaus selbst Schritt für Schritt umgestalten, sind also vom bloßen Hausbesitzer zum Bauherrn geworden.

6.2 Wie das Seelenhaus verändern?

Zunächst einmal ist der *klassische Weg der schöpferischen Gestaltung* der, die entsprechende Vorstellung, das Bild, das Ihnen die Seele vom Seelenhaus liefert, zu verändern. Sie verschönern es oder bauen es bewusst um mittels Ihrer Vorstellungskraft, visualisieren also beispielsweise, wie es größere Fenster, einen schöneren Garten bekommt, eben, wie man sich etwas im Geiste ausmalt, mit Hilfe Ihrer Phantasie. Aber sehen Sie dies nicht nur, sondern fühlen Sie auch mit, was und wie Sie es umgestalten, und erleben Sie damit auch, wie sich diese neue Vorstellung anfühlt. Je mehr Gefühl und Gefühlsintensität, umso schneller prägt es sich der Seele ein und wird Wirklichkeit. So kann ich das Haus Stück für Stück verändern und umgestalten – es erfordert allerdings einige Zeit und geistige Arbeit.

Es gibt jedoch noch einen eleganteren Weg, diesen Umbau beziehungsweise die gewünschten Veränderungen vorzunehmen, und dies ist *ein Weg der Gnade und des Empfangens*. Er kann allerdings nur dann beschritten werden, wenn wir bereits unsere weibliche, rezeptive, empfänglich Seite etwas geöffnet haben, gelernt haben, ohne Gegenleistung zu geben und zu empfangen, und somit bereit sind, Dinge einfach anzunehmen, vom Himmel geschenkt zu bekommen oder einfach machen zu lassen. Auf jeden Fall sollten wir es einmal ausprobieren.

Anstatt also alles selbst umzubauen und es uns einzeln zu erschaffen, uns beispielsweise vorzustellen, wie etwa die neuen Fenster auszusehen haben oder wie und wo genau man sie eingebaut haben will und welche Farbe und welche Details sie haben sollen, so könnten wir uns stattdessen einfach vorstellen, im oder vor dem Seelenhaus einen himmlischen Innenarchitekten zu treffen, den wir mit den Arbeiten beauftragen und darauf vertrauen können, dass er einwilligt und dies auch in unserem Sinne ausführen wird. Den meisten Menschen kommt es leider gar nicht erst in den Sinn zu glauben, dass sie von einem reichen himmlischen Vater abstammen, dass sie möglicherweise einen göttlichen Seelenkern haben oder Söhne/Töchter Gottes sind und somit in sich große Kraft, kreatives Vermögen und ein noch völlig ungenutztes Potenzial haben. Ferner, da im Universum alles mit allem zusammenhängt, dass sie als Kinder Gottes und somit als das Edelste der Schöpfung auch jederzeit geistige Hilfe in Anspruch nehmen können. Meister Eckhart hat einmal gesagt, dass es Gott tausendmal mehr zu uns drängt als uns zu ihm, und dass er uns tausendmal mehr liebt als wir ihn, und er uns somit auch tausendmal mehr helfen will, wenn wir es nur zulassen. Dagegen sprechen aber unser Eigenwille und unser Kontrollwahn, den wir nicht so schnell aus der Hand geben. Wenn wir aber zumindest für Augenblicke wieder unsere weibliche Seite entdecken und wie Maria zulassen, dass sein Wille geschieht, und wir uns helfen lassen, dann werden wir auch unterstützt, so dass wir nicht alles selbst machen müssen. Aber dies ist Theorie und am besten ist es, Sie probieren es einfach einmal aus: Lassen Sie bauen, anstatt wie die Heimwerker alles mühsam selbst machen zu müssen.

Falls Sie einmal diesen weiblichen Weg des Empfangens ausprobieren wollen, so könnte dies folgendermaßen geschehen:

Nachdem Sie Ihr Haus ausreichend angeschaut haben und sich im Klaren sind, was Sie prinzipiell ändern wollen, so rufen Sie während der Seelenhaus-Übung, wenn Sie in Ihrem meditativen Zustand sind (später können Sie es auch direkt aus dem Alltagsbewusstsein machen), einen himmlischen Architekten oder Innendesigner, wer eben für Ihr Vorhaben geeignet ist. Oder bitten Sie darum, dass Ihnen vom Himmel jemand Passendes geschickt wird. Wenn dieser eingetroffen ist – und bitte nehmen Sie die Wesen an, wie Sie kommen, und kritisieren oder bewerten Sie diese nicht – so erklären Sie ihm ganz konkret, was und wie sie umbauen wollen und vor allem mit welchem Ziel. Zeigen Sie es ihm ruhig mit einem Bild oder *beschreiben Sie Ihr gewünschtes Ziel, ohne sich zuviel in Details zu verlieren,* es sei denn, diese wären Ihnen unbedingt wichtig. Meist wird er die Details noch viel besser gestalten und für Sie passender, als Sie es sich ausdenken könnten. Ich könnte also einerseits genau beschreiben, was und wie ich etwas umgestaltet haben will, andererseits aber nur das Ziel vorgeben (beispielsweise ein schöneres, für mich passenderes Schlafzimmer), und ihm und damit dem Himmel die Gestaltung im Einzelnen vertrauensvoll überlassen. Wie auch ein Bauherr auf der materiellen Ebene dem Innenarchitekten oder Designer, so können Sie auch beim geistigen Bauen einfach den geistigen Helfern die Details überlassen und sich überraschen lassen. Falls Ihnen das Resultat dann doch nicht gefallen sollte, können Sie es ja jederzeit wieder ändern.

Wichtig ist aber in jedem Fall, *dass Sie sich selbst völlig klar darüber sind, was sie als Endergebnis wollen.* Sagen Sie also freundlich, aber klar und deutlich, was Sie umbauen wollen und wie Sie es (das Endergebnis) gerne hätten.

Nehmen wir einmal an, Sie wollten den Stil des Hauses verändern von einem langweiligen Reihenhaus in ein wunderschönes, bayerisches Holzhaus, so brauchen sie nur diese Idee und dieses allgemeine Bild als Zielvorgabe einzugeben und müssen nicht das Material, die Konstruktion, die Lage der Türen und Fenster usw. einzeln beschreiben. Noch mutiger wäre es, dem Architekten einfach zu sagen, er solle Ihnen ein Haus bauen, was Ihrer geistigen Entwicklung am besten entspricht und dann gar keine weiteren Vorgaben machen, sondern ihn einfach bauen lassen, wie es der Himmel für Sie wünscht. Das wäre ein Blankoscheck, bei dem Sie aber vorher Vertrauen in Gott oder das Leben haben müssen. Oder nehmen wir einmal an, Sie wollten nun nicht das ganze Haus ändern, sondern es nur heller und lichter machen, mit mehr Fenstern oder mehr Glas, so geben Sie diese Idee deutlich dem Architekten, und Sie brauchen sich keine Sorgen zu machen, wie er dies im Einzelnen umsetzt.

Dies ist das einfachste, angenehmste und leichteste Verfahren, das Seelenhaus umzubauen, aber Sie haben auch jederzeit die Freiheit, die Kontrolle zu behalten und ganz detailliert Ihre Wünsche per Visualisation umzusetzen und alle Einzelheiten selbst zu gestalten. Bei der Umgestaltung sollten wir auch berücksichtigen, dass wir nach Möglichkeit Bisheriges nicht einfach zerstören, sondern möglichst integrieren und eher transformieren, falls dies möglich ist. Denn wenn wir zu viel auf einmal einreißen, oder statt zu renovieren alles platt machen und neu bauen, so haben wir auch im alltäglichen Leben möglicherweise eine ganz große Baustelle, und es kann im täglichen Leben ganz schön drunter und drüber gehen. Wem das egal ist, der kann es so machen, wer es aber etwas ruhiger haben will, der sollte langsamer, Stück für Stück umbauen, renovieren und sanieren und eher gemächlich verändern und auch das Bisherige in das Neue integrieren, vielleicht nach dem Beispiel dieser Klientin:

Diese Frau hatte einmal als Seelenhaus einen mittelalterlichen Wehrturm mit etwa 5 m dicken Mauern, als Fenster Schießscharten zur Verteidigung, und alles war in desolatem Zustand. Diesen Turm in eine moderne Villa umzubauen wäre ziemlich schwierig gewesen, und einfach abzureißen hätte ihr Leben auf einen Schlag völlig umgekrempelt. Sie wollte jedoch diesen wesentlichen Teil ihres bisherigen Lebens auch nicht einfach auslöschen und zerstören, und so kam sie auf die wirklich geniale Idee, neben dem Turm eine neue, moderne Villa zu bauen, wo sie jetzt auch lebt, den

Turm aber zu renovieren und als schönes Denkmal zu erhalten (wobei sie für die Besichtigung des Turms jetzt Eintritt verlangt). Symbolisch hat sie damit ihre Tradition, Herkunft und alten Muster nicht verdrängt oder einfach zerstört, sondern angenommen und wertgeschätzt, und dadurch erntet sie noch Früchte daraus, es bringt ihr Gewinn. Zugleich geht sie aber weiter, kann auf ganz neue Weise leben und wohnen, ohne dass das Alte sie noch stört. Ein gelungenes Beispiel für Akzeptanz und Integration. Dies bedeutet aber nicht, dass Sie jetzt alles aufheben oder aufbewahren müssen, sondern will nur darauf hinweisen, falls es im Einzelfall möglich ist, das Bisherige wertzuschätzen und es dann liebevoll umzugestalten, es nicht zu radikal umzubauen. Denn es ist wichtig, das Bisherige und Existierende erst einmal zu akzeptieren und keinen Widerstand dagegen zu haben. Vielmehr geht der Weg des sanften Kriegers so, es zu akzeptieren, die alte Lektion durchaus wertzuschätzen und es dann nicht aus Widerstand, sondern einzig aus dem Wunsch zu ändern, etwas Besseres zu gewinnen.

Nachdem wir nun die Möglichkeiten kennen gelernt haben, *wie* wir das Seelenhaus umgestalten können, so wollen wir kurz untersuchen, was man im Allgemeinen ändern sollte, was empfehlenswert ist in Bezug auf mehr eigene Freiheit, auf Freiwerden von Begrenzungen und Leid, in Richtung auf größere Ganzheit, vermehrte Schönheit, Harmonie und Fülle im Leben und generell auf bewusste persönliche Weiterentwicklung.

6.3 Was sollte und kann man verändern?

Die Frage, was man verändern sollte, ist natürlich nur subjektiv zu beantworten, denn jeder Mensch hat einen anderen Lebensstil, andere Ziele und Wünsche, andere Aufgaben und eine andere Art, mit den Dingen umzugehen. Selbst bei gleicher Berufung und Lebensaufgabe gibt es sicher ganz verschiedene Wege, diese umzusetzen oder zu gestalten. Dennoch ist allen Menschen ein Ziel gemeinsam, denn wenn man in der Praxis tatsächlich die zahlreichen und oft widersprüchlichen Wünsche und Ziele der Menschen immer weiter verfolgt, zu welchem Ende sie gewählt worden sind, so findet man immer das letztlich dahinterliegende Ziel: Glücklich zu sein und Liebe zu erfahren. Daher sangen die Beatles einmal: „All you need is love, alles, was du brauchst, ist Liebe", und dies scheint wirklich so zu sein. Denn selbst bei Machtmissbrauch, Diebstahl, auch durch Krankheit und Elend will der Mensch nur Liebe erkaufen, erzwingen, kontrollieren oder beherrschen, was hiermit natürlich nicht gelingt.

So will jeder Mensch letztlich mit all seinen Wegen und Bemühungen glücklich sein und Liebe und Erfüllung finden, welche Wege immer er dazu einschlägt, und will dazu frei werden von Kummer und Leid. Letztlich will jeder sein Leben und das, wozu er gekommen ist, erfüllen, kreativ gestalten und dafür seine Talente ausschöpfen. Doch nur wenige wissen den Weg dahin, die meisten folgen leider den Vorschlägen ihres Egos, das selten funktioniert und nicht zu Glück und Liebe führt.

Zu Glück und Erfüllung durch Liebe will der Geist uns führen, weil er selbst wesenhaft Liebe ist, und daher will die Geistseele, dass der Mensch sich geistig und seelisch in diese Richtung weiterentwickelt, denn das ist ihre natürliche Richtung und Absicht. Wenn dies also das generelle Ziel der Menschen ist, dann haben wir eine allgemeine Richtung und eine allgemeingültige Vorgabe, auf die hin etwas im Seelenhaus geändert werden sollte, und wir können Empfehlungen geben, wie wir dahin kommen können. Somit gibt es zumindest einen allgemeinen Maßstab, an dem die gefundenen Ergebnisse und Erkenntnisse über das Seelenhaus gemessen und beurteilt werden können, und auch ein Ziel, auf das hin das Seelenhaus verändert werden kann, wenn wir dies wünschen. Dieses Ziel, das darin besteht, dass wir alle letztlich eine Weiterentwicklung in Richtung auf Freiheit, Liebe und Glück wollen und somit auch finden wollen, wird im Folgenden vorausgesetzt, und nur dann machen die folgenden Empfehlungen einen Sinn. Denn sie zielen insgesamt darauf ab, möglichst frei zu werden von Leid und Belastungen, uns zu entwickeln und zu vergeistigen (denn nur im Geiste liegt wahres und dauerhaftes Glück), unsere Talente und Lebensaufgaben zu entdecken und zu leben, den Mitmenschen näher zu kommen und immer intensiver Liebe zu erfahren und auszutauschen. Diese Hinweise gelten unabhängig davon, von welchem Zustand oder Status quo wir starten.

Selbstannahme und Selbstwert

Zu Beginn ist das Wichtigste überhaupt, dass wir unser Seelenhaus, in welchem Zustand wir es auch immer vorfinden, zuerst einmal annehmen und wertschätzen. Hin und wieder gibt es in der Praxis Menschen, die in ihr Seelenhaus gar nicht erst hineingehen wollen, weil es zu kaputt, veraltet, ruiniert oder schon halb verfallen ist. Das wäre aber keine Lösung. Gleichgültig, in welchem Zustand es jetzt ist, so weit haben wir es eben derzeit gebracht, und wir müssen es – notfalls auch mit etwas schwarzem Humor – annehmen und akzeptieren. Denn erst dann, wenn ich es wieder annehme, kann ich es ja überhaupt umgestalten. Aber selbst wenn ich dies derzeit nicht wollte, so würde es nicht einfach durch Nicht-Beachtung verschwinden, sondern unbewusst und damit oft verheerend für unser Leben weiter wirken. Lassen Sie daher alle Bewertungen los, nehmen Sie es liebevoll an und schätzen Sie wert, was immer Sie vorfinden, denn es ist Ihr Haus, Sie haben einiges Positive wie Negative darin investiert, und Sie können es ja ab sofort jederzeit verändern, verschönern und renovieren.

Dies sollten Sie dann auch tun, denn wenn man etwas wertschätzt, dann will man es auch schön haben und stolz darauf sein. Also befreien Sie das Seelenhaus zuerst von Schmutz, Müll und Unrat, geben Sie ihm ein schönes Aussehen und einen schönen Anstrich, vielleicht eine neue Farbe. Bauen Sie sich auch einen einfachen, direkten Zugang, gestalten Sie es ästhetisch um und verwenden Sie dabei auch allen nötigen Luxus und jede Dekoration, um es schön zu finden. Wir müssen das Seelenhaus, das wir ja selbst sind, das unsere Persönlichkeit darstellt, zuerst einmal äußerlich schön, ästhetisch und harmonisch gestalten, es so renovieren, dass wir es wirklich lieben und wertschätzen können, und damit beginnen wir auch unsere äußere Persönlichkeit sowie den Schöpfer, der es geschaffen hat, unseren kreativen Geist, wieder zu lieben, anzunehmen und wertzuschätzen.

Haben Sie nun gar kein passendes Seelenhaus gefunden oder haben Sie vielleicht nur eine Waldhütte oder ein Zelt, so können Sie jetzt daran gehen, eine schöne Villa – oder was Ihnen sonst als Ideal vorschwebt – zu erbauen oder bauen zu lassen. Auch könnten Sie ein bestehendes Haus vergrößern, ein langweiliges Reihenhaus mit Phantasie und Spieltrieb in etwas ganz Individuelles und Ausgefallenes umwandeln. Sie sollten dies aber nicht tun, um damit anzugeben oder weil man dies eben so haben sollte, sondern nur dann, wenn Sie dies schön finden. Wir bauen also unser Haus so lange auf oder um, bis wir ein wirklich schmuckes Häuschen, eine Villa oder ein Schloss haben, *in dem und mit dem* wir uns wirklich wohl fühlen. Wenn Sie mit dem Ergebnis dann in einer weiteren Sitzung zufrieden sind, dann seien Sie auch wirklich dankbar dafür, wertschätzen und lieben Sie es, seien Sie stolz darauf, der Besitzer dieses schönen Hauses zu sein. Dies ist ein wichtiger Schritt in Richtung zu mehr Selbstwertgefühl, an dem es den meisten Menschen mangelt.

Freimachen von alten Belastungen und Begrenzungen

Ist das Äußere erst mal in Ordnung, sollten Sie gleich daran gehen, auch im Inneren des Hauses aufzuräumen oder zu renovieren, neue Farben, neues Design oder neue Möbel und Gegenstände einzubringen. Auch können Sie sich mehr Raum schaffen. Alte Begrenzungen und Belastungen zeigen sich vor allem dadurch, dass es im Haus zu eng oder zu begrenzt ist, dass es schwer begehbar ist, dass zu viele alte Möbel oder Gegenstände herumstehen oder dass es uns vom Gefühl her belastet, uns Unwohlsein bereitet. Wir schauen uns also um, was uns belastet oder begrenzt, was vielleicht zu klein für uns geworden ist, und verändern dies großzügig. Beispielsweise vergrößern wir die Fenster, lassen mehr Licht und Luft herein, bauen größere Zimmer oder mehr Stockwerke, verbreitern den Gang, und vor allem wenden wir unsere Aufmerksamkeit dem Schlafzimmer und Bad zu und gestalten dies großzügig und mit schönen Materialien, wie es für uns angemessen ist. Was immer uns im Haus begrenzt – wir machen es jetzt weiter, größer, lichter und freier.

Ferner befreien wir uns von allen alten Belastungen und Überflüssigem, indem wir das Haus entrümpeln. Lassen Sie alles wegwerfen, abholen und entsorgen, was Sie nicht mehr brauchen. Manchmal finden sich im Haus auch alte Bilder oder Gegenstände von Angehörigen, von Vater und Mutter oder von sonstigen Beziehungspersonen. Diese haben in unserem Haus nichts zu suchen, vor allem dann, wenn sie nicht bloß angenehme Erinnerungen verkörpern, sondern uns irgendwie belasten oder Erwartungen oder moralische Vorgaben an uns ausstrahlen. Vor allem, wenn zu viele Möbel oder Gegenstände herumstehen oder es wie in einem Museum aussieht und nicht wie in einer Wohnung, dann werfen Sie dies weg oder lassen es von himmlischen Helfern beseitigen. Lassen Sie nur solche Gegenstände in der Wohnung, die mit Ihrem derzeitigen Leben zu tun haben und an denen Sie sich im Moment auch erfreuen können. Alles andere lassen Sie hinter sich und machen alles so einfach wie möglich nach dem Motto: „Simplify your life, vereinfache dein Leben".

Manchmal findet man auch das Gegenteil, dass nämlich fast keine Möbel oder Gegenstände vorhanden sind, dass das Haus öde und leer wirkt oder wie unbewohnt aussieht. Dies zeigt eine starke Lebensablehnung oder Selbstverurteilung (wenn man nicht mehr darin wohnen möchte) oder Selbstaufgabe (wenn man nicht mehr darin wohnt). Sollten Sie ein derart leeres Haus oder eine karge Einrichtung vorfinden, so beauftragen Sie möglichst schnell den Innenarchitekten, es nach Ihrem Geschmack und Stil zu renovieren und einzurichten, und nehmen Sie sich willentlich vor, es jetzt wieder zu bewohnen, es noch einmal zu probieren für die Zeit, die Ihnen gegeben ist, und daran auch Freude zu haben. Es gibt aber auch Menschen mit einer etwas größeren Lebensaufgabe, beispielsweise Schlossbesitzer, die zwar in einem kleinen Teil des Schlosses wohnen oder vielleicht gar im Dienstbotenhaus, aber das Anwesen sonst verkommen lassen und es selbst nicht mehr benutzen. Hier ist es zuerst erforderlich, neben dem Leben selbst auch seine Geschenke, auch die Lebensaufgabe und das mitgebrachte Potenzial annehmen zu wollen, das große Haus als seines wieder anzunehmen und auch wieder mit Leben zu erfüllen. Tun Sie dies, indem

Sie es liebevoll neu einrichten und gestalten, wie man eine dauerhafte Wohnung einrichtet und nicht, als wären Sie nur auf der Durchreise.

Ist aber das Haus ganz eingerichtet, jedoch alt, muffig oder schmutzig und verrottet, so zeigt dies, dass Sie keine Liebe und Wertschätzung zu sich selbst und auch nicht zu Ihren Kreationen und Schöpfungen haben. Vor allem aber scheint Sie Ihre Seele und Ihr Inneres nicht weiter zu interessieren. Vielleicht haben Sie auch im Leben schon aufgegeben und resigniert und lassen einfach alles vergammeln. Hier ist es notwendig, dass Sie wieder die Initiative ergreifen, zumal Sie ja jetzt ein neues Gestaltungsinstrument haben, dass Sie ferner wieder in Ihr Schöpfertum und Ihre Kreativität und Kraft zurückkommen und das Leben nicht mehr als Opfer leben, sondern es als Schöpfer wieder bewusst und aktiv mitgestalten. Denn das Leben leben müssen Sie sowieso – warum dann als resigniertes Opfer? Diese Art von Dasein ist kein schöner Zustand, sondern Sie leiden daran, auch wenn Sie damit vielleicht sich rächen, Recht haben oder etwas beweisen wollen, und auch Ihre Mitmenschen, Freunde, Partner leiden daran. Besser also, das Rechthaben sowie die Anklage gegen das Leben und die Menschen aufzugeben, das Alte, Überholte, Angestaubte loszulassen und alles wieder neu zu gestalten, ähnlich wie es die Natur im Frühling tut. Machen Sie also einen Frühjahrsputz in Ihrem Seelenhaus, renovieren Sie es, streichen Sie es mit schönen Farben, entrümpeln Sie es, lassen Sie es renovieren und neu gestalten, wie es der Himmel Ihnen vorschlägt und wie es optimal zu Ihnen passt. Lassen Sie sich überraschen, wie es dann wohl beim nächsten Mal aussieht, und schauen Sie dann, ob Sie sich jetzt im Haus wohl fühlen, ob es wie im Frühling voller Frische und Licht ist, ausgestattet mit genau so vielen Möbeln, wie es angenehm ist, weder zu viel noch zu wenig.

Zusammenfassend ist zu sagen:

Beseitigen Sie alle Begrenzungen und machen Sie das Haus weit, geräumig und komfortabel.

Beseitigen Sie alle Dinge oder Bilder, die nicht zu Ihnen gehören oder die Sie belasten.

Beseitigen Sie alle überflüssigen Möbel oder Gegenstände. Renovieren Sie das Innere des Hauses, bis Sie sich darin wirklich wohl fühlen. Räumen Sie es auf, so dass alles ordentlich, strukturiert und überschaubar ist, und machen Sie einen Frühjahrsputz. Richten Sie sich dauerhaft und gemütlich ein, ruhig auch mit etwas Luxus und Annehmlichkeiten.

Selbstentwicklung, Verfeinerung und Schwingungserhöhung

Ist dies erst einmal geschafft und sind Sie mit Ihrem Haus zufrieden, ist es ordentlich und schön, harmonisch und wie neu, von allem überflüssigen

Ballast befreit, so kann man von dieser gesunden Basis aus sich der Weiterentwicklung oder Selbstentwicklung widmen. Wir müssen uns ja auch erst einmal von Krankheiten befreien und gesund werden, wenn wir eine neue Arbeitsstelle antreten oder irgendetwas Neues unternehmen wollen. Unabhängig davon, welche ganz spezielle Lebensaufgabe wir in dieses Leben mitgebracht haben, ist es doch unser aller Aufgabe, über alle einzelnen Leben hinweg uns geistig zu entwickeln, unser Bewusstsein zu erweitern, ganzheitlicher und feiner zu werden, unseren Schwingungszustand und unsere Frequenzen zu erhöhen. Dies ist die generelle Evolution des Lebens bzw. des Geistes, und sie kann nicht abgeschafft, höchstens zeitweise geleugnet werden. Diese Entwicklung Ihrer Seele können Sie nun unterstützen, indem Sie Ihr Seelenhaus verfeinern und somit zu einer feineren und geistigeren Persönlichkeit werden (bis Sie auch diese in der Erleuchtung Ihres Geistes aufgeben werden).

Eine dazu dienliche Maßnahme ist es, feinere, lichtere und ästhetischere Baustoffe und Materialien zu verwenden, beispielsweise statt einer Außenmauer aus Stein Begrenzungen aus Glas oder Kristall zu verwenden. Im fortgeschrittenen Stadium können Sie auch ein Haus aus Licht bauen. Lassen Sie also Ihr Haus leichter, feiner und durchsichtiger werden, und der erste Schritt wäre vielleicht, größere Fenster einzubauen, auch im Dachbereich, oder das Dach überhaupt zu öffnen, das Haus lichter und durchlässiger zu machen. Ferner könnten Sie alle schweren Mauern abtragen und für Ihr Haus statt Stein immer feinere Baustoffe wie Holz, Pflanzen, Stoffe, Kristalle oder sogar Licht verwenden, aber ganz so, wie es Ihnen gefällt und wie Sie sich wohl fühlen, wie es momentan zu Ihnen passt. Es hat keinen Sinn, einen bestimmten Schwingungszustand vortäuschen oder vorgeben zu wollen, an den man noch nicht gewöhnt ist, und dies zeigt sich daran, ob man sich dabei wohl fühlt oder nicht.

Ferner können Sie das Haus nun ästhetischer gestalten, mit mehr schönen Dingen versehen, ihm harmonischere Proportionen und Formen geben, vielleicht einen wunderschönen Garten anlegen, so etwa, wie man sich vielleicht ein Haus im Paradies vorstellen würde. Glauben Sie nicht, dies wäre zu abgehoben oder Sie wären es nicht wert, dies schon jetzt zu besitzen. Im Gegenteil – der Geist will uns ja von dieser schweren Materie und ihrer Trägheit befreien und uns wieder nach Hause führen, in die lichteren und himmlischen Welten, wie im Neuen Testament treffend geschrieben steht, dass wir wieder vollkommen sein sollen, wie unser Vater im Himmel vollkommen ist (und nicht weniger!). Je früher wir dies angehen, desto besser. Wir brauchen hier nicht aus falscher Scham oder aus Schuldgefühl zu warten und es hinauszuzögern. Andererseits sollten wir es aber auch nicht forcieren, sondern ohne Hast, aber stetig Stück für Stück in diese Richtung gehen und uns verfeinern. Unsere Persönlichkeit wird folgen, und wir werden Freude daran haben, immer leichter, lichter, weiter und freier und damit zugleich auch harmonischer und ausgewogener zu werden.

Es ist also wichtig, neben immer feineren Materialien immer mehr Offenheit und Licht hereinzulassen sowie immer mehr Schönheit in das Haus einzubauen, denn dies erhöht die Schwingung wesentlich. Auch können wir zusätzliche Zimmer für geistig-meditative Zwecke einrichten, etwa einen Meditationsraum, Gebetsplatz oder kleinen Altar, Engelraum, also einen Ort, an dem wir mit noch höheren Schwingungen arbeiten können und der eigens dafür reserviert ist.

Auch hier wieder ein kleiner Trick von mir, um besser mit dem Universum kommunizieren zu können und mit höheren Schwingungen oder höheren Welten Kontakt aufzunehmen. Der Trick besteht darin, dass Sie sich im oder neben dem Seelenhaus eine große Antenne bauen oder sich eine Satellitenschüssel hinsetzen, mit der Sie – wie E.T. nach Hause – in die Tiefen des Alls telefonieren und mit anderen Planeten oder Lebensformen Kontakt aufnehmen können. Auch hier wieder möglichst wenig selbst machen, sondern lassen Sie sich dies installieren. Schaden kann es nicht, deshalb probieren Sie es einfach aus, haben Sie Spaß damit, Sie können es ja jederzeit wieder abbauen. Wenn es klappt und Sie mutig genug sind, können Sie später einmal Ihre Gäste oder Freunde aus dem Universum auch persönlich einladen und schauen, wer da in Ihrem Vorgarten landet und zu Besuch kommt.

Zusammenfassend ist zu sagen, dass alle Maßnahmen empfehlenswert sind, die das Haus lichter, leichter und feiner machen, sowie solche, die zu mehr Symmetrie, Eleganz, Ästhetik, Feinheit, Leichtigkeit und himmlischer Schönheit führen. Im Lauf ihrer Entwicklung könnte es dann geschehen, dass Sie sich plötzlich in einer Art himmlischem Haus in den Wolken oder auch in einem rein aus Licht gebauten Haus wiederfinden. Dies zeigt vermutlich an, dass auch Ihre äußere Persönlichkeit Licht geworden beziehungsweise durchlichtet ist und dann auch Licht nach außen ausstrahlt.

Sich für Menschen öffnen, Liebe und Freundschaft erfahren

Für diesen Aufstieg ist es unumgänglich und zugleich schön, sich für Mitmenschen und vielleicht auch andere Lebewesen zu öffnen, mehr Nähe und Freundschaft zuzulassen, mehr Liebe im Austausch mit ihnen zu erfahren, immer mehr zu geben und zu empfangen. Ein Meister sagte einst, dass Gott von dir nur so weit weg sei wie dein Nächster. Daher wäre es gar nicht möglich, sich zu entwickeln und zu entfalten, ohne sich nicht gleichzeitig auch anderen Wesen wieder zu nähern, Trennungen, Widerstände und Feindschaften aufzugeben und immer mehr Verständnis und Liebe zu entwickeln. Die geistig-seelische Entwicklung geht stets in Richtung auf Verbindung und Einssein, und wenn nicht, dann ist es möglicherweise ein Irrweg des Egos. Daher gehen mit der Seelenentwicklung auch ein zunehmendes Mitgefühl und wachsende Liebe zu allen Wesen einher. Dies ist auch keine schwere Aufgabe, drückende Pflicht oder harte Arbeit, denn sobald wir erst einmal die Angst und die Hindernisse davor überwunden haben, ist es zugleich auch eine große Freude und Erfüllung. Doch vor nichts, so das Paradox, haben wir zugleich mehr Angst und zugleich mehr Sehnsucht als nach der Liebe, danach, mit anderen Wesen zu verschmelzen und eins zu werden, und die körperliche Sexualität ist hier nur ein schwacher Abklatsch der Gefühle, die bei geistiger Verschmelzung und Ekstase entstehen. (Näheres in meinem Buch: „Geh den Weg der Mystiker", gleichfalls im Verlag Via Nova.)

Aus diesen Gründen ist es empfehlenswert, dass wir gleich zu Beginn unser Seelenhaus, das ja unsere Persönlichkeit repräsentiert, in dieser Richtung hin zu mehr Freundschaft, zu mehr Verbindung, zu mehr Nähe zu den Menschen öffnen und entsprechende Maßnahmen ergreifen. In der bisherigen Praxis hat sich empirisch gezeigt, dass die meisten Seelenhäuser alleine stehen und weit und breit keine Nachbarn haben. Dies symbolisiert uns ganz deutlich, wie weit wir von anderen Menschen in Wirklichkeit entfernt sind, selbst wenn wir in einer Großstadt leben – und vielleicht gerade dann. Doch selbst, wenn Nachbarn da sein sollten, sind sie zunächst einmal sehr weit entfernt. Der erste Schritt könnte also sein, sich dies einzugestehen und dann willentlich zu entscheiden oder der Seele visuell mitzuteilen, dass wir andere Häuser in der weiteren Nachbarschaft wünschen, dass wir Nachbarn zulassen und uns sogar darüber freuen würden. Wir erschaffen uns dies nicht wie beispielsweise den Umbau, sondern laden vielmehr andere Menschen ein oder bitten den Himmel, passende Nachbarn anzusiedeln.

Ferner schauen wir uns einmal an, wie es um die Abschottung und Abgrenzung des Hauses nach außen bestellt ist und welche Verteidigungsmaßnahmen wir bereits geschaffen haben. Im Extremfall erschaffen sich abgrenzende Menschen eine Burg als Seelenhaus oder eine wehrhafte Anlage, hinter der sie sich verschanzen und notfalls die Zugbrücke hochziehen können. Aber auch sonst sind Zäune, Mauern, Verteidigungsanlagen durchaus häufig. Auch könnte das Haus schwer zugänglich sein oder versteckt im Wald liegen, damit es niemand findet. Um dies zu korrigieren, könnten wir nun daran gehen, solche Zugangsbeschränkungen und Hindernisse zu unserem Haus abzuschaffen. Dazu müssen wir uns zuerst einmal klar machen, dass – wie der „Kurs in Wundern" so schön sagt – die beste Verteidigung die Verteidigungslosigkeit ist. Dies ist auch aus der Geschichte beispielsweise von vielen Mystikern und Heiligen überliefert, die sogar unter wilden Tieren leben konnten, ohne Schaden zu nehmen. Auch hier scheint sich wieder das hermetische Prinzip zu bewahrheiten: wie innen, so außen, so dass also bei fehlender innerer Aggression auch keine Aggression im Äußeren erlebt wird, unabhängig von den Umständen. Wir wissen aber aus Erfahrung, und dies ist auch in der Psychologie bekannt, wie gemäß dem Gesetz der Resonanz aggressive Menschen Angriff und Aggression geradezu magisch anziehen.

Gehen Sie also Schritt für Schritt daran – aber bitte so gemächlich, dass keine Angst aufkommt –, sich den Nachbarn zu nähern, Ihr Haus nach außen einladender und attraktiver zu machen, dicke Mauern, Hindernisse oder Verteidigungsanlagen aufzulösen (oder Ihre Burg in ein Museum zu verwandeln). Zu kleine Fenster könnten Sie nun durch größere ersetzen, damit zulassen, dass andere Menschen auch in Sie hineinschauen können. Ferner sollen Sie darauf achten, dass der Zugang zu Ihrem Haus leicht, ungehindert und frei ist, so dass Nachbarn, Freunde und Bekannte Sie jederzeit besuchen können. Erlauben Sie immer mehr Nachbarn, sich in der weiteren Umgebung anzusiedeln, aber nur so weit, wie Sie sich damit wohl fühlen.

Noch ein Hinweis für die Beziehung: Der wichtigste Mensch in Ihrem Leben wird vermutlich Ihr Partner bzw. Ihr fehlender Partner sein. Für eine solche intime Partnerschaft ist es von Nutzen, nicht nur das Haus insgesamt einladend und attraktiv zu machen, sondern vor allem das Schlafzimmer so groß, so angenehm, so einladend wie möglich zu gestalten. Es sollte so sein, dass ein möglicher Partner sich hier wohl fühlen würde, und diese Information lässt sich von der Seele abfragen. Denn ohne dass wir etwas bewusst sagen oder mitteilen, so kommunizieren unsere Energien unbewusst mit einem tatsächlichen oder möglichen Partner. Daher brauchen wir eigentlich den richtigen Partner für uns gar nicht zu suchen (dies wäre die männliche Methode), sondern wir könnten uns so attraktiv machen und ihn dadurch magisch anziehen, so wie man mit Speck Mäuse fängt oder mit Honig die Bienen anlockt (die weibliche Methode). Eine Möglichkeit dazu ist es, Ihr Schlafzimmer im Seelenhaus nicht nur fürs Schlafen, sondern für das liebevolle Zusammensein, für Erotik und Spiel und Entspannung so attraktiv zu gestalten, dass wir fühlen, dass sich hier der für uns richtige Partner auch wohl fühlt. Am besten ist es wieder, sich das Schlafzimmer dafür gestalten zu lassen von der Intelligenz des Himmels, der oft besser weiß, was für uns gut ist. Beachten Sie bitte, dass auch im Falle von intimer Partnerschaft der Partner uns im Seelenhaus immer nur besucht und nicht ständig dort bleibt, das wäre ungünstig.

Wenn Sie nun dies alles getan haben und Ihr Haus leicht zugänglich und das Schlafzimmer jetzt einladend und attraktiv ist und wenn Sie auch Vorräte zu Bewirtung von Freunden in der Küche haben, so können Sie diese Nähe zu Menschen noch verstärken, indem Sie Bekannte, Freunde, Arbeitskollegen, Familienmitglieder oder einen erwünschten Partner direkt in Ihr Seelenhaus einladen, wie im nächsten Abschnitt gezeigt werden wird.

Zum Schluss ist zu bemerken, dass natürlich alle diese Vorschläge zur Umgestaltung des Seelenhauses nur allgemeine Richtlinien sein können. Sie gelten ferner nur unter der Voraussetzung, dass wir glücklich werden, uns weiter entwickeln und ein Leben in Harmonie und Liebe leben wollen. Was der Einzelne nun im Detail benötigt, um hier weiterzukommen oder sich von Problemen und Blockaden zu befreien und dieses wie andere Ziele zu erreichen, kann sehr verschieden sein. Das muss jeder selbst herausfinden. Ferner hat auch jeder seine unterschiedliche Geschwindigkeit. Während der eine sein Seelenhaus radikal umbaut, um schnell weiterzukommen, bevorzugt der andere hingegen eine gemächliche Renovierung.

Das wichtigste Kriterium bleibt dabei immer, dass sich der Mensch damit wohl fühlt und innerlich im Einklang ist. Letztlich müssen Erfolg und Fortschritt daran gemessen werden, wie sich die innere Zufriedenheit mit dem Seelenhaus entwickelt, ob ich selbst (und nicht ein anderer) das Haus immer schöner und für mich passender finde und gern darin wohne. Zudem kann ich mir jederzeit neben den großen Zielen kleine, persönliche Wünsche erfüllen, beispielsweise einen schönen Garten haben und Blumen züchten, einem Hobby nachgehen, das nur für mich sinnvoll ist.

Daher muss neben diesen generellen Vorgaben und Empfehlungen für den Umbau und die Verschönerung des Hauses jeder selbst seine eigenen Wünsche verwirklichen, kann dabei gern auch bestimmte Bedürfnisse befriedigen, die nur für ihn gelten, um über diese Stufen sein persönliches Glück zu erreichen. Wenn also irgendetwas von den hier gemachten Vorschlägen dem zuwiderläuft, wenn jemand mit einer hier vorgeschlagenen Veränderung nicht freier, zufriedener oder glücklicher wird, dann sollte diese wieder korrigiert oder aufgehoben werden. In jedem Fall soll hier mit Achtsamkeit vorgegangen und immer wieder geprüft werden, ob ein „Fortschritt im Bewusstsein der Freiheit" vorliegt, ein Fortschritt in Richtung auf mehr persönliches Lebensglück, größere Lebensentfaltung hin zu mehr Liebe im Innen wie Außen.

Schließlich ist es noch wichtig, darauf hinzuweisen, dass wir keine Angst haben müssen, etwas falsch zu machen, und dass wir uns deshalb keine Begrenzungen auferlegen oder zu zaghaft sein sollen. Das wäre völlig unbegründet, *denn anders als vielleicht im materiellen Bereich können wir hier jederzeit alles wieder ändern* und genauso schnell wieder rückgängig machen, wie wir es geschaffen haben. Wie Kinder erschaffen wir hier etwas, spielen damit, probieren es aus, und wenn es uns nicht gefällt, so verwerfen wir es eben wieder, wie Kinder ihre Bauklötzchen umwerfen, um etwas Neues zu bauen. Es ist freilich wichtig, das von uns Geschaffene nicht zu ignorieren oder gar abzulehnen, sondern erst einmal anzunehmen und vor allem zu spüren, wie es sich anfühlt und ob es einem zusagt. Fühlt es sich gut an, macht es uns glücklich(er), so ist dies unser absoluter Maßstab, nach dem wir beurteilen, ob wir es zulassen, es weiter ausbauen oder ob wir überhaupt in die richtige Richtung gehen. Fühlt es sich nicht gut an, so verwerfen wir es wieder und probieren etwas anderes aus. So einfach ist das und so unkompliziert, und daher können wir hier beim bewussten und achtsamen Umbau des Seelenhauses keine Fehler machen.

Vielmehr ist hier im Geist und in der Seele viel mehr Freiheit, als wir es in unserer materiellen Welt gewohnt sind, und es ist hier alles erlaubt, was uns zu unserem Glück und unserer Freiheit verhilft. Werden Sie doch zumindest in diesem Bereich wieder wie kleine Kinder, die ihrer Phantasie freien Lauf lassen und auch Spaß dabei haben, etwas Neues zu erschaffen, umzubauen oder einfach damit zu spielen. Das Spiel ist wohl die beste Methode, um etwas zu lernen, das Leid die ungünstigste, aber immer noch sehr beliebt bei den Menschen, vielleicht auch, weil sie nicht mehr spielen können.

Aber um wieder frei spielen zu können, dürfen wir keine Begrenzungen mehr akzeptieren, die vielleicht noch subtil und unbewusst in uns liegen. Unser Motto für die Arbeit mit dem Seelenhaus sollte daher lauten: „accept no limits – akzeptiere keine Beschränkungen", oder positiv formuliert: „Alles ist möglich." Wenn wir also etwas verändern, so tun wir dies nicht in falscher Bescheidenheit oder Beschränktheit, wie bisher so oft im Leben, sondern wir lassen alle Einschränkungen hinter uns und schöpfen aus dem Vollen. Hierzu kann uns etwas helfen, was wir als Kinder schon mitgebracht haben und noch immer in uns ist: die grenzenlose Phantasie. Während uns die äußere Welt viele Beschränkungen auferlegt, so müssen wir zumindest im Inneren nicht darauf achten, sondern können endlich einmal zeigen, was in uns steckt, welche tollen Häuser wir bauen und welche verrückten Ideen wir haben können, und wir werden an diesem Selbstausdruck auch Freude haben. Denn jedes Lebewesen findet sein Glück darin, das zu erfüllen, wozu es geschaffen ist, sagt der Mystiker Meister Eckhart, und da hat jedes Lebewesen seinen ganz individuellen Ausdruck, es kann hier keine Norm geben. Jeder ist in diesem seelischen Bereich sein eigener, freier Künstler, ein freier, göttlicher Schöpfer, und wenn wir jetzt dieser Phantasie in unserem Inneren freien Lauf lassen und am Umbau unseres Seelenhauses viel Spaß und Freude haben, dann wird sich dies gemäß dem hermetischen Gesetz ganz automatisch auch in unserem äußeren Leben und in unserer weiteren Entwicklung im Leben zeigen.

6.4 Partner oder Freunde in Ihr Leben einladen

Die Methode mit dem Seelenhaus ist so vielseitig, dass wir sie nicht nur dazu benutzen können, uns schnell zu erkennen, mit unserem eigenen Seeleninneren zu kommunizieren und darüber hinaus unsere Persönlichkeit zu verändern und umzugestalten – dies allein ist ja schon faszinierend genug. Wir können damit aber auch mit dem Universum und allen anderen Wesen kommunizieren, da wir in unserem Geist mit allen und mit allem verbunden sind, da diese Welt sozusagen ein gemeinsames virtuelles Spiel von uns allen ist, eine gemeinsame Koproduktion. Dies bedeutet, dass wir mit den Bildern, die wir in unserem Inneren visualisieren und gestalten, auch Botschaften an die Umwelt und an die Mitmenschen senden können, indem wir beispielsweise diese Bilder dazu nutzen, neue Kunden und Klienten oder passende Freunde für uns zu finden oder einen passenden Seelen- oder Beziehungspartner einzuladen, der mit dem Verstand mit noch so großem Aufwand kaum gefunden werden könnte. Mit der Methode des Seelenhauses ist dies aber ganz leicht. Wir geben hier – wie schon dargelegt – nur unseren Willen und unsere Absicht ein, gestalten sie visuell in Bilder und lassen sie dann los im Vertrauen, dass diese geistige Vorgabe wie ein Suchmodus im Computer von selbst wirkt, ganz wie ein Programmierer darauf vertraut, dass sein Programm im Computer die entsprechenden Dinge findet bzw. Ergebnisse bringt.

Im Prinzip funktioniert es deshalb, weil unsere Seele nicht wie ein Eisberg im Ozean ist, wie die klassische Psychologie beschrieben hat, sondern eher wie eine Insel im Meer zu verstehen ist, die unter der Wasseroberfläche mit allen anderen Inseln verbunden ist (vgl. dazu meine Erklärungen im Buch „Dynamische Aufstellungen" im Verlag Via Nova). Sie steht also über die holographische Einheit des Geistes, aber auch über die direkte energetische Verbindung des gemeinsamen Energiefeldes ständig und in viel größerem Ausmaße, als uns bewusst ist, mit anderen Wesen und dem gesamten Universum in Verbindung. Diese Vernetzung aller Dinge kennt auch die heutige Physik, die es so darlegt, dass der Flügelschlag eines Schmetterlings am anderen Ende der Welt einen Sturm auslösen kann. Neben dieser grundsätzlichen Verbindung im Geist ist aber auch noch das Gesetz der Resonanz zu beachten, das besagt, dass Schwingungen, die einander entsprechen, sich finden und aufeinander reagieren, wie ein Radioempfänger, der auf eine bestimmte Frequenz ausgerichtet ist, auch ein ganz bestimmtes Radioprogramm empfängt, gleichgültig, von wo aus es gesendet wird.

Wir halten also erstens fest, dass der Geist in einer Einheit verbunden ist und somit alles in sich enthält, und zweitens, dass, wenn wir Bilder mit einer ganz bestimmten Information oder Frequenz aussenden, diese dann automatisch von ganz bestimmten, dazu passenden Empfängern aufgenommen werden. Das von uns visualisierte Bild ist also ein Auslöser für bestimmte Energieschwingungen, die sich ganz von selbst per Resonanz ihre Empfänger suchen und für uns die Dinge anziehen, die wir eingegeben haben. Wenn wir also mehr Freunde oder Klienten wünschen, so geht das folgendermaßen:

Wir geben *erstens* die Absicht in unsere Seele ein, indem wir sie einladen und damit unseren diesbezüglichen Willen ausdrücken, und *zweitens* sehen, fühlen und erleben wir, wie sie in unser Seelenhaus kommen, wie wir mit ihnen umgehen und Freude haben, so dass sich dies energetisch der Seele einprägt und sie diese Energieschwingung auch nach außen ausstrahlt, die wiederum von den darauf eingestellten Personen empfangen werden kann. Doch letztlich ist es gar nicht so wichtig zu wissen, wie dies funktioniert, sondern dass es funktioniert, wie man ja auch nicht wissen muss, wie Strom funktioniert, wenn man den Lichtschalter betätigt. Probieren Sie also einfach die folgende Übung aus, die Sie ganz nach Ihren Wünschen umgestalten, verändern und anpassen können. Neben dem Finden von Freunden und Partnern können Sie dadurch auch mehr Nähe zu anderen Menschen herstellen.

ÜBUNG 6: Partner oder Freunde in Ihr Leben einladen

Gehen Sie in das Seelenhaus wie in Übung Nr. 5 beschrieben; vielleicht sind Sie auch schon dort. Setzen Sie sich nun in Ihrem Haus an Ihren Schreibtisch, nehmen Sie ein für den Anlass passendes, wunderschönes

Briefpapier und schreiben Sie einen Einladungsbrief. Wenn Sie gerne neue Freunde in einer bestimmten Richtung, beispielsweise spirituelle Freunde, finden wollen, so schreiben Sie in diesem Brief, was Sie sich wünschen, dass Sie für den Kontakt bereit sind, sich darauf freuen und dass Sie die zu Ihnen passenden Menschen einladen, zu Ihnen zu kommen. Vervielfältigen Sie diesen Brief, stecken Sie diese in Umschläge (oder geben Sie dies in Auftrag) und geben Sie an, dass sie an zu Ihnen passende Menschen geschickt werden, ohne dass Sie wissen müssen, wer dies ist. Der Himmel weiß es besser. Werfen Sie die Briefe dann in den Briefkasten am Rande Ihres Grundstücks. Hier wird sie der himmlische Briefträger abholen und den zu Ihnen passenden Menschen zustellen. Oder Sie bestellen den Briefträger und geben ihm den Brief oder die Briefe mit, wobei Sie ihm noch sagen können, für welche Leute er gedacht ist. Machen Sie sich dann keine Sorgen mehr darüber, an wen sie gelangen oder wie es weiter geht, sondern vertrauen Sie einfach darauf, dass es geschieht.

Falls Sie einen neuen Lebenspartner wünschen, so erstellen Sie bitte nicht eine vier Meter lange Liste, die anzeigt, welche Eigenschaften dieser Mensch haben sollte, so dass es selbst für den Himmel unmöglich wäre, Ihnen einen solchen „zu backen", wie man im Schwäbischen sagt. Vielmehr bitten Sie nur um einen für Sie jetzt im Moment passenden Partner. Schreiben Sie sozusagen einen Liebes- oder Einladungsbrief an Ihre Traumfrau oder Ihren Traummann, von dem/der Sie vielleicht schon spüren können, dass er/sie irgendwo da ist, aber ohne dass Sie sich alle Einzelheiten oder Charaktereigenschaften im Einzelnen vorstellen müssten. Schreiben Sie einfach diesem für Sie passenden idealen Partner, dass Sie nun für eine Beziehung bereit sind und dies wirklich wünschen, selbst wenn noch Ängste oder Hindernisse vorhanden wären. Niemand muss perfekt sein. Laden Sie ihn oder sie ganz herzlich ein, so bald wie möglich in Ihr Leben zu treten. Zum Schluss schicken Sie den Brief weg, indem Sie ihn in den Briefkasten werfen oder dem inneren Briefträger übergeben. Gesteuert durch Ihren Willen und Ihre Absicht wird sich diese Energie dann ins Universum begeben und so lange wirken, bis sie eine entsprechende Resonanz gefunden hat, die dann einen solchen Menschen in Ihr Leben bringen wird. Wichtig ist allerdings, dass Sie wirklich innerlich bereit sind für eine solche Partnerschaft, dass Sie vorher alte Beziehungsgeschichten losgelassen und Anhaftungen daran aus Ihrem Seelenhaus beseitigt haben, dass auch das Schlafzimmer wie die Wohnung wirklich dafür Platz haben und einladend sind für einen neuen Partner.

Neben einem Partner ist es auf jeden Fall empfehlenswert, sich für Ihre seelisch-geistige Entwicklung auch spirituelle Freunde zuzulegen, die sich gegenseitig unterstützen und inspirieren können, mit denen Sie sich über alle diese Themen wie auch über Ihr Seelenhaus austauschen können und mit denen Sie nicht zuletzt auch Spaß und Freude haben. Dieses Zusammensein mit spirituellen Freunden oder Lehrern, in Indien Satsang genannt, ist ein wichtiger Meilenstein in der spirituellen Entwicklung, denn hier bekommen Sie nicht nur geeignete Energien und Ideen, sondern auch sehr viel von sich selbst gespiegelt, bekommen Rat und Unterstützung in schwerer Zeit und können mit den Freunden die im Leben aufkommenden Probleme und Hindernisse viel schneller klären und beseitigen. Wenn Sie dies wirklich wünschen, so machen Sie die oben genannte Übung mit der Absicht, neue, spirituelle Freunde zu finden, und senden Sie ein entsprechendes Einladungsschreiben an sie über das Universum.

Sie können diese Methode aber auch in abgewandelter Form dazu benützen, bereits bestehende Freundschaften zu vertiefen und auch zu Bekannten, Arbeitskollegen, Gruppenmitgliedern und vor allem zu Ihren Familienangehörigen mehr Nähe herzustellen. Falls Sie dies tun wollen, gehen Sie in Ihr Seelenhaus und laden Sie diesmal die Ihnen bereits bekannten Menschen oder Angehörigen – am besten immer nur eine bestimmte, zusammengehörige Gruppe – in Ihr Seelenhaus ein, vielleicht zu einem gemeinsamen Festmahl. Dann machen Sie erst einmal etwas ganz anderes, nehmen vielleicht ein schönes Bad und denken nicht mehr daran. Plötzlich stellen Sie sich vor, wie es an der Tür klingelt und Sie öffnen. Visualisieren Sie nun konkret, wie diese Menschen, die Sie eingeladen haben, fröhlich vor Ihrer Tür stehen und Einlass begehren. Begrüßen Sie diese nun recht herzlich und geleiten Sie sie zunächst in Ihr Esszimmer oder Wohnzimmer, wo Sie jene dann ganz herzlich bewirten und verköstigen, ganz so, wie Sie es wohl auch im normalen Leben tun würden.

Dies bedeutet, Sie kochen etwas Schönes oder lassen sich etwas liefern, brechen das Brot mit ihnen und essen ein gemeinsames Mahl. Dieses gemeinsame Essen ist ein uraltes Symbol für Verbindung, Freundschaft und Gemeinschaft. Dann können Sie noch eine Weile mit ihnen Spaß haben, mit ihnen trinken, reden, tanzen usw., bis dann die Zeit gekommen ist, dass jene wieder nach Hause gehen. Üblicherweise geschieht dies völlig harmonisch in gegenseitigem Einvernehmen, und die Freunde gehen genauso leicht und beschwingt wieder, wie sie gekommen sind. Anders als im materiellen Leben ist es hier nicht angebracht, dass andere Menschen in Ihrem Seelenhaus bleiben oder übernachten, denn dies ist für Sie ganz alleine bestimmt. Niemand darf sich hier aufdrängen, es irgendwie in Besitz nehmen oder dauerhaft bewohnen außer Ihnen. Wenn doch, so sollte man es verhindern und diese Leute notfalls rauswerfen. Doch bei Freunden besteht diese Gefahr nicht, und solange Sie nur solche Freunde, Bekannte, Kollegen einladen, werden Sie damit auch kein Problem haben. Andere, ihnen vielleicht sogar feindlich gesinnte Wesen sollten Sie erst gar nicht in Ihr Haus einladen.

Wie Sie dagegen Mitmenschen einladen, mit denen Sie arbeiten wollen oder die Sie zu heilen aufgerufen sind, also Kunden, Klienten, Patienten oder Mitarbeiter, so werden wir dies im folgenden Abschnitt besprechen, der von der eigenen Berufung und Lebensaufgabe handelt.

6.5 Lebensaufgabe und verborgene Fähigkeiten entdecken

Dieser Bereich ist vor allem für diejenigen interessant, die sich für ihr Berufsfeld, ihre Berufung und Lebensaufgabe und für ihre Fähigkeiten und Talente interessieren. In der Praxis hat sich gezeigt, dass die Menschen zumeist eine große, generelle Lebensaufgabe mitbringen, die sie in diesem Leben verwirklichen wollen. Daneben gibt es noch zahlreiche kleinere Dinge, die sie erfahren, erleben, erlernen wollen, oder Tätigkeitsbereiche, in denen sie ihre mitgebrachten Talente, Gaben oder Fähigkeiten ausdrücken und ausleben wollen. Manchmal haben sich diese Fähigkeiten in der frühen Kindheit gezeigt und wurden dann vielleicht nicht beachtet, waren nicht erwünscht oder gesellschaftlich akzeptiert und wurden unterdrückt oder verdrängt. Manchmal können sie dadurch wieder entdeckt werden, wenn man die Menschen fragt: „Wenn Sie alles Geld der Welt hätten, beliebig viel Zeit und keinen Begrenzungen unterworfen wären, wozu hätten Sie wirklich Lust? Was würden Sie dann gerne tun oder wie würden Sie dann leben? Was würde Ihnen die meiste Freude machen?" Allerdings sind diese Dinge oft so verborgen, dass sie ganz außerhalb des derzeitigen Bewusstseinsradius sind. Doch mit unserer Seelenhaus-Methode können wir sie relativ leicht finden und auch wieder aktivieren und im Leben umsetzen.

Dies geschieht dadurch, dass wir in unserem Seelenhaus das *Arbeitszimmer* oder den *Hobbyraum* suchen, also den Bereich, wo der Hausherr seiner Tätigkeit nachgeht, oder ein Zimmer, das unserem bereits bekannten Arbeitsfeld, unserer beruflichen Tätigkeit entspricht. Wenn die Tätigkeit mit anderen Menschen zu tun hat, so finden sich im Seelenhaus entweder Praxisraum oder Schulungsräume oder es ist ein weiterer beruflicher Bereich in der Nähe dem Seelenhaus angegliedert. Ist meine Hauptaufgabe aber die Beschäftigung mit mir oder eine Arbeit für mich selbst, so arbeite ich zurückgezogen in einem Studierzimmer, als Forscher in einem Labor oder als Verwalter in einem Büro. Bin ich zum Künstler berufen, so werde ich ein Atelier oder eine Werkstatt haben, und wenn sich die Aufgabe auf handwerkliche Fähigkeiten bezieht, dann habe ich sicher einen Werk- oder Bastelraum.

Sollte dieser Raum entgegen aller Erwartung nicht zu finden sein, so können Sie sich auch selbst einen Raum bauen für etwas, das Sie gern tun oder tun würden, und es dann dort ausführen. Falls Sie selbst in diesem Punkt keine Ahnung haben, dann lassen Sie sich das Zimmer wieder vom Innenarchitekten so einrichten, dass es Ihnen beispielsweise über die Einrichtung oder die vorhandenen Utensilien Ihre Talente oder Aufgabe zeigt. Probieren Sie dann auch die gewählte oder gefundene Tätigkeit einmal aus und testen Sie damit, ob es Sie zufrieden und glücklich macht und wie es sich anfühlt.

Ferner sollten Sie generell nach *Büchern* oder einer *Bücherei* im Haus Ausschau halten und, wenn Sie welche finden, sich diese anschauen. Ihre Themen verweisen auf mitgebrachte geistige Fähigkeiten oder mitgebrachtes Wissen, das oder die wiederum auf eine bestimmte Aufgabe im jetzigen Leben, wenn nicht sogar auf die Lebensaufgabe, verweisen. Es kann aber auch durchaus sein, dass Sie sowohl Arbeitsplatz, Bücherei wie auch eine Praxis und ein Seminarzentrum zugleich vorfinden. Dies deutet dann sowohl auf innere Studien wie auf äußere Tätigkeiten zugleich. Zu Erforschung der Berufung oder des Tätigkeitsbereichs sowie zur Erforschung der Lebensaufgaben können Sie dann folgendermaßen vorgehen:

ÜBUNG 7:
Die Lebensaufgabe, Berufung, Fähigkeiten erkennen

Auffinden der entsprechenden Zimmer und Räume
Suchen und finden Sie die für Ihre berufliche Arbeit bestimmten Räume im Seelenhaus, ob dies nun Arbeitszimmer, Bücherei, Praxisraum, Seminarräume, Werkstatt oder Hobbyraum sind.

Einrichtung untersuchen und verändern
Gehen Sie in das Zimmer hinein und untersuchen Sie die vorhandene Einrichtung. Falls keine oder kaum eine vorhanden ist, so bedeutet dies,

dass Sie diese Aufgabe oder diesen Tätigkeitsbereich noch gar nicht in Angriff genommen haben, ihn vielleicht noch gar nicht kennen, sondern bislang eher verdrängt haben. In solchem Falle erklären Sie Ihrem Geist die Absicht, dass Sie dies nun wirklich wollen, und bitten Sie darum, dass es in den nächsten Tagen oder Wochen eingerichtet wird. Sie können es natürlich auch selbst einrichten, falls Sie schon wissen, wozu dieses Zimmer gebraucht wird.

In den meisten Fällen aber ist es bereits möbliert und mit allem Erforderlichen ausgestattet. Dann untersuchen Sie das Mobiliar, die Geräte (beispielsweise Computer, Faxgerät, Kopierer), die Werkzeuge oder Bücher und fragen Sie sich, wozu diese Ausstattung wohl dienen könnte. Was könnte man damit machen oder was hätten Sie Lust damit zu machen? Dies gibt Ihnen klare Hinweise über die Ihnen von der Seele empfohlene oder vorbestimmte Tätigkeit.

Sollte es alte und zunächst überflüssig erscheinende Gegenstände darin geben, so ist genau zu untersuchen, ob es sich hier wirklich um bloß Überholtes handelt, beispielsweise um alte Anhaftungen, die noch nicht losgelassen worden sind, oder ob es sich vielmehr um noch nicht genutzte, vererbte Fähigkeiten oder um übertragene Gaben aus der Ahnenreihe oder von anderen Menschen handelt. Diese könnten Sie dann entstauben, wieder aktivieren und für sich nutzen. Beispielsweise hat in einem Fall die Großmutter der Enkelin die Fähigkeit übertragen, wie man Kleider entwerfen und schneidern kann, und daher stand noch eine uralte Nähmaschine im Arbeitszimmer, die aber bislang nie benutzt wurde. Die Besitzerin des Seelenhauses wusste zu dem Zeitpunkt noch gar nicht, dass sie diese Fähigkeit auch in sich hat oder dass diese ihr einst irgendwie übertragen wurde. Übrigens bedeutet dies ja nicht, dass Sie solche Fähigkeiten nutzen müssen, aber es ist gut, darum zu wissen.

Aktuelle Benutzung untersuchen

Nachdem Sie die Einrichtung und die Gegenstände darin erfasst haben, richten Sie nun Ihre Aufmerksamkeit darauf, ob diese und das Arbeitszimmer insgesamt benutzt aussehen, ob darin schon – wenig oder viel – gearbeitet wird, beispielsweise, ob der Schreibtisch ganz übersät ist mit Büchern und Material, oder eben noch nicht. Wenn ja, dann betrachten wir uns (als den Hausherrn) doch einfach mal selbst bei der Arbeit, sehen uns selbst zu, was wir da so machen und wie wir es machen. Wir schauen uns über die Schulter und beobachten unsere Tätigkeit, bemerken dabei auch, wie intensiv und mit wie viel Freude und wie effizient wir dies tun. Ist der Raum hingegen noch ungenutzt oder noch kaum in Betrieb, so können wir uns fragen: Was hindert uns daran oder was hält uns davon ab, diese Dinge zu tun? Was könnte diesen Hausherrn derzeit daran hindern, hier seiner Tätigkeit nachzugehen? Wir fühlen eventuell auch, wenn wir in diesem Raum sind, was uns hier bedrückt, woran es liegt, dass wir uns hier vielleicht nicht wohl fühlen oder warum wir diesen Bereich nicht intensiver nutzen. Sollten trotz allem keine geeigneten Antworten auftauchen, dann müssen wir die Hindernisse therapeutisch angehen, vielleicht in den Keller gehen (jedoch nur mit einem erfahrenen Therapeuten!) mit der Absicht, die entsprechenden Ursachen zu finden.

Art der Kunden, Klienten, Käufer feststellen

Jede Arbeit und Tätigkeit und vor allem die ins Leben mitgebrachte Berufung oder Lebensaufgabe hat üblicherweise einen Sinn über das Persönliche hinaus, ist zumindest auch für andere Menschen gedacht, um ihnen zu dienen, sie zu lehren, zu heilen, zu führen oder zu unterstützen. Indem Sie in Ausübung Ihrer Lebensaufgabe oder auch einfach so aus Freude diese Fähigkeiten oder Gaben mit anderen teilen und an sie weitergeben, öffnen Sie damit zugleich für sich den Kanal des Empfangens, so dass Sie wiederum viele weitere Gaben und Talente von den Mitmenschen empfangen können und ein fruchtbares Geben und Nehmen entsteht, das Ihnen viele harte Arbeit erspart. Obwohl sicher nicht auszuschließen ist, dass es auch Tätigkeiten gibt, die speziell für uns selbst sind und die Sie nur für sich selbst ausüben, so dürfte doch in der Mehrzahl der Fälle Ihre Arbeit und Ihr Beruf ganz oder teilweise für andere Menschen da sein und ihnen nützen.

Beobachten Sie Ihr Seelenhaus einmal unter diesem Aspekt und fragen Sie sich, ob zu Ihnen in Ihre Praxis, in Ihre Werkstatt oder in Ihr Atelier auch Menschen kommen, die an Ihrer Tätigkeit, Ihren Lehren, Fähigkeiten oder Produkten Interesse haben. Vielleicht haben Sie beispielsweise Praxisräume für Körpertherapie, dann schauen Sie bitte, ob in Ihr Haus oder in Ihre Praxis zu normalen Zeiten auch Menschen kommen, die von Ihnen behandelt werden wollen, oder ob sie Ihre Produkte kaufen, von Ihnen geheilt, belehrt oder sonst wie unterstützt werden wollen. Wenn ja, so schauen Sie sich einmal an, welche Art von Menschen zu Ihnen kommt, welche Geschlechter, Berufsschichten, Altersklassen usw. Sind Sie mit dieser Klientel zufrieden und entspricht dies Ihrem Interesse? Wenn ja, dann freuen Sie sich; Sie können, wenn Sie wollen, dies künftig noch weiter verstärken. Wenn nein oder wenn gar keine Besucher kommen, so sollten sie diese wie auch die von Ihnen angepeilte Zielgruppe gezielt einladen, wie in Übung 6 beschrieben. Wenn noch keine Menschen kommen, so bedeutet dies, dass Sie momentan noch Ängste oder Widerstände haben, sich mit anderen auszutauschen oder sie zu behandeln. Dann könnten Sie vielleicht erst einmal die nachfolgende Übung 8 machen, um zu sehen, welche Menschen denn überhaupt auf Sie warten. Dies wiederum könnte Sie motivieren, dann auch gezielt Menschen, Kunden oder Patienten in Ihre Praxisräume einzuladen. Als Künstler könnten Sie beispielsweise im Seelenhaus eine Ausstellung oder eine Vernissage geben und dann sehen, wie dies ankommt.

Dieses Einladen mit der Übung 6 könnte ähnlich aussehen wie das von Freunden oder Partnern, nur dass Sie die Kunden nicht ins Wohnzimmer einladen, sondern in Ihren Garten, Ihre Praxisräume, Ihr Arbeitszimmer. Sie schreiben wieder einen Brief, diesmal eher eine Ankündigung oder Werbung, in dem Sie jedem, den es betrifft, kundtun, dass Sie nun bereit sind, Ihre Tätigkeit aufzunehmen oder Ihre Praxis ab sofort zu eröffnen. Teilen Sie ferner in der Botschaft mit, dass Sie sich über die Kundschaft sehr freuen, und offerieren Sie – stets mit viel Freude und Enthusiasmus – Ihre Produkte, Ihr Lehr- oder Heilungsangebot. Geben Sie dies dem Briefträger als Massensendung mit oder werfen Sie diese Mail in den Briefkasten ein. Der himmlische Expressdienst wird die Botschaft ins Universum aussenden und den entsprechenden Interessenten zuleiten.

Vertrauen Sie auch hier wieder darauf, dass es die richtigen Menschen früher oder später erreicht, und entspannen Sie sich dann. Es hat überhaupt keinen Sinn, dies noch weiter zu forcieren. Es ist dann nur noch nötig, dass Sie gelegentlich wieder in Ihr Seelenhaus schauen und feststellen, ob schon Menschen vor der Tür warten oder schon in Ihrem Wartezimmer sitzen. Falls Menschen draußen warten, aber nicht hineingehen, untersuchen Sie doch einmal, was sie daran hindert. Vielleicht haben Sie nur vergessen aufzuschließen!

In die Zukunft schauen

Dies ist für manche Zeitgenossen vielleicht etwas zu abgefahren und daher nur für die Experimentierfreudigen unter ihnen gedacht, und natürlich nur für solche, die keine Angst haben, in die Zukunft zu schauen, die wissen, dass Raum und Zeit nur relative Konstruktionen unseres Geistes sind, nur Kategorien des Verstandes. Bedenken Sie aber, dass die Zukunft, zumindest aus der Perspektive der linearen Zeit (anders von der Perspektive der Überzeitlichkeit, dem ewigen Jetzt aus, wo schon immer alles entschieden ist) noch nicht definitiv festgelegt ist und Sie somit bei dieser Art von Zeitreise *immer nur Ihre momentan wahrscheinlichste Zukunft* erleben, Sie diese aber jederzeit durch neue Entscheidungen wieder ändern können.

Wenn Sie also einmal ersehen möchten, wie vielleicht Ihre Tätigkeit in einigen Jahren aussehen und in welche Richtung ihre Lebensaufgabe sich entwickeln könnte, oder wenn Sie noch gar keine Ahnung haben, was Sie einmal machen werden, und das Arbeitszimmer noch leer oder unbenutzt ist, dann reisen Sie einfach mental in die Zukunft.

Gehen Sie dazu während der Seelenhausmeditation in einen besonders tiefen Entspannungs- oder Versenkungszustand. Während Sie in Ihrem Arbeitszimmer oder Ihrer Praxis sind, bitten Sie den Himmel um ein Zeitfahrzeug. Es sollte schon ein Fahrer dabei sein, den Sie höflich bitten, er möge Sie doch an einen bestimmten Zeitpunkt in der Zukunft bringen, wo Sie schon Ihre Lebensaufgabe ausführen, oder an einen bestimmten Zeitpunkt Ihrer Wahl, etwa drei oder fünf Jahre in die Zukunft. Sie können auch auf dem Kalender ein bestimmtes Datum markieren, aber am besten ist es immer, den Fahrer selbst auswählen zu lassen. Steigen Sie ein und visualisieren sowie fühlen Sie, wie sich das Zeitfahrzeug in Bewegung setzt und wie Sie durch die Zeit reisen, wie ein Auto durch den Raum. Wenn das Fahrzeug anhält, steigen Sie aus und schauen dann noch einmal in Ihre Praxis, Ihr Arbeitszimmer oder Ihre Werkstatt. Bemerken Sie, wie dieser Bereich sich verändert hat, was der Hausherr (oder Ihr Zukunfts-Ich) dann tut, welche Menschen möglicherweise kommen und wie es Ihnen dabei geht. Wenn Sie genug erfahren haben, setzen Sie sich wieder ins Zeitfahrzeug und lassen sich zurückbringen.

Sehen Sie diese Zukunftsbilder als die Ihnen von der Seele präsentierte wahrscheinlichste Zukunft zu diesem Zeitpunkt an. Es ist nur eine Option aus einer Vielzahl von Möglichkeiten und keinesfalls eine bereits festgelegte und unabänderliche Zukunft. Mit jeder neuen Entscheidung, die Sie auf diesem Weg treffen, verändern sich diese Wahrscheinlichkeiten. Auf jeden Fall dürfen Sie bei solchen Zukunftsreisen keine allzu großen Erwartungen hegen, denn diese würden die Bilder eher blockieren. Wer weiß schon, was die Zukunft bringt und bis dahin alles passieren könnte, und daher sollten Sie auf Überraschungen gefasst sein und sie gegebenenfalls gelassen annehmen. Der beste Standpunkt, solch eine mögliche Zukunft anzuschauen, ist immer ein spielerischer und experimenteller, ohne dass Sie sich aber durch die Bilder aus dem Gleichgewicht bringen lassen. Daher sollten sich nur erfahrene Geister alleine an diese Übung machen, andere sollten dies vielleicht mit einem erfahrenen Begleiter oder Therapeuten versuchen, der diese Reise zudem noch besser steuern kann und Ihnen danach hilft, die Ergebnisse besser zu verarbeiten.

Veränderungen vornehmen

Auch im Arbeitsbereich können Sie natürlich wieder – wie schon generell gezeigt – gezielt Veränderungen vornehmen. Richten Sie diesen Raum ein und verschönern Sie ihn so, dass Sie sich hier wohl fühlen, gerne arbeiten oder kreativ tätig sind. Statten Sie den Raum auch mit allen Geräten, Werkzeugen oder Maschinen aus, die Sie brauchen könnten, beispielsweise einem neuen, großen Schreibtisch oder modernem Werkzeug. Solch ein Umbau oder Ausbau dient der Entwicklung Ihrer Fähigkeiten, der Öffnung hin zu den Menschen, der besseren Arbeit mit Ihren Patienten sowie der leichteren Durchführung Ihrer Aufgaben. Tun Sie dies mit Ihrer ganzen Phantasie und Freude, legen Sie sich auch hier keine Beschränkungen auf, folgen Sie auch nicht den üblichen gesellschaftlichen Vorgaben, sondern orientieren Sie sich nur an Ihrer Zufriedenheit und Ihrer Erfüllung bei der Arbeit. Haben Sie auch keine Angst davor, immer mehr Menschen einzuladen, denn sobald Sie dies tun und falls dies in Ihrer Lebensaufgabe liegt, werden Sie entsprechende Hilfen, Freunde, materielle Mittel oder sonstige Unterstützung vom Universum erhalten. Somit werden Aufgaben, die jetzt noch unmöglich erscheinen, dann mit Hilfe des Himmels ganz leicht zu bewältigen sein. Denken Sie auch an schöne Farben, Harmonie und Ästhetik, renovieren und gestalten Sie Ihren Arbeitsbereich immer feiner, harmonischer, lichthafter und richten Sie sich so ein, dass sich auch Ihre Kunden oder Klienten bei Ihnen wohl fühlen. Bitten Sie schließlich noch darum, dass dieser Bereich ganz von selbst immer weiter wächst und gedeiht, ohne dass Sie sich um die Einzelheiten dieses Wachstums kümmern müssen.

Falls Sie zögern sollten, die vorgefundene Aufgabe anzunehmen, entweder aus Resignation und weil Sie denken, dass dies sowieso nichts nützt, oder aus dem Selbstwertproblem heraus, dass Sie es nicht schaffen könnten, oder weil Sie schon im Vorfeld meinen, Sie wären hiermit total überfordert, so ist die beste Motivation, dies zu heilen und sich doch noch mit der Lebensaufgabe auseinander zu setzen, die, einen Blick auf all die Menschen zu werfen, die genau auf Sie und Ihre Fähigkeiten warten, die ohne Sie nicht weiterkommen oder ohne Sie ihre Probleme nicht so einfach lösen können.

Erkennen Sie mit der folgenden Übung, wie wichtig und einzigartig Ihr Beitrag für das Leben der anderen Menschen ist, was Ihre Stimme im Orchester des Lebens bedeutet, wie viele Menschen auf Ihre Gabe, Ihr Talent oder Ihre Fähigkeiten warten, und dass sie ohne diese noch mehr oder länger leiden müssten. Wir können sicher sein, dass auf jeden Menschen wiederum zahlreiche andere Menschen warten, die davon abhängig sind, ob diese Gaben gegeben, diese Fähigkeiten entwickelt, weitergegeben und ausgetauscht werden, und denen sonst etwas zu ihrem Glück, ihrer Erfüllung oder ihrer Weiterentwicklung fehlen würde. Dies ist umso erstaunlicher, als wir doch oft denken, dass wir nicht wichtig, vielmehr beliebig ersetzbar sind, dass es im Ganzen keinen Unterschied macht, ob wir etwas weitergeben oder ob dies irgendein anderer tut, und dass unsere Gaben kaum etwas für die Welt bedeuten könnten. Um dies zu klären, ist folgende Übung nützlich.

ÜBUNG 8: Mit Menschen Kontakt aufnehmen, die genau auf Sie warten

Wir gehen wieder in einem sehr entspannten Zustand in unser Seelenhaus oder sind schon darin und begeben uns an irgendeinen ruhigen Platz des Hauses, ins Meditationszimmer oder auch ins Wohnzimmer. Wir schließen unsere mentalen Augen und bitten innerlich den Himmel oder den Geist, dass wir die Menschen gezeigt bekommen, denen wir in diesem Leben irgendwie helfen können, die noch auf uns und unsere Fähigkeiten warten oder die wir zukünftig lehren oder führen sollen. Dann bitten wir, mental auf einen heiligen Platz oder zu einem Versammlungsort gebracht zu werden, in eine Kirche oder Halle, wo diese Wesen versammelt sind, und nehmen uns vor, jene Wesen einmal geistig zu treffen. Während dies geschieht, fragen wir uns intuitiv: Wie viele Wesen/Menschen könnten dies ungefähr sein? Sie werden dadurch schon eine erste Idee bekommen, wie viele es etwa sein werden. Dann betreten Sie diesen Ort oder Versammlungsraum, gehen hinein, vielleicht auf die Bühne, und treffen dort auf alle diese Wesen, die in diesem Leben auf uns und auf unsere Leistungen und Fähigkeiten warten. Falls sie nicht schon dort sind, so bitten wir nochmals aus ganzem Herzen den Geist, dass er uns aus Raum und Zeit diese Menschen einmal hierher projizieren möge, so dass wir sie leibhaftig sehen können. Bemerken Sie dann, um welche Art von Menschen es sich handelt, um Männer, Frauen, Kinder oder gemischte Gruppen, aus welchen Gesellschaftsschichten sie sind und so weiter. Begrüßen Sie sie und fühlen Sie sich in sie ein, oder bauen Sie eine Lichtverbindung von Ihrem Herzen zu deren Herzen, stellen Sie dabei fest, was jene von Ihnen brauchen, erwarten, wünschen oder wollen. Fühlen oder erkennen Sie dabei, dass diese Menschen genau auf Sie und Ihre Fähigkeiten oder Ihre Liebe und Zuwendung warten und auf sonst niemanden. Erkennen Sie auch, dass, falls Sie nicht kommen und Ihre Aufgabe verweigern sollten, ihnen dann etwas fehlen würde, sie vielleicht Schaden oder Schmerzen erleiden würden, ihren Weg nicht finden könnten oder ihre Heilung und Entwicklung behindert oder verzögert sein könnte.

Wenn Sie dies voller Mitgefühl erleben, dann werden Sie sich sicher entscheiden, Ihre Lebensaufgabe anzunehmen und zu verwirklichen. Falls Sie sich dazu entschließen, können Sie nun mit ihnen reden, ihnen versichern, geloben oder ankündigen, dass Sie Ihre Tätigkeit aufnehmen und diese Wesen nicht im Stich lassen werden. Visualisieren Sie dann, wenn Sie dies wünschen, zusätzlich eine Lichtbrücke von Ihrem Herzen zum Herzen jedes dieser Menschen. Über diese Brücken schicken Sie dann noch mal Ihr Einverständnis zur Hilfe, kündigen ihnen Ihr Kommen oder Ihre Tätigkeit an, versichern ihnen, dass jene auf Sie zählen können und was sonst Sie ihnen noch mitzuteilen wünschen. Beenden Sie dann in guter Stimmung und voller Vorfreude diese Übung und fühlen Sie in sich diese neue Motivation.

6.6 Der Lieblingsplatz – Die Reise zur Seelenmitte

Sind wir einmal mit dem Seelenhaus und seinen Bereichen vertraut, so spricht nichts dagegen, noch weiter in das Innere unseres Wesens vorzudringen und eine Reise hin zu unserer Seelenmitte zu unternehmen, der Mitte unserer Persönlichkeit und Individualität in diesem Leben, der bildlich durch den *Lieblingsplatz* symbolisiert wird. Dies ist noch nicht der göttliche, unsterbliche Teil von uns, also die Geistseele oder der geistige Seelenfunke, der ewig ist, unser Leben überdauert und unsere Erfahrungen speichert. Dieser göttliche Teil ist reines Licht und ist ein Teil des Allgeistes oder, wie die alten Philosophen sagten, ein Funke des Allfeuers. Er ist eigentlich kein Teil mehr von uns selbst, sondern ein Teil des allumfassenden Geistes, ein Licht im Licht. Doch selbst diesen lichten Seelengrund können wir erreichen, indem wir von unserer Seelenmitte, also vom Lieblingsplatz aus, in den Himmel, der den Geist symbolisiert, aufsteigen, und letztlich über das Raum-Zeit-Gefüge unseres Kosmos hinausgehen, wie in „Reise ins Licht" (Übung 12) beschrieben.

Im Gegensatz zu diesem geistigen Teil, diesem Seelengrund, ist hier mit Seelenmitte lediglich die Mitte unserer hier in Raum und Zeit verkörperten Persönlichkeit gemeint, unser individuelles Zentrum. Diese persönliche innere Mitte wird visualisiert über das Bild des „Lieblingsplatzes", zu dem wir jetzt gehen wollen. Der Lieblingsplatz ist, so verschieden er bei unterschiedlichen Menschen auch sein mag, definiert als der für uns liebste oder schönste Platz im ganzen Universum, harmonisch und friedlich, wohlgeordnet, rein und frisch wie am ersten Tag der Schöpfung. Es ist ein Platz, an dem wir uns wirklich zu Hause, geborgen und harmonisch fühlen, an dem wir uns ausruhen und aus unserer Mitte neue Kraft und Energie tanken können. Damit ist er zugleich der beste Kraftort, den wir besuchen können, und wenn wir diesen inneren Ort gefunden haben, brauchen wir nicht mehr nach äußeren Kraftorten zu suchen, sondern können hier, im Inneren, alles finden, was wir bislang im Äußeren gesucht haben.

Es ist ganz einfach: Ihr Lieblingsplatz ist der Ort in Ihrer Vorstellung, der mit Ihrem Wesen am besten übereinstimmt, der damit Ihr Inneres am besten ausdrückt, der unberührt ist von jedweder Disharmonie, von Mangel und Begrenzung. Er ist der für Sie in Raum und Zeit vollkommene Ort, ein meist, wenn auch nicht immer, paradiesischer Platz, der aber auch noch weiter umgestaltet werden kann, falls Sie dies wünschen oder falls er Sie nicht zufrieden stellt. Haben wir ihn erst einmal gefunden, so können wir immer wieder über das entsprechende Bild der Erinnerung dorthin gehen, ihn fühlen und genießen und dort auch Kraft, Harmonie und Frieden für das alltägliche Leben auftanken.

Um ihn zu finden, müssen wir nicht krampfhaft überlegen, wie er wohl aussehen könnte, auch müssen wir ihn uns nicht ausdenken oder vorstellen. Dies wäre eine Behinderung des Verstandes, die es zu vermeiden gilt. Wir lassen uns vielmehr diesen Platz von der Seele selbst zeigen, uns ganz einfach dorthin führen, und bisher gab es keinen Fall in der Praxis, wo dies nicht gelungen ist. Jeder wurde sicher dorthin geleitet, wenn er willens war, dorthin zu gelangen. Wenn wir dann erst einmal dort waren, ihn einige Male besucht und ihn kennen gelernt haben, können wir später über das Bild auch direkt dorthin springen, ohne den Weg vom Seelenhaus aus gehen zu müssen, wie wir es jetzt zu Anfang machen. Doch werden wir sehen, dass es durchaus seinen Sinn hat, den Weg dahin zu gehen, und dass interessante Begegnungen auf diesem Weg durch die Wälder und Täler des Unterbewussten möglich sind, die uns auch seelisch weiterbringen und für uns heilsam sein können, wenn wir achtsam darauf reagieren.

Mit der folgenden Übung ist es nun ganz einfach, Ihren Lieblingsplatz zu finden. Es ist eine sehr angenehme, wunderbare und erholsame Erfahrung, die wir machen können. Viele Menschen sind sich überhaupt nicht bewusst, dass es in ihrer Seele neben den ständigen Wünschen, Sorgen und Nöten und dem Sich-Abmühen und Problemlösen noch einen Zustand gibt bzw. ein Zustand möglich ist, in dem man völlig frei davon ist, in dem man einfach nur in sich verankert die Dinge beobachtet, sich gelassen an ihnen freut, sich einfach inmitten dieser Schönheit und Geborgenheit ausruht und Kraft und Lebensmut schöpfen kann. Wir nennen ihn auch den Zustand des

Beobachters, weit weg vom Getriebe und der Unruhe dieser Welt, und von dort können Sie alles gelassen betrachten oder aber einfach in sich ruhen. Besonders für solche Menschen, die noch keine Meditationserfahrungen haben oder diesen Ort der inneren Stille nicht kennen, wird die folgende Übung eine sehr wohltuende und heilsame Erfahrung sein. Haben wir dieses innere Zentrum einmal in uns gefunden, dann haben wir einen sicheren Hafen in den Stürmen des Lebens entdeckt oder geschaffen, den uns niemand mehr nehmen kann und wohin wir uns immer wieder zurückziehen können, um zur Ruhe zu kommen und innere Kraft zu schöpfen oder von hier zu geistigen Welten zu starten.

ÜBUNG 9: Die Reise zur Seelenmitte

Begeben Sie sich also wieder in einen tiefen Ruhezustand wie zu Beginn der Seelenhaus-Übung 5. Visualisieren Sie Ihr Seelenhaus als Ausgangspunkt der Reise und gehen Sie dort hinein. Schauen Sie sich um, ob alles in Ordnung ist. Bevor Sie sich nun auf den weiteren Weg machen, ist anzuraten, dass Sie vorher noch (siehe Übung 3) ein schönes Bad nehmen. Nachdem Sie sich dabei gereinigt, den äußeren Schmutz abgewaschen und sich erfrischt haben, ziehen Sie neue, helle und frische Kleider an. Fühlen Sie sich frisch, leicht und frei und voller Vorfreude auf die kommende Reise. Gehen Sie dann aus dem Haus und schließen Sie es ab, so dass es für die Dauer der Reise wohl verwahrt ist. Gehen Sie nun zum Rand Ihres Grundstücks, wo die große, schwere Truhe auf Sie wartet. Falls Sie genügend Zeit haben, ist es empfehlenswert, diese zu benutzen (siehe Übung 4) und sich von alten Belastungen, störenden Emotionen oder sonstigem Ballast zu befreien, um so leichter reisen zu können. Öffnen Sie also die Truhe, und legen Sie alle störenden und belastenden Energiestrukturen aus Ihrem System hinein, indem Sie diese alten Gefühle oder Energiefelder zuerst nach Farbe und Form in Ihrem Körper lokalisieren und sie dann mit Ihren geistigen Händen aus Ihrem Körper herausnehmen und in die Kiste hinein legen. Während der Dauer der Reise werden diese Energien umgewandelt und transformiert und Ihnen danach als neue und frische Energien wieder zur Verfügung stehen.

Danach machen Sie sich auf den Weg. Es ist ein schöner, angenehmer Tag (natürlich in der Vorstellung). Sollte das Wetter aber schlecht und trüb sein, dann verschieben Sie Ihre Reise auf einen anderen Zeitpunkt. Stellen Sie sich nun einen Weg vor, der von Ihrem Grundstück weg führt, hin zu

Ihrem Lieblingsplatz. Sie müssen nur die Absicht und die Zuversicht haben, dass dieser Weg zu jenem Platz führt, ohne vorher wissen zu müssen, wo er sich befindet oder wie er aussieht. Ihre Absicht ist Ihr Navigationsgerät und wird Sie sicher dorthin bringen. Wandern Sie nun durch die Wiesen und Wälder Ihres Unterbewusstseins einfach den Weg entlang in Richtung auf Ihren Lieblingsplatz, genießen Sie ruhig die Gegend und beachten Sie auch Tiere und andere Wesen auf dem Weg, aber lassen Sie sich davon nicht aufhalten, zu Ihrem Ziel zu gelangen.

Falls Sie unterwegs *Tiere* oder sonstige *Wesen* sehen, ist es wichtig, diese zu beachten und mit ihnen Freundschaft zu schließen. Bemerken Sie zunächst, wie weit jene von Ihnen entfernt sind und ob sie Ihnen freundlich oder feindselig gesinnt sind, ob sie sich verstecken oder offen und zutraulich reagieren. Halten Sie dann für einen Moment inne und rufen oder bitten Sie diese Tiere zu sich her. Signalisieren Sie ihnen, dass Sie ihre Zuneigung wünschen und Freundschaft mit ihnen suchen, bieten Sie ihnen etwas zu essen an oder streicheln Sie sie, so wie man eben mit befreundeten Tieren umgeht. Denken Sie aber bitte auf der Reise nicht über die Bedeutung nach, sondern behandeln Sie die Tiere einfach so liebevoll und zutraulich, wie Sie es eben vermögen. Sie können mit den Tieren auch ein kurzes Gespräch führen und beispielsweise fragen: „Was ist deine Botschaft an mich, was willst du mir sagen oder mitteilen?" Dies könnte durchaus interessant sein. Auf jeden Fall lassen Sie sich nicht allzu lange aufhalten, und falls Sie im Moment nicht mit ihnen Frieden schließen können oder falls die Tiere weglaufen, so gehen Sie einfach weiter zu Ihrem Lieblingsplatz.

Nach einiger Zeit sollten Sie dann auf einem wunderbaren, schönen Platz ankommen. Falls nicht, dann bitten Sie Ihre Seele, direkt dorthin gebracht zu werden. Sie werden es ganz sicher merken, wenn Sie dort sind, da dieser Ort eine wunderschöne, angenehme Energie ausstrahlt und Frieden, Ruhe und Harmonie vermittelt. Dieser Platz kann für jeden Menschen völlig verschieden sein, und man kann ihn daher nicht an äußeren Kriterien festmachen. Einer hat seinen Lieblingsplatz am Meer, der andere auf einer Lichtung im Wald, der nächste wiederum in den Bergen oder sogar im Himmel. Bitte beurteilen und kritisieren Sie es nicht, sondern nehmen Sie zunächst einmal an, was Ihnen hier präsentiert wird, und wenn Sie dann noch etwas hinzufügen oder verändern wollen, beispielsweise einen Fluss oder Wasserfall zur Erfrischung, so ist dies jetzt oder später durchaus möglich.

Nehmen Sie den Platz mit allen Sinnen an und genießen Sie seine Ruhe und Kraft. Begeben Sie sich in die Mitte dieses Platzes, schauen Sie sich um, prägen Sie sich die wichtigsten Bilder und Ansichten ein, so dass Sie später rein durch das Wiederaufrufen und Visualisieren des Bildes auch direkt dorthin springen können. In der Mitte des Platzes ruhen Sie sich aus, legen sich vielleicht ins Gras oder in eine Hängematte oder wie immer Sie es sich eben gemütlich machen wollen. Fühlen Sie sich hier weit weg von der Welt und ihrem Getriebe, fühlen Sie die Ruhe und den Frieden, schauen Sie in den weiten blauen Himmel über sich und lassen Sie hier Ihre Seele ein bisschen baumeln. Meist entsteht hier auch ein Gefühl völliger Sicherheit und Geborgenheit, so dass Sie völlig entspannen können. Lassen Sie, falls noch Gedanken kommen sollten, diese einfach weiterziehen wie die Wolken am Horizont, ohne ihnen irgendeine Bedeutung zu geben. Hier sind Sie in Ihrem Sein, und alles ist gut so, wie es ist, nichts muss verändert, besorgt, geregelt und kontrolliert werden. Spüren Sie auch das herrliche Gefühl, dass die Schöpfung hier noch ganz frisch ist, wie am ersten Tag oder wie an einem Frühlingsmorgen. Falls es einen Fluss oder Wasserfall gibt, können Sie auch ruhig einmal davon trinken und sich so mit neuer Lebenskraft aufladen, oder darin baden und erfrischen.

In der Mitte des Platzes können Sie auch einen kleinen Altar errichten und mit dem Göttlichen kommunizieren. Oder aber Sie visualisieren sich hier eine Lichtsäule, die Sie einhüllt und bis in die höchsten Höhen hinaufreicht. Dadurch können Sie mit dem göttlichen Geist Verbindung aufnehmen, beispielsweise Fragen stellen und darauf Antworten bekommen, sozusagen Gespräche mit Gott führen. Über diese Lichtsäule können Sie zudem mit Freunden und Wesen aus der geistigen Welt Kontakt aufnehmen, auch Engel können diesen Ort gut besuchen. Wenn Sie hier vom Himmel ein Zeitfahrzeug bestellen, natürlich nur mit Fahrer, so können Sie ganz leicht Reisen in Ihre Vergangenheit, vor allem in Ihre früheren Leben unternehmen. So werden Sie auch sehen, dass sich hier am Rande des Lieblingsplatzes Ihr Seelenführer oder Ihr Schutzengel aufhält. Wir werden ihn in einer folgenden Übung (10) einmal besuchen. Wenn Sie sich dann genug hier aufgehalten haben, können Sie direkt wieder in Ihr Seelenhaus zurück springen (sie müssen den Weg nicht zurück laufen), um dort eventuell noch etwas anderes zu tun, oder Sie können nun die Übung beenden, indem Sie wieder ins Hier und Jetzt zurückkehren, sich dehnen und strecken und die Augen öffnen.

Die Bedeutung der Tiere und Wesen auf dem Weg

Diese Wesen symbolisieren abgespaltene (nicht verdrängte) Teile Ihrer Gesamtpersönlichkeit, und je weiter sie weg sind, um so weiter haben Sie sie aus Ihrem bewussten Leben verbannt und umso weniger wollten Sie mit diesen Anteilen Ihrer selbst noch zu tun haben. Die üblichen Charaktereigenschaften der Tiere zeigen Ihnen sofort, was Sie hier abgespalten haben. Beispielsweise zeigt sich bei vielen Frauen heutzutage, dass sie auf dem Weg scheue Rehe sehen, die ihre zarte, feminine, grazile, aber auch verletzliche Seite symbolisieren und anzeigen, die sie vielleicht im harten Berufsleben nicht mehr gebrauchen konnten oder abgespalten haben, weil es gesellschaftlich derzeit nicht opportun ist, eine solche Seite zu zeigen. So wurde diese Seite in die Wälder des Unterbewussten abgeschoben.

Dies geschah sicher nicht aufgrund bewusster Entscheidungen, sondern zumeist unbewusst, aufgrund von negativen Erfahrungen, von gesellschaftlichen oder religiösen Vorgaben oder von eigenen Ideen aus ihrem Ego, wie sie sich am besten im Lebenskampf verhalten sollten. Das dafür scheinbar nicht Geeignete wird dann abgespalten. Doch diese Entscheidungen waren oft nur für eine bestimmte Situation oder Zeit gedacht, waren damit sehr kurzsichtig gewählt. Oder sie wurden vielleicht in den ersten Lebensjahren, beispielsweise von einem dreijährigen Kind aufgrund einer negativen Situation gefällt, das aber noch keinen Überblick darüber hatte, welche Anlagen und Anteile im Leben wirklich wichtig sein werden. Insofern waren alle diese Entscheidungen mehr oder weniger einseitig und ungünstig und sollten daher korrigiert werden, indem Sie diese abgespaltenen Teile wieder zu sich zurücknehmen und wieder in sich integrieren, um damit ganz und heil zu werden.

Diese Integration der verlorenen Anteile, dieser Weg zu mehr Ganzheit und Fülle Ihres Wesens geschieht innerhalb unserer Reise dadurch, dass Sie mit den Tieren, also den durch diese Bilder ausgedrückten Anteilen, wieder Frieden schließen, dabei eventuell zugleich eine wichtige Botschaft von ihnen vernehmen, sie streicheln und vor allem sie füttern oder sie eine Wegstrecke mit sich gehen lassen. Indem so symbolisch diese Tiere und Wesen wieder zu Ihren Freunde werden, freunden Sie sich parallel auch wieder mit jenen abgespaltenen Teilen Ihres Wesens an. Gelingt dies auf Dauer, so haben Sie die entsprechenden Kräfte, Fähigkeiten oder Emotionen wieder zur Verfügung, die bislang abgetrennt waren.

Dabei können Sie – müssen aber nicht – nachdenken, was die einzelnen Tiere zu bedeuten haben, denn alle Tiere sollten und müssen wieder zurückgeholt und integriert werden, egal, ob Sie sie im Moment gut und angenehm finden oder nicht, denn sie gehören zu Ihnen, es sind Anteile von Ihnen, sonst würden sie ja auch nicht in den Wäldern *Ihres* Unterbewusstseins herumlungern. Dennoch kann es nach der Reise interessant sein, einmal zu analysieren, was wir im Lauf der Zeit so alles abgespalten oder unterdrückt haben und was durch die Tiere symbolisiert wird, beispielsweise die Freiheit durch den Adler, die kraftvolle, männliche, tierische Sexualität durch den Brunfthirsch oder Platzhirsch, der Mut und die Führungskraft durch den Löwen, die Fruchtbarkeit durch den Hasen (vgl. Osterhase), die Weisheit durch die Eule und vieles mehr. Wie gesagt, ist dieses Wissen nur notwendig, um die Neugier zu befriedigen, oder aus Gründen der Forschung, für die Heilung hingegen ist es völlig unwesentlich, und daher müssen Sie dies auch nicht genau studieren und sich damit auch keine Mühe machen, wenn Sie dies nicht wollen.

Auf verschiedenen Reisen können natürlich auch verschiedene Tiere auftauchen, nicht alle abgespaltenen Teile werden Sie gleichzeitig belästigen, wie auch im Leben unsere Probleme nicht alle gleichzeitig kommen, sondern zumeist hintereinander auftauchen, um nacheinander gelöst werden zu können und um uns nicht zu überfordern. Machen Sie sich also keinesfalls Stress, wenn immer mal neue Tiere auftauchen, sondern schließen Sie mit denen Freundschaft, die dazu bereit sind, und die anderen verschieben Sie auf das nächste Mal. Oder Sie machen es sukzessive und lassen beispielsweise die scheuen Rehe jedes Mal etwas näher kommen, bis sie schließlich sich streicheln oder füttern lassen. Dies ist doch die einfachste Methode, etwas wieder in sich zu integrieren. Haben Sie also Spaß mit Ihren bislang unbekannten Seelenanteilen, und nehmen Sie sie bewusst Stück für Stück wieder an sich. Dadurch werden Sie immer mehr ganzheitlich, umfassend, mächtig und frei und werden so eine in sich harmonische und attraktive, nicht mehr durch Defizite behinderte, sondern vielseitige Persönlichkeit, die auf andere Menschen sicher faszinierend und motivierend wirken wird.

6.7 Das Treffen mit dem Seelenführer

Während des Besuchs Ihres Lieblingsplatzes und damit Ihrer Seelenmitte können Sie auch ganz leicht und einfach Ihren Geistführer kennen lernen, der jedem Menschen auf dieser Welt zugeteilt zu sein scheint und der nach unserer Erfahrung meist am Rande des Platzes wohnt, und Ihnen damit immer recht nahe ist. Vermutlich waren es diese Wesen, die man im Volksmund früher auch „Schutzengel" nannte, aber es sind keineswegs nur Engel, sondern es können je nach Entwicklungsstand der Seele alle möglichen Wesen sein, beispielsweise Verstorbene, Lehrer, Meister, andere Menschenwesen, die diese Aufgabe übernommen haben, ja sogar Lichtwesen kommen vor. Sie können im Laufe der Bewusstseinsentwicklung auch innerhalb eines Lebens wechseln. Haben Sie daher keine vorgefassten Erwartungen, sondern seien Sie ganz offen, was auf Sie zukommt. Sie sind meist weise, aber nicht allwissend, und man sollte sie daher nicht wie ein Orakel, sondern wie einen guten Freund oder eine Freundin behandeln.

ÜBUNG 10: Das Treffen mit dem Seelenführer

Begeben Sie sich also wie in der letzten Übung auf den Lieblingsplatz. Sie können nach einiger Vorübung und, falls Sie das Bild noch gut in Erinnerung haben, auch direkt dorthin springen, allein durch die Visualisation des Bildes und das Hervorrufen des entsprechenden Gefühls. Nehmen Sie sich innerlich vor (Absicht formulieren), heute Ihren Geistführer zu treffen. Nachdem Sie sich wieder mit Ihrem Lieblingsplatz vertraut gemacht und sich dort eingerichtet und ausgeruht haben, begeben Sie sich an den Rand dieses wunderschönen Ortes. Halten Sie dort Ausschau nach einer kleinen Hütte, einer Behausung, vielleicht auch einem Zelt, einem Baumhaus oder einer Höhle, in der Ihr Seelenführer üblicherweise wohnt. Später können Sie ihn durch das Bild seiner Behausung, ist sie erst einmal gefunden, direkt lokalisieren und wiederfinden oder aber ihn direkt bei seinem Namen rufen.

Wenn Sie darüber noch im Unklaren sind, dann fragen Sie sich direkt: „Wenn ich wüsste, wo könnte dann mein Seelenführer wohnen?" Oder bitten Sie einfach um einen kleinen Hinweis, ein Zeichen, ein Bild, durch das Ihnen der Ort gezeigt wird. Gehen Sie dann dort hin und lassen Sie zunächst bewusst alle Ihre Ängste los, denn dieses Wesen ist einzig dazu da, um Ihnen zu helfen, und kann ihnen daher nicht schaden. Sonst könnte er nicht Ihr Seelenführer sein. Rufen Sie nun mental nach ihm, klopfen Sie an die Tür oder treten Sie einfach ein. Bitten Sie notfalls mehrmals, dass er erscheint. Er wird dann entweder in einer bestimmten Gestalt auftauchen, plötzlich hinter oder neben Ihnen stehen. Vielleicht können Sie seine Anwesenheit auch nur fühlen oder spüren, und auch das ist für den Anfang genug. Auf jeden Fall müssen Sie sich hüten, seine Erscheinung zu bewerten oder gar abzulehnen. Wie man ein Buch nicht nach dem Umschlag bewerten soll, so auch nicht einen Seelenführer nach dem Aussehen. Seien Sie vielmehr dankbar, dass er erschienen ist, und begrüßen Sie ihn zunächst einmal recht herzlich, ob Sie ihn nun klar sehen können oder nicht, und drücken Sie Ihre Freude aus, mit ihm direkt kommunizieren zu können.

Dann fragen Sie ihn (oder sie, falls es ein weibliches Wesen ist) doch einfach nach dem Namen. Dieser kann Ihnen helfen, ihn/sie in Zukunft direkt auch aus dem Alltagsbewusstsein anzurufen oder direkt um Unterstützung zu bitten, denn der Name steht in direkter Resonanz zu seinem Wesen. Sollten Sie hier immer noch keinen direkten oder klaren Kontakt haben, so bitten Sie ihn einfach um seine Hilfe, diesen Kontakt herzustellen, beispielsweise durch eine Medizin, die er Ihnen verabreicht, oder einen Talisman, durch Energieheilung oder was auch immer.

Sprechen Sie nun mit ihm wie mit einem guten Freund und fragen Sie ihn einfach, was Sie gern wissen wollen, oder teilen Sie ihm mit, was Sie auf dem Herzen haben. Bitte beachten Sie dabei, dass der Seelenführer im Normalfall nicht allwissend ist und nicht unbedingt über umfangreiche Fähigkeiten oder Kenntnisse verfügt, und daher keine Wunder wirken kann. Er ist mehr ein Ratgeber und Helfer, der hier einfach eine Zeit lang seinen Dienst tut. Er ist ein anderes eigenständiges Wesen, das Ihnen zu Ihrer Unterstützung, zum Schutz und zur Hilfe vom Schicksal beigesellt worden ist. Er sollte auch nicht wie ein Orakel behandelt oder gefragt werden, als ob er alles wüsste. Selbst das von ihm Übermittelte sollten Sie prüfen, ob es für Sie Sinn ergibt und ob Sie es annehmen wollen.

Sprechen Sie also auf seinem Niveau zu ihm und bitten Sie ihn um Antwort auf Fragen zu Themen von Ihnen und Ihrem persönlichen Umfeld, zu Ihrem Leben und Ihrer Lebensführung, die er auch beantworten oder überschauen kann, und bitten Sie ihn um Schutz und Hilfe, die er Ihnen gern gewähren wird, denn dies ist sein Job. Zum Schluss der Unterredung können Sie ihm versichern, falls Sie dies wünschen, dass Sie nun öfter vorbeikommen wollen und sich gern mal wieder mit ihm treffen. Ferner können Sie mit ihm zum Abschluss noch ein Geschenk austauschen, falls Sie dies wollen. Geben Sie ihm einfach etwas, was Ihnen gerade in den Sinn kommt, und lassen Sie sich auch etwas geben oder schenken, was für Sie sicher eine symbolische Bedeutung haben wird. Danach verabschieden Sie sich wieder herzlich, sehen ihn weggehen und begeben sich zurück zur Mitte des Lieblingsplatzes, auf dem Sie sich nun einige Minuten ausruhen und über alles nachdenken und es verarbeiten können.

Beenden Sie schließlich die Übung, indem Sie wieder in den Raum und in die Gegenwart zurückkommen, auch wieder Ihren Körper bewusst in Besitz nehmen, sich bewegen, sich frisch und munter fühlen, wieder im Hier und Jetzt sind.

6.8 Angst auflösen

Hier wollen wir Ihnen – wie angekündigt – noch eine sehr effiziente Methode vorstellen, um Ängste aufzulösen. Wenden Sie sie an, falls Sie irgendwelche Ängste verspüren, diese vorliegende Methode anzuwenden, ins Seelenhaus hineinzugehen, den Seelenführer oder die Tiere auf dem Weg zu treffen, oder welche Ängste auch immer Sie davor haben oder während der Übungen entstehen. Natürlich können Sie die Methode auch bei allen anderen Ängsten aus Ihrem Alltag einsetzen. Sie funktioniert immer, es sei denn, es sind noch weitere verborgene Ursachen vorhanden, die Ihnen gefühlsmäßig nicht zugänglich sind. Denn auch diese Methode geht über das Gefühl, und Sie müssen die Ursache oder Inhalte der Angst gar nicht kennen, sondern nur fühlen. Dies macht die Sache sehr einfach. *Halten Sie sich aber ganz genau an den vorgegebenen Ablauf.*

ÜBUNG 11: Angst auflösen in 10 Schritten

1. Angst fühlen
Nehmen Sie die Angst, die Sie auflösen wollen, und fühlen Sie sie so stark wie möglich. Wenn Sie sie momentan nicht so gut fühlen können, dann versetzen Sie sich nochmals in die Situation, in der Sie die Angst das letzte Mal gespürt haben. Schließen Sie dabei die Augen.

2. Angst im Körper lokalisieren
Spüren Sie nun in Ihren Körper hinein, wo die Angst sitzt, wo sie sich in Ihrem System bemerkbar macht, und richten Sie darauf nun alle Ihre Aufmerksamkeit, so dass sie wirklich deutlich und auch körperlich gefühlt wird.

3. Angst nach außen projizieren
Projizieren oder werfen Sie nun bewusst diese Angst in den mentalen Raum vor sich, so wie ein Dia- oder Filmprojektor ein Bild nach draußen auf eine Leinwand wirft. Stellen Sie sich also bewusst vor, wie die Angst nach draußen in den (mentalen, nicht physikalischen) Raum vor Ihnen projiziert wird und dort konkret im Raum erscheint und sichtbar wird.

4. Form der Angst definieren
Schauen Sie diese nach draußen projizierte Angst an und beantworten sich folgende Fragen:
a) Welche Farbe hat sie?
b) Wie groß ist sie in Meter oder Zentimeter ungefähr?
c) Welche Form und Substanz hat sie? (rund, eckig, luftig, felsig, schwammig usw.)

Nehmen Sie damit die Angst so konkret wie möglich wahr, denn Ängste hausen am besten im Unbewussten und werden schon erheblich geschwächt, wenn sie bewusst angeschaut werden.

5. Entscheidung
Entscheiden Sie sich nun mit aller Kraft und absolutem Willen, vor dieser Angst nicht mehr wegzulaufen, sich nicht mehr von ihr bestimmen zu lassen oder sie zu fürchten, sondern sie jetzt ein für alle Male aufzulösen. Ziehen Sie gegen sie ins Feld wie Siegfried gegen den Drachen, und genauso fühlt es sich meistens an. Aber nicht verzagen, gehen Sie einfach hier weiter – und Sie werden siegen.

6. Hilfsmittel anfordern (optional)
Dies ist ein optionaler Schritt, den Sie tun können oder auch nicht, aber er macht es Ihnen leichter. Bitten Sie einfach den Himmel, den Geist, Ihr höheres Selbst, Ihnen jetzt beizustehen und Ihnen ein Hilfsmittel – eine Waffe, einen Talisman oder was auch immer – zu schenken. Was auch kommt, nehmen Sie es dankbar an, auch wenn Sie jetzt noch nicht wissen sollten, wozu es gut ist.

7. In die Angst hineingehen
Statt wie bisher vor der Angst zu fliehen, gehen Sie nun mental direkt in die vor Ihnen im Raum liegende Form hinein, unabhängig davon, wie groß sie ist, ob nur wenige Zentimeter oder riesengroß. Dies ist sehr machtvoll, da Ängste gewohnt sind (wie Drachen), dass man vor ihnen davonläuft. Visualisieren Sie also, wie Sie auf dieses Gebilde zugehen, und dann gehen Sie einfach da hinein und hindurch wie durch einen Wasserfall. Sie erkennen dabei oder machen sich klar, dass dies nur ein Gebilde des Bewusstseins ist, wie ein Hologramm, wie ein Bild, und Sie können einfach hineingehen.

8. Fühlen und zerstören
Wenn Sie drin sind, dann fühlen Sie die Angst vielleicht noch mal etwas stärker, das müssen Sie in Kauf nehmen, aber entscheiden Sie nun noch einmal mit aller Entschiedenheit, dies jetzt zu zerstören und aufzulösen. Zerschlagen, sprengen, zerbröseln, verbrennen, verdampfen Sie es, zerstören Sie es auf welche Weise auch immer, und haben Sie Spaß daran. Es hat Sie lang genug gequält. Nutzen Sie auch Ihr Hilfsmittel oder erschaffen Sie sich alle Waffen, die Sie brauchen, wie vielleicht einen Flammenwerfer, um es abzufackeln. Je entschlossener, umso besser. Machen Sie weiter, bis nur noch Reste zu sehen sind.

Es ist hilfreich bei diesem Kampf zu erkennen, dass dieses Gebilde nur in Ihrem Bewusstsein existiert, also von Ihnen erschaffen wurde, dass Sie der Schöpfer sind und Sie es daher jederzeit wieder zerstören können, dass es nur durch Ihre Energie existiert.

9. Weitergehen auf einen neuen Level, auf eine neue Ebene
Löst es sich auf oder zerbröselt es, sind also nur noch Reste zu sehen, dann – aber erst dann – gehen Sie einfach weiter. Kümmern Sie sich bitte nicht mehr um die Reste oder den Abfall, gehen Sie einfach im mentalen Raum vorwärts. Üblicherweise sehen Sie nun einen Weg, ein Tor, durch das Sie bitte hindurchgehen, oder eine neue Ebene, die Sie betreten. Schauen Sie, wie das Wetter ist. Ist es gut, haben Sie es geschafft, ist es schlecht, ist noch ein weiterer Aspekt aufzulösen. Gewöhnen Sie sich energetisch an den neuen Level, fühlen Sie die Energie. Eventuell ist da ein See oder Fluss, in dem Sie sich vom Kampf reinigen sollten.

10. Geschenk annehmen
Haben Sie sich an dieses neue Land, die neue Ebene gewöhnt, so folgen Sie hier bitte Ihrem Herzen mit der Vorgabe, Ihr Geschenk zu finden. Ängste und Probleme sind nämlich in einem Aspekt einfach nur Hüter der Schwelle, die Ihre geistigen Schätze bewachen und sie erst freigeben, wenn Sie stark genug geworden sind, die Ängste davor zu besiegen. Wie bei Videospielen bekommen Sie etwas, wenn Sie das Problem gelöst oder das Hindernis überwunden haben, wie im Märchen der Held dann die Prinzessin, das halbe Königreich oder einen Topf Gold bekommt. Gehen Sie also durch die mentale Landschaft und halten Sie Ausschau, ob Sie etwas finden, ob Ihnen etwas angeboten wird (zum Beispiel ein Thron) oder was Ihnen Ihr Gefühl zu tun rät. Auch könnte es eine Energie sein, die Sie bekommen, oder über ein Symbol oder symbolische Handlung ein Talent, eine Fähigkeit, eine Gabe. Meist können Sie dies auch gleich anwenden. Genießen Sie es, und selbst wenn Sie kein konkretes Geschenk finden sollten (was aber immer da ist), so haben Sie in jedem Fall Ihre Angst überwunden und aufgelöst. Das ist doch auch etwas wert.

Hinweise zur Fehlerhebung:
Bislang konnten wir damit alle Ängste auflösen, solange nur die Anweisungen genau befolgt wurden, unabhängig, ob sie als groß oder klein, als momentan auftretend oder chronisch eingestuft wurden. Wenn es doch einmal nicht klappte, lag dem einer der folgenden Fehler zugrunde, die wir deshalb auflisten, damit Sie diese vermeiden können.

a) Die Angst wird nicht klar genug gefühlt oder projiziert.
Grundlage des Verfahrens ist es, die Angst deutlich in sich und dann im Körper zu fühlen. Dies ist wichtig, um sie dann überhaupt projizieren zu können. Wenn die Projektion erfolgt und das Gefühl dann noch zu schwach ist, so können Sie sich nochmals die Anweisung geben, dass alle ähnlichen oder damit zusammenhängenden Gefühle mit hinein projiziert werden.

b) Die Angst wird nicht klar genug außen wahrgenommen.
Voraussetzung ist ferner, dass die Angst im mentalen Raum vor uns konkret definiert wird, das heißt, ihre Form und Farbe muss klar erkannt werden. Darum müssen die drei Fragen bei Punkt 4 unbedingt gestellt und dürfen nicht übergangen werden. Der Klient muss auch genau darauf antworten, also die Form und ihre Grenzen im Raum klar wahrnehmen. Die Angst muss zum konkreten Objekt werden.

c) Der Klient oder Sie kommen nicht in die Form hinein.
Das müssen Sie aber. Die Angst kann sehr trickreich sein, plötzlich verschwinden oder ganz klein werden, sodass Sie denken: Das lohnt sich nicht mehr, sie ist ja schon weg. Nein, das ist sie nicht, bevor sie nicht von *innen* aufgelöst wurde. Das ist ganz wichtig. Falls also beispielsweise die Form ganz klein wird, nur wenige Zentimeter groß, dann machen Sie sich auch klein und gehen trotzdem hinein.

Ein anderes häufiges Problem besteht darin, dass die Form angeblich zu hart oder zu fest ist und Sie nicht hineinkommen. Dann stellen Sie sich mit der Kraft Ihres Geistes vor, dass es nur eine Luftspiegelung, ein holographisches Bild ist, und gehen dann hinein. Es ist in Ihrem Bewusstsein, und nichts Materielles!

d) Die Form lässt sich nicht auflösen.
In diesem Fall stärken Sie erst einmal Ihren Willen und Ihre Entschlossenheit, denn der Wille entscheidet alles, die Bilder sind nur seine Aktionsform. Ferner können Sie hier all Ihre Phantasie in die Schlacht werfen und sich alle möglichen Waffen oder Hilfsmittel ausdenken, wie einen großen Staubsauger, der Nebel absaugt, oder einen Flammenwerfer, der Schleim verbrennt, oder Dynamit zum Sprengen von harten Sachen usw.; dies geht noch während des Kampfes. Schließlich können Sie auch zusätzliche Hilfe des Himmels anfordern. Als wir dies kürzlich bei einer Klientin machten, die sehr willensschwach war, sah sie einen Engel, der mit seinem Schwert die Form zerstören half. Sie müssen eigentlich nur wollen, alles andere geht fast von selber.

e) Das Geschenk lässt sich nicht finden.
Schauen Sie erst einmal, ob Sie (oder der Klient) durch das Tor gegangen oder überhaupt auf irgendeinem Weg in eine neue Ebene gelangt sind. Manchmal scheint plötzlich alles nur dunkel zu sein und viele brechen dann ab. Dies ist ein großer Fehler. Es ist nur deshalb dunkel, weil das Geschenk so groß ist, dass man es nicht gleich fassen kann. Gehen Sie einfach immer weiter durch das Dunkel oder den Nebel mit der festen Absicht, Ihr Geschenk zu finden, und es lichtet sich dann. Falls Sie aber dort sind, jedoch nichts Konkretes finden, so erleben Sie erst einmal die Landschaft und eventuell die Menschen dort und gewöhnen Sie sich an die Energie. Dann fragen Sie Ihr Herz: Was möchte ich hier tun? Wohin soll ich gehen? Oft werden Sie einen langen Weg geführt, bis Sie zu einem Tempel, einem Schloss, einem Haus kommen, wo etwas Wichtiges auf Sie wartet. Fragen Sie einfach immer wieder sich und Ihr Herz oder Ihren Geist, auch die Menschen, die dort auftauchen: Was soll ich hier tun, was wollt ihr von mir, was kann ich mit euch machen, was könnt ihr mir zeigen? – und Sie werden dahin geführt werden.

6.9 Die Reise ins Licht

Die folgende Übung ist *für Fortgeschrittene* gedacht oder für solche, die mit diesen Visualisationsreisen schon ausreichend Erfahrung haben sowie auch über genügend Konzentrationsvermögen verfügen, um mindestens eine gute Stunde auf die Reise zu gehen. Der Weg führt uns dabei über unsere irdische Persönlichkeit hinaus in unser geistiges Wesen, unser ICH BIN, das – wie viele Religionen lehren und wie auch die moderne Bewusstseinsforschung zeigt – über dieses Leben sowie auch über unsere zahlreichen Leben auf dieser Erde hinweg Bestand hat, unsere beständige Identität ausmacht und sich in immer neuen Körpern sowie Persönlichkeiten verkörpert. Wir wollen hier nicht lange spekulieren, was unser geistiges Wesen ist (vgl. dazu andere Bücher des Autors wie „Geh den Weg der Mystiker" oder „Der Seele Grund"). Wir wollen es hier vielmehr selbst in uns empirisch erfahren und über die entsprechenden Gefühle und Einsichten so gut wie möglich direkt erfassen.

Es ist empfehlenswert, sich dafür die dazu gehörige CD „Das Seelenhaus" (erscheint Sommer 2007 im Verlag Via Nova) zu besorgen. Dort ist der Text mit Musikuntermalung in einer passenden Geschwindigkeit aufgesprochen, so dass Sie sich bequem führen lassen können. Sie können die

Meditation jedoch auch selbst auf Band sprechen und sich von dort anhören, oder es sich von jemandem langsam vorlesen lassen.

Die folgende Bildreise geht aus vom Lieblingsplatz, den Sie ja schon gut kennen oder kennen sollten, als die Mitte unserer derzeitigen Persönlichkeit. Sie führt über mehrere Stufen bis hinein in die Lichtwelten, wo üblicherweise dieser geistige, ewige Kern der Seele als reines Licht erfahren wird. Die Mystiker sprechen hier auch vom Seelenfunken, von der Burg in der Seele, vom Licht der Seele, vom göttlichen Teil oder der göttlichen Ebene der Seele. Doch wie immer man es bezeichnet, ist ohne Bedeutung. Nichts kann die entsprechende Erfahrung ersetzen, nach der es sich so anfühlt, als ob wir hier vollkommen, ganz, rein und unschuldig sind, nur noch einen Lichtkörper haben, der wiederum mit allen anderen Wesen verbunden und letztlich eins ist, so wie viele Lichter in einem Raum nur ein Licht ergeben.

In dieser reinen und lichten Einheitserfahrung gehen wir über alles Irdische und Raum-Zeitliche hinaus. Wir werden zwar in den Himmelswelten (höheren Astralwelten) eine Pause einlegen, wo es Dualität und Polarität, wenn auch in sehr abgeschwächter Form, noch gibt. Hier können wir sehr schöne Erfahrungen machen, auch interessante Wesen treffen, Belehrungen annehmen oder einfach Spaß haben. Dann erst gehen wir in Richtung des Licht-Tores in die kosmische Lichtwelt, wo die Polarität von Gut und Böse, von Licht und Dunkel aufgehoben ist. Dieses geistige, reine Licht kennt keine Schatten mehr, denn es ist zugleich die wahre Liebe, die ebenfalls keinen Gegensatz mehr kennt, und dies ist zugleich das Wesen des Seins (Gott *ist* nach dem Johannes-Evangelium die Liebe). Dieses reine Sein ist die Einheit der Gegensätze, und daher bringt die Liebe alles wieder in diese Einheit zurück. Da hier wie in einem Hologramm alles in allem ist und jeder alles mit allen teilt, wie der Mystiker Meister Eckhart immer wieder treffend gesagt hat, kann es keine Differenzen mehr geben, sondern es ist eine allumfassende Einheitserfahrung, wiewohl es zugleich noch ein Gefühl von Individualität gibt, eben von einem Licht im Licht, von einem Funken im Feuer, von einer Welle im Meer, und somit kein Verlust der eigenen Existenz befürchtet werden muss. Es scheint vielmehr die Erfüllung der eigenen Existenz zu sein.

Über die hier vorgegebenen Bilder wird nun Ihre Frequenz auf die jeweilige Ebene eingestimmt, und dies bedeutet, dass Sie jene Gefühle und Erfahrungen empfangen können, wenn Sie damit irgendwie in Resonanz sind. Dieser Empfang kann stark oder schwach sein, je nach der Empfindlichkeit Ihres seelischen Empfängers, und vielleicht mit jeder Reise zunehmen. Seien Sie also nicht enttäuscht, wenn Sie nicht gleich alle Ebenen erfahren bzw. zuerst nur schwach erleben werden. Es ist eine anspruchsvolle Reise, und es ist schon phantastisch und faszinierend genug, dass es über solche Bilder überhaupt möglich ist, dorthin zu reisen, und dass es solch eine Navigationsmöglichkeit gibt. Gehen Sie dabei stets nur so weit, wie es für Sie in diesem Moment angenehm und leicht zu verkraften ist, genießen Sie dann die Ebenen und kehren Sie danach wieder in Ihre Seelenmitte, auf Ihren Lieblingsplatz zurück. Dies ist immer der Rückkehrpunkt, von dem aus Sie auch wieder in die Gegenwart, ins materielle, alltägliche Leben erwachen. Beginnen Sie diese Übung bitte nur, wenn Sie seelisch ausgeglichen und energetisch fit sind und im Moment keine größeren Probleme anstehen, die Sie belasten. Schließlich sollten Sie zudem ausreichendes Vertrauen ins Leben oder in Ihre geistige Führung besitzen, zumindest so weit, dass Sie darauf vertrauen können, dass Sie von jener göttlichen Ebene aus stets geführt, behütet, geschützt und getragen werden.

ÜBUNG 12: Die Reise ins Licht

Vorbereitung

Führen Sie die Übung an einem angenehmen Ort durch, wo Sie keinesfalls gestört werden können. Diesmal empfehlen wir Ihnen auch, anders als bei den Seelenhaus-Reisen, die besser im Sitzen gemacht werden, sich für die Dauer der Reise bequem hinzulegen. Falls Sie am Anfang dabei einschlafen, ist dies auch kein Problem. Sorgen Sie für gute Luft und bequeme Kleidung, und lassen Sie nun den Körper auf der Unterlage ruhen.

Durchführung

Kommen Sie auch innerlich zur Ruhe. Lassen Sie alle anderen Dinge wie auch Gedanken los. Jetzt sind nur noch die Bilder und Gedanken dieser Übung wichtig, alles andere hat keine Bedeutung mehr. Lassen Sie den Körper auf der Unterlage ruhen in der sicheren Gewissheit, dass Sie nicht der Körper sind, sondern der, der ihn belebt und steuert. Während er nun mehr und mehr zur Ruhe kommt, wird der Geist wach und klar, ganz wach und klar, und mit jedem Atemzug gehen wir nun tiefer und tiefer in einen ganz tiefen Bewusstseinszustand, in dem Sie alles erfahren und wissen können, alles auftaucht, was Sie zu wissen wünschen. Sie öffnen dabei zugleich Ihr drittes Auge und können nun beliebig durch Raum und Zeit schauen. Zugleich wenden Sie Ihre Aufmerksamkeit von außen nach innen, schließen die Sinnestore und hören nur noch die Worte und die Musik zu dieser Übung, alle anderen Geräusche und Gedanken werden völlig unwichtig, haben keine Bedeutung mehr, ziehen einfach vorüber wie Wolken am Horizont. Wie ein U-Boot, das abtaucht, schließen Sie nun alle äußeren Sinnestore und wenden sich den inneren Welten zu. Sie können dabei alle auftauchenden Bilder klar und deutlich sehen und auch alle anderen inneren Eindrücke gut wahrnehmen.

Wir stellen uns jetzt vor, wir sind wieder an unserem **Lieblingsplatz**, und eine wunderbare Ruhe breitet sich in uns aus. Schauen Sie sich um, fühlen und genießen Sie für einen Moment die Ruhe, den Frieden und die Schönheit dieses Platzes. Begeben Sie sich in die Mitte, und lassen Sie hier alle Sorgen und Anspannungen, alle Nervosität des Alltags völlig los. Machen Sie es sich ganz bequem, legen Sie sich hin und spüren Sie, wie der ganze Körper zur Ruhe kommt, während Ihr bewusster Geist wach und klar ist – ganz wach und klar. Schauen Sie mit Ihren Augen in den leeren, weiten Himmel, und eine Sehnsucht erwacht in Ihnen, in diesen Himmel aufzusteigen und ihn wie ein Adler frei zu durchstreifen, eine wirkliche Sehnsucht erfasst Sie jetzt nach dieser grenzenlosen Freiheit.

Der Himmel ist wie der Geist überall, umfasst alles, aber Sie können ihn nicht umfassen. Wenn man etwas in ihn hineinstellt, wird er nicht mehr, wenn man etwas wegnimmt, wird er nicht weniger. Grenzenlose Weite, unendlicher Raum, und doch ist er da in seinem schönen Blau, und wir wünschen uns wieder, in ihn aufzusteigen und wieder frei zu sein.

Während wir so da liegen und mit jedem Atemzug tiefer und tiefer in unser Bewusstsein sinken, bemerken wir, wie der Atem in uns ein- und ausgeht. Wir spüren, wie der Atem beim Einatmen in uns einströmt und beim Ausatmen wieder ausströmt. Realisieren Sie dabei zugleich, dass Sie nicht der Körper sind, sondern vielmehr der Atem, der diesen Körper belebt, ihm bewusst seine Kraft verleiht. Sie sind der Atem, der in diesen Körper hineingeht und beim Ausatmen wieder hinausgeht. Fühlen Sie, wie Sie beim Einatmen hineingehen, wie sie den Körper beleben und mit jedem Ausatmen alles nicht mehr Benötigte mit hinaus nehmen, immer ruhiger, immer gelassener. Sie sind jetzt der Atem, doch der Atem ist auch der Wind. Atem und Wind sind dasselbe, denn der Wind wird beim Einatmen zum Atem, und der Atem geht beim Ausatmen wieder in den Wind über. Der Atem wird zum Wind und der Wind zum Atem, Wind und Atem sind dasselbe. Sie sind Atem und Sie sind Wind, ganz leicht, wie ein Hauch, und ganz frei. Als Atem gehen Sie in den Körper, beleben ihn und werden beim Ausatmen wieder zum Wind. Spüren Sie, wie Sie ganz leicht und frei werden, nur noch Atem, nur noch Wind sind, und so lassen Sie jetzt den Körper einfach zurück und spielen mit dem Wind – und der Wind spielt mit Ihnen.

Lassen Sie den Körper und das Körpergefühl jetzt ganz los, lassen Sie zu, dass der Wind Sie umschmeichelt, mit Ihnen spielt und Sie emporträgt wie einen Rauch, der langsam aufsteigt, höher und höher schwebt, höher und höher, ganz von selbst. Wie vom Wind empor getragen, vergessen Sie alles andere, fühlen einfach, wie Sie in diesen blauen **Himmel** emporsteigen, wie dieser Wind Sie ganz sanft empor trägt. Wir sind Atem, wir sind Wind und lassen uns ganz hingegeben vom Aufwind höher und höher tragen, wie ein Rauch, der langsam in den Himmel steigt. Fühlen Sie jetzt ganz deutlich, wie Sie langsam emporgehoben werden wie ein Vogel, der seine Kreise zieht, getragen vom Aufwind, höher und höher, bis über die höchsten Gipfel hinaus. So lösen wir uns langsam von allem Irdischen und folgen unserer Sehnsucht in den weiten, blauen Himmel hinein. Gleiten Sie wie ein Adler weit über das Land, weit über die Gipfel, weit über die Erde und ihre täglichen Gedanken und Erwartungen, und genießen Sie das völlige Freisein. Hier gilt es nur zu sein, frei zu sein, nichts zu tun, sondern nur zu gleiten, zu staunen, sich einfach an dieser grenzenlosen Weite zu freuen.

Spüren Sie die immer größer werdende Freiheit, die Weite, die Grenzenlosigkeit, den weiten, klaren Himmel, ein Symbol des Geistes, überall und nirgends zugleich. Hier gibt es keine Grenzen, keine Beschränkungen, und alles Irdische ist weit unter uns zurück wie unser Körper, der gut behütet ist und sich jetzt für die Dauer unserer Reise ausruht. Wir jedoch ziehen weiter, steigen in den hohen Himmel und darüber hinaus weiter ins dunkle All hinein, lassen einfach alles andere zurück, schenken all dem keine Beachtung mehr, freuen uns, über diese Welt hinausgetragen zu werden, lassen es einfach zu, in den Kosmos zu gleiten.

Hier können Sie sich auch einen himmlischen Begleiter wünschen, sich einen Engel oder ein himmlisches Wesen an Ihre Seite stellen, wenn Sie dies wollen. Tauchen Sie nun über den Himmel hinaus in das Dunkel des **Kosmos** ein, driften Sie ins All und schauen Sie, was es hier zu sehen gibt. Fühlen Sie die endlosen Räume, gleiten Sie vorbei an Planeten und Monden, vorbei an Sternen und Sternsystemen, und wertschätzen, bewundern Sie diesen Kosmos, der wörtlich übersetzt „der Schöne" heißt. Genießen Sie diese unglaubliche Sphärenharmonie, die Farben und Formen der unendlichen Räume, dieses Panorama an Schönheit, das alles nur zu einem einzigen Zweck geschaffen wurde, um erkannt und bewundert zu werden von einem Betrachter, – und der sind Sie. Ja Sie. Für Sie ist dies alles geschaffen. Wertschätzen und bewundern Sie es also, und lassen Sie sich einfach hindurch gleiten und führen. Erkennen, fühlen und genießen Sie die Gestaltung, Ordnung, Symmetrie und Harmonie dieses Universums und seien Sie einen Moment dankbar dafür, dass Sie dies erleben dürfen, dass dies alles ein gütiger Schöpfer für Sie geschaffen hat. Sie sind dabei von allem Irdischen völlig befreit, ein reiner Beobachter, Sie staunen nur und wertschätzen ohne Unterlass. Spüren Sie die riesige Dimension, in die sich Ihr Geist jetzt ausweitet, alles umfassend, grenzenloser Raum. Fühlen Sie, wie letztlich alles in Ihnen, in Ihrem allumfassenden Bewusstsein enthalten ist. (Alles ist in dir, doch du bist größer, und all dies ist in dir, in deinem Bewusstsein enthalten.)

Heute wollen wir selbst über diesen riesigen Kosmos hinausgehen. Nehmen Sie dazu Ihren Willen, wünschen Sie es sich und legen Sie Ihre Absicht darein, jenseits dieser Schöpfung zum Ursprung zu gelangen, zum Sein, zum Licht dahinter. Sie spüren nun, während Sie immer weiter driften, wie Sie an die Grenzen dieser galaktischen Raum-Zeit-Blase gelangen, wie langsam die letzten Sterne und Sternsysteme an Ihnen vorbeiziehen und es immer dunkler und leerer wird, immer leerer, bis Sie plötzlich in ein völliges Dunkel eintauchen, in das dunkle Unbekannte, das die gesamte materielle Schöpfung umgibt. Sie sind jetzt am Rande der riesigen Raum-Zeit dieses Universums angekommen. Schauen Sie nicht zurück, sondern gleiten Sie in das Dunkel vor Ihnen (so wie Sie es einst tun werden zum Zeitpunkt Ihres Todes).

Tauchen Sie hinein und hindurch wie durch einen dunklen Tunnel, bis auf der anderen Seite plötzlich ein kleines, irgendwie **übernatürlich goldgelbes Licht** von ferne auftaucht, ein wunderschönes, helles Leuchten, auf das Sie langsam zuhalten und auf das Sie Ihre ganze Aufmerksamkeit richten. Während Sie ganz von selbst in diese Richtung schweben, wird es langsam größer und heller, nimmt immer mehr an Strahlkraft und Leuchtkraft zu. Dieser schöne, übernatürliche, kleine Lichtpunkt, auf den Sie langsam, aber unaufhaltsam zugehen, das ist das Licht Ihrer Seele. Spüren Sie ein seltsames Wiedererkennen, ein Sehnen, ein Ahnen. Spüren oder bemerken Sie nun, wie dieses Licht immer größer und größer, immer weiter und umfassender wird, je näher Sie kommen, bis schließlich die ersten Lichtstrahlen dieses Lichtes Sie berühren und durchdringen, Sie erwärmen und mit Liebe erfüllen, auch mit einem Gefühl von Nach-Hause-Kommen. Es ist Ihr wahres Sein, es ist das Licht Ihrer Seele.

Driften Sie langsam in Ihrem Tempo immer weiter auf dieses übernatürliche Licht zu, bis es schließlich den ganzen Horizont ausfüllt und Sie ganz umschließt. Tauchen Sie nun völlig darin ein und darin unter, ohne irgendetwas von sich zurückzuhalten. Fühlen Sie, wie dieses Licht Ihr ganzes Sein immer heller macht, durchleuchtet und durchlichtet, Sie völlig durchdringt, und auch, wie Sie in diesem Licht geliebt, gehalten und umfangen werden. Saugen Sie dieses Licht nun in sich auf wie ein Schwamm das

Wasser, und lassen Sie es durch alle Fasern Ihres Wesens hindurchströmen. Sie sind nun selber Licht im Lichte, Geist im Geist, wahres Wesen, eingebettet in die unendliche Liebe. Wünschen Sie nichts anderes mehr, geben Sie sich diesem Licht völlig hin und spüren Sie, wie Sie mit Ihrem ganzen Sein dieses Licht aufnehmen, wie es Sie völlig durchlichtet und durchstrahlt. Verschmelzen Sie jetzt damit. Geben Sie sich dem ganz hin, werden Sie jetzt ganz eins mit diesem Licht, völlig eins, völlig durchdrungen.

Genießen Sie das einige Momente lang, verstärken oder bekräftigen Sie es noch durch Ihre Absicht und Ihre bewusste Entscheidung für dieses göttliche Licht. Wenn Sie wollen, können Sie hier im Licht jetzt Fragen stellen, um die Lösung von Problemen oder um Erkenntnis und Hilfe bitten. Vielleicht trauen Sie sich sogar, mit dem Schöpfer zu sprechen, Gespräche mit Gott zu führen. Wie die Lichter in einem Licht, wie die Reben am Weinstock, sind wir hier alle mit allen verbunden und alle zugleich ineinander. Bleiben Sie hier so lange, wie es für Sie angenehm ist, aber überanstrengen Sie sich beim ersten Mal nicht, sondern lassen Sie alles harmonisch und mühelos geschehen – Sie können ja immer wieder kommen.

Von hier aus können Sie nun direkt in eine **Himmelswelt** gehen, indem Sie sich dies vornehmen, darum bitten, in die für Sie geeignete Welt gebracht zu werden, und dann durch das Licht weitergehen, bis eine bestimmte Tür oder ein Tor auftaucht oder bis Sie sich plötzlich in einer wunderschönen, farbigen Welt wiederfinden. Vielleicht braucht es ein oder zwei Anläufe, aber dann sind Sie drin. Wir gehen durch das Licht oder durch den Lichtnebel und bitten, in die entsprechende jenseitige Welt gebracht zu werden. Hier ist alles sehr vielfältig, viele Farben, Formen, fremdartige, doch freundliche Wesen tauchen auf. Genießen Sie die riesige Vielfalt des himmlischen Lebens. Hier im Himmel gibt es viele Wohnungen, und keine gleicht der anderen. Seien Sie deshalb neugierig wie ein Kind, schauen Sie sich um, welche Tiere und Pflanzen, welche Dinge und Formen es gibt. Sprechen Sie mit den hier lebenden Gestalten, und manchmal trifft man sogar auf bekannte Wesen. Sprechen Sie mit ihnen, lassen Sie sich alles zeigen, fragen Sie ruhig, essen Sie hier auch etwas oder trinken Sie von dem Wasser des Lebens, das hier fließt. Ruhen Sie sich hier ruhig einmal gründlich aus, dafür haben Sie nun ein bisschen Zeit.

Nachdem wir nun erfrischt und voller Kraft und Freude sind, wollen wir noch den Weg ins kosmische Bewusstsein, den Weg ins **Lichtreich** beschreiten. Sehen Sie also in der Ferne (von dieser Himmelswelt aus) einen gewundenen Weg nach oben führen, den auch viele andere Wesen beschreiten, eine Straße, die sich immer höher hinauf windet bis an die Pforte des Lichtreichs. Gehen Sie dahin und gehen Sie mit den anderen Wesen zusam-

men langsam hinauf, weiter und weiter, höher und höher, über alle Welten hinaus, --- und in der Ferne sehen wir schon ein großes Tor auftauchen, ein riesiges Tor. Darauf halten wir zu. Es ist das Tor zwischen den Welten, das Tor des Herzens, das große Tor. Näher und näher, näher und näher gehen wir, bis wir direkt davor stehen. Ist es schon offen oder öffnet es sich, wenn Sie darum bitten? Wenn ja, gehen Sie hindurch. Vielleicht ruft auch jemand aus dem Licht dahinter Ihren Namen. Wer gehen kann, möge gehen, und wem es verschlossen ist, der bleibe vor dem Tor und schauen hinein ins Licht mit der Bitte, dass er vorbereitet werde und das nächste Mal hindurchgehen darf. Laufen Sie also hinein, erleben Sie es, tanzen Sie im Licht, fallen Sie hinein in das Licht, genießen Sie das Licht, verschmelzen Sie mit dem Licht und den Wesen darin. Dafür gebe ich Ihnen jetzt etwas Zeit. Wir treffen uns später wieder vor dem Tor.
(Lassen Sie sich ca. 5–10 min Zeit. --- Heilige Musik – wie die Cäcilienmesse in c-moll von Gounod – wäre gut zur Unterstützung, um nicht abzudriften.)
Bereiten Sie sich nun wieder für die Rückkehr vor, indem Sie nochmals so viel wie möglich Licht in sich aufnehmen, wie ein Schwamm das Wasser, um es später wieder in Richtung unserer Welt zurückzubringen, und auch, um selbst in sich Licht zu werden und zu bleiben. Verabschieden Sie sich dann von dort wieder und gehen Sie durch das Tor zurück auf dem Weg, auf dem Sie hierher gekommen sind. Gehen Sie wieder hinunter in die Himmelswelt, von der aus Sie gestartet sind, --- und machen Sie hier eine kleine Pause, gewöhnen Sie sich wieder an die niedereren Schwingungen, und erfreuen Sie sich noch mal an dieser Schönheit. Wenn Sie genug ausgeruht sind, richten Sie Ihre Absicht wieder auf die Rückkehr in die Raum-Zeit aus und lassen sich langsam fallen, sinken tiefer und tiefer, fallen immer tiefer zurück ins Dunkel, das die Welten trennt. Lassen Sie sich einfach durchs Dunkel fallen in die Raum-Zeit-Blase hinein, bis plötzlich der Kosmos wieder erscheint. Erleben Sie auf der Rückkehr noch einmal die Pracht der Sterne, Galaxien, Sternennebel, Sonnen und Planeten, während Sie langsam in Richtung Erde schweben, gesteuert durch den Autopiloten. Sie nähern sich diesem schönen blauen Planeten, den Sie ja gut kennen.
Sobald der Planet **Erde** aus den Tiefen des Alls wieder auftaucht, halten Sie einen Moment inne und bewundern Sie seine Schönheit. Ein blauer Planet, das ist sehr außergewöhnlich in den Weiten des Alls. Fühlen Sie diese Erde, wie sie nicht nur wunderschön, sondern auch innerlich belebt ist, selbst ein lebendes Wesen ist, das vielen Wesen Leben ermöglicht. Geben Sie nun etwas von der Liebe und dem Licht, das sie mitgebracht haben, an diesen Planeten ab, senden Sie ihm Wertschätzung und Liebe, verbunden mit dem

Wunsch, dass es ihm von jetzt an besser gehen möge, dass er heilen, immer lichter und liebevoller werden möge. Tun Sie dies für einen Moment.

Dann gleiten Sie weiter in die Atmosphäre hinein, durch den Himmel in Richtung Ihres Lieblingsplatzes. Kurz vor der Landung halten Sie ein und sehen Ihren **Körper von oben**, wie er ruhend in der Mitte dieses Platzes liegt. Fühlen Sie, wie Sie ihn in ihrem Ego-Wahn oft missbraucht, geschunden, ausgenützt oder überfordert haben. Nehmen Sie sich daher auch hier wieder einen Moment Zeit und übertragen Sie Ihrem oft so verletzten Körper von dem Licht, das Sie mitgebracht haben, tanken Sie ihn richtig auf, lassen Sie ihn gesunden. Sehen Sie, wie er zu leuchten, zu vibrieren oder zu heilen beginnt. Besonders dann, wenn Sie an einer Stelle konkrete körperliche Probleme haben, lassen Sie heilende Licht-Energie dorthin fließen.

Nun gleiten Sie wieder in Ihren Körper zurück und schlüpfen in ihn hinein, wie man in eine warme Badewanne sinkt oder in einen Handschuh schlüpft, und fühlen Sie sich dann wieder im Inneren des Körpers. Danach zählen wir bis sieben, und wenn wir bis sieben gezählt haben, sind Sie wieder ganz im Hier und Jetzt, zurück im Alltagsbewusstsein, und fühlen sich frisch und munter.

(Anweisung: Die folgenden Zahlen müssen unbedingt klar und deutlich angesagt werden!)

Eins: Sie können sich an alle Erlebnisse auf der Reise gut erinnern, sie sind nun wie auch die Heilungen und positiven Veränderungen jetzt unauslöschlich in Sie eingeprägt, und Sie können jederzeit alle diese Erkenntnisse, Bilder und Gefühle wieder abrufen und erinnern.

Zwei: Sie können und werden jetzt alle Erlebnisse und Erfahrungen dieser Reise sehr gut verarbeiten, und sie werden auch in den nächsten Tagen und Wochen weiter in Ihr System integriert werden, ganz von selbst, und Ihre Persönlichkeit wird sich hierdurch ausbalancieren und harmonisieren.

Drei: Fühlen Sie, wie alle Ihre Körper, vor allem der physische und der emotionale Körper, wieder mit neuer Energie und Leben aufgetankt sind und alle noch bestehenden Begrenzungen und Beschwerden von dieser Licht-Energie Schritt für Schritt abgebaut und geheilt werden.

Vier: Sie kehren nun ganz automatisch wieder in das Alltagsbewusstsein zurück, reduzieren die Aktivität und den Empfang in Ihren Antennen und in Ihrem dritten Auge wieder bis auf das normale Maß, wie es für Sie jetzt gut und erträglich ist.

Fünf: Sie sind nun wieder in Ihrem physischen Körper stabil und sicher verankert, optimal geerdet und stabilisiert, wobei alle alten und neuen Energien sich harmonisch ausbalancieren und miteinander ins Gleichgewicht kommen.

Sechs: Sie sind jetzt wieder ganz in der Gegenwart, bewegen wieder Ihre Arme und Beine, strecken und dehnen sich etwas, wachen ganz auf und
Sieben: Sie öffnen jetzt die Augen und erwachen – die Meditation ist beendet.

So weit die Übung. Wenn möglich, stürzen Sie sich danach nicht gleich wieder in den Alltagsstress, sondern genießen Sie für einen Moment diese innere Leichtigkeit, Balance, Lichthaftigkeit, Ruhe und vielleicht auch Freude. Ruhen Sie sich einen Moment aus oder machen Sie vielleicht einen kleinen Spaziergang, bevor Sie sich wieder den Alltagsgeschäften zuwenden. Doch selbst inmitten des Getriebes dieser Welt sollten Sie das Wissen und das Bewusstsein, dass Sie im Innersten Licht und Liebe, dass Sie ein freies und machtvolles geistiges Wesen sind, nie mehr völlig aus dem Sinn verlieren, vielmehr sich gerade in schwierigen Situationen wieder bewusst daran erinnern und dies auch auf andere Menschen ausstrahlen und übertragen. Natürlich macht auch hier die Übung den Meister, und je mehr Sie dies einüben und vertiefen, umso mehr werden Sie von dieser Erfahrung profitieren, umso schneller wird die Reise gehen, umso tiefgreifender werden die Erfahrungen und umso stärker und tiefgreifender wird auch die Veränderung Ihrer gesamten Persönlichkeit sein.

Vom Lieblingsplatz aus können Sie übrigens nicht nur ins Licht, sondern auch in viele andere Dimensionen reisen, können über ein **Zeitfahrzeug** in andere Zeiten reisen oder über einen **Lichtkanal** andere Planeten besuchen. Doch alle diese anderen Welten, so schön sie auch sein mögen, ob materiell oder astral oder was auch immer, sind doch alles nur Erscheinungen in Raum und Zeit, sind nur weitere Formen und Farben, die auch wieder dem Tod unterworfen und damit vergänglich sind. Ohne dieses Spiel der Schöpfung abwerten zu wollen, ist für uns doch das Wichtigste – anstatt nur die schiere Vielfalt und immer neue Abenteuer zu suchen – diese Reise zum Ursprung, diese Reise ins Licht, diese Reise zur Einheit hin. Denn das ist zugleich der Weg, auf dem sich die Seele weiterentwickelt, und vor allem ist dieses Ziel, diese Einheit dauerhaft und unvergänglich. Dort haben wir den Tod überwunden, und ich möchte hier schließen mit einem Zitat aus der Weisheit der uralten indischen Upanischaden, womit unser Weg, der Weg der Seele, gut beschrieben ist:

vom Schein zum Sein,
von der Finsternis zum Licht,
vom Tod zu ewigem Leben.

7. Ausblick

Damit kommen wir nun zum Schluss dieses Buches, das ja ein Buch für die Praxis sein will. Sie haben hier die moderne Seelenhaus-Methode in die Hände bekommen, mit der Sie nicht nur ständig *Ihre Persönlichkeit durchleuchten und analysieren können, sondern auch sich verändern, Reisen machen in Raum und Zeit, Ihre Lebensaufgabe erkennen, Ihren Seelenführer treffen können* und vieles mehr. Ich habe Ihnen diese leichte und effiziente Art, mit der Seele zu sprechen, ohne viel Theorie vorgestellt, ohne auf die philosophischen oder psychologischen Erklärungen und Grundlagen näher einzugehen. Dies habe ich ausführlicher in meinen anderen Büchern getan. Natürlich sind hier auch viele schon bisher bekannte Bausteine der Psychologie und Mystik in diese neue Methode eingeflossen wie das Arbeiten mit inneren Bildern, und es ist den Pionieren und Erfindern dieser Bausteine zu verdanken, dass wir hier dieses Seelenhaus als so einfachen Schlüssel zu inneren Welten erschaffen konnten, und wir wünschen, dass es wiederum auch von vielen Therapeuten und Fachleuten ausprobiert, genützt und weiterentwickelt wird.

Denn auch das beste Verfahren ist nur erfolgreich, wenn es tatsächlich benutzt wird und wenn Sie dies auch für Ihr praktisches Leben einsetzen. Dies können Sie, denn die Treffsicherheit der Analysen und die bis ins Detail hohe Genauigkeit sind an Tausenden von Fällen erprobt.

Die Bilder des Seelenhauses oder Lieblingsplatzes usw. sind aus der empirischen Arbeit mit der Seele gewonnen und vielleicht deshalb so wirkungsvoll, weil sie von der Seele selbst entwickelt und uns auf den inneren Reisen gezeigt wurden. Nutzen Sie es also für sich und Ihren Alltag, auch für Ihre Mitmenschen, setzen Sie es immer wieder spielerisch ein und erschließen Sie sich damit Ihre Innenwelten, erkennen Sie sich selbst immer besser, kommen Sie mit Ihrer Seele in einen Dialog. Darüber hinaus haben Sie jetzt auch ein ganz einfaches Werkzeug, sich selbst ohne Leiden und Anstrengung zu verändern, haben im Bild des Seelenhauses eine Metapher, über die auch der Himmel Ihnen helfen und in Ihrer Seele für Sie wirken kann.

Sicher steht diese Methode erst am Anfang, wird aber bereits von vielen *Heilpraktikern, Therapeuten, Lebensberatern und Psychologen* erfolgreich genutzt. Für jene wurde das beiliegende Formblatt als Arbeitshilfe entwickelt. Sicher wird diese Methode in den nächsten Jahren noch von vielen Anwendern und Nutzern vielleicht auch aus anderen Bereichen weiterentwickelt und ausgebaut werden, und dies ist völlig in Ordnung. Wie alles fließt, müssen auch die Methoden des Bewusstseins immer neu angepasst und dem Zeitgeist entsprechend verändert werden, und neue Zeiten erfordern natürlich neue Verfahren. Die vorliegende eignet sich sehr gut für die heutige Zeit, vor allem, da sie wenig Zeit erfordert, zugleich sehr effizient ist und schnell und unkompliziert zu tieferen Schichten des Bewusstseins vorstoßen kann. Auch ist sie von jedem leicht anzuwenden, erfordert also keine jahrelange Ausbildung oder intensives Training, was viele Menschen bei anderen Methoden abschreckt und diese dadurch zu elitären Werkzeugen von Insidern werden lässt. Diese Methode ist aber völlig demokratisch und äußerst kostengünstig und kann von jedermann mit gutem Willen und unter Einhaltung der Voraussetzungen schnell und ohne weitere Hilfe angewendet werden. Sie ist daher auch immer verfügbar, sogar an der Bushaltestelle. Dies ist eines der Zeichen der Methoden der neuen Zeit, die sich dadurch auszeichnet, dass die Menschen sich selbst erforschen wollen und nicht nur mit Hilfe von teuren Therapeuten oder Therapieverfahren, dass sie selbst Verantwortung übernehmen wollen für ihren Zustand und ihre Probleme, dass sie selber auch mehr für ihre Heilung und seelische Weiterentwicklung tun wollen.

Neben der Einzelarbeit kann sie aber auch bei Gruppen, zum Beispiel in *Seminaren* oder *Selbsterfahrungsgruppen*, angewendet werden, wobei man in der Gruppenarbeit noch den Vorteil hat, dass man die Bilder gegenseitig austauschen und besprechen kann, so dass noch viel mehr Erkenntnisse in kürzester Zeit möglich sind. So kann auch die Psyche von Teilnehmern bestimmter Arbeitsgruppen, von Familienmitgliedern, von Kindern und Jugendlichen schnell erfasst werden, oder es können solche Selbsterkenntnisse vielleicht als Start für spätere Gruppenarbeit welcher Art auch immer gemacht werden. Der Gruppenleiter könnte dabei schnell erkennen, welches Persönlichkeitsprofil bei den Teilnehmern vorhanden ist, wo es Problemfälle gibt. Auch die Mitglieder der Gruppe lernen sich viel schneller und tiefer über ihre Seelenhäuser kennen. Die Wirtschaft könnte es ebenfalls nutzen und Mitarbeiter darüber erkennen wie auch neu ausrichten und motivieren. Auch für Gruppen von Kindern sowie für die Einzelarbeit mit Kindern kann die Seelenhaus-Methode genutzt werden, da sie nicht die Sprache braucht, sondern mit dem Bild auskommt. So könnten selbst kleine Kinder aufgefordert werden, ihr Seelenhaus zu malen mit oder ohne die wichtigsten Zimmer, und sofort haben Sie einen Eindruck über den psychischen Zustand des Kindes oder der Kinder.

Für *Therapeuten* sind mit dieser Methode noch vielfältigere Anwendungsmöglichkeiten gegeben und es sind noch tiefergehende Erweiterungen enthalten, die in diesem Buch nicht beschrieben oder nur angedeutet werden können, da sie von einem Klienten oder Leser nicht alleine angewendet werden sollten. Zu nennen ist beispielsweise der Gang in den Keller, das Auffinden der dort versteckten Leichen, damit also die Wurzel von Verwicklungen, Dramen und Traumata. Hier ist eine Fokalanalyse eines Problems in weniger als einer oder maximal wenigen Stunden zu machen, indem man den Klienten das Problem erst fühlen lässt und dann mit der Absicht in den Keller geht, die Ursache zu finden. Hier wird er nun sofort irgendwelcher Gegenstände gewahr, über die man mit wenigen Fragen direkt zum Ursprung des Problems kommt. Dies geschieht mit der vorgestellten Methode schneller und treffsicherer als mit allen anderen analytischen Methoden, die ich kenne. Das kann jederzeit empirisch ausprobiert und nachgewiesen werden. In speziellen Seminaren für Therapeuten und Menschen in Heilberufen werden wir dies konkret vorstellen und auch praktisch damit arbeiten. Aber für eine solche tiefgreifende Anwendung muss ein Begleiter bei oder mit dem Klienten sein, der danach auch eine entsprechende Heilungs- und Integrationsarbeit durchführen, die aufgefundenen Faktoren handhaben und überhaupt mit diesen Bildern und Energien souverän umgehen kann.

Somit ist diese Methode auch ein geniales Werkzeug für Psychologen und Therapeuten, und hier werden in den nächsten Jahren sicher noch viele Anwendungsmöglichkeiten entdeckt und weiterentwickelt werden, so dass die Patienten viel schneller an ihre Probleme herankommen, aber vor allem auch viel schneller in ihre Heilungsprozesse und in die Genesung kommen können, zumal ja der übliche Widerstand des Verstandes oder Egos durch solche Bilder umgangen werden kann.

Auch in Bezug auf Selbsterkenntnis und *Seelenentwicklung* müssen nicht mehr unbedingt viele Jahre an extremen Übungen gemacht werden, sondern Sie können damit manche Veränderungen an sich und notwendige Entwicklungsschritte nun schnell und zielsicher machen. Daran sieht man, dass die Zeit dafür reif ist, dass nicht mehr wie früher nur wenige Privilegierte, sondern nun zumindest potenziell die Mehrheit der Menschen in immer tiefere Bewusstseinsschichten vordringen kann, wodurch wiederum sich die Schwingung des Kollektivbewusstseins rapide erhöhen kann und wohl auch wird. Somit passt diese Methode optimal in unsere Zeit und wird sich daher auch rapide verbreiten, zumal – wie ein Dichter einmal sagte, keine Macht so groß ist wie eine Idee, deren Zeit gekommen ist.

Probieren Sie es als einer der Pioniere dieser Methode nun einfach selbst aus, denn es gibt nichts Gutes, außer man tut es, und nur so sind die entsprechenden Erfahrungen zu gewinnen und Fortschritte im Bewusstsein möglich. Vielleicht finden Sie ja noch mehr Vorteile beim *Experimentieren mit dieser Methode*, und ich würde mich freuen, darüber zu hören und Ihre weiteren Erkenntnisse in die zukünftige Arbeit mit Klienten und Seminarteilnehmer einfließen lassen zu können. Wenn es gelingt, dieses Verfahren der Arbeit mit Bildern und Bildreisen im Bewusstsein einem größeren Kreis von Menschen zugänglich zu machen, dann wird es nach dem Modell des hundertsten Affen ganz plötzlich ins kollektive Bewusstsein Einzug halten, wie bereits die inzwischen weitverbreitete Methode der Aufstellungen. Wir werden dann in Kürze überrascht feststellen, dass so etwas für die folgende Generation, für die nachfolgenden Studenten oder Übenden ganz selbstverständlich und absolut normal sein wird, als ob es immer schon so gewesen wäre. Dies wäre *ein großer Fortschritt in der menschlichen Bewusstseinsarbeit wie auch in der geistigen Entwicklung der Menschheit*, so dass unsere Probleme, die ja immer Probleme im Bewusstsein sind, nicht mehr durch Projektionen, Schuldzuweisungen, äußere Konflikte, Krieg und Streit ausagiert werden müssten, sondern unmittelbar durch schnelle innere Bewusstseinsarbeit und Integration gelöst werden könnten. Allein schon das Wissen um die eigene Verantwortung der Seelenzustände wäre für die Menschen von enormem Nutzen, so dass das ewige Spiel mit der Schuld und den Beschuldigten, dass diese immense psychische Energieverschwendung aufhören könnte und das Leben zwar nicht unbedingt ohne Probleme, jedoch locker und leicht gelebt werden kann.

Dies können Sie in jedem Fall *für Ihr Leben so entscheiden und mit dieser Methode jetzt auch umsetzen.* Dies wünsche ich allen Lesern von Herzen schon deshalb, da sie durch ihr Interesse an dieser Methode und an diesem Buch zu diesem Fortschritt im kollektiven Bewusstsein beigetragen haben. Mögen Sie also – mit welcher Methode auch immer – künftig frei werden von Kummer und Sorgen, frei werden von Hindernissen und Leid, mögen Sie Ihre Probleme leicht und spielerisch lösen und stattdessen Licht, Liebe und unendliche Freude erleben, wie es uns der ewige Geist in Ewigkeit verheißt.

7.1 Formblatt für Seelenhaus-Analyse

Name: ....

Datum: ....

1. Seelenhaus Außenansicht

Größe u. Stockwerke:	Farbe(n):	Umgebung: Berge/See/Meer/Fluss
Offenheit, Fenster:	Bauzustand:	
Baustil: Hütte/Villa	Dachkonstruktion:	Landschaftsart: Dschungel/Steppe/Wüste
Formen: Baumaterial: Alter des Hauses:	Kommunikation: Standfestigkeit: Klima/Wetter: Zugänglichkeit: offen/versteckt/Hindernisse	Nachbarn, weitere Häuser: Hindernisse:

Zeichnung auf getrenntem Blatt (falls gewünscht)

2. Seelenhaus Innenansicht

Lichtverhältnisse:	Möblierung: wenig, viel, Art	Fremdeinfluss oder selbstgewählt:
Atmosphäre: Sauberkeit: Räumlichkeit: Wände: Materialien:	Einrichtung, Stil, Alter: Gefühl im Haus: Wohnlichkeit: Farbgebung:	fremde Bewohner: Bilder/Statuen:

Zeichnung auf getrenntem Blatt (falls gewünscht)

3. Wichtige Zimmer
a) Küche/Esszimmer

Größe, Ausstattung, Lebensmittel, Sauberkeit, Kochgeräte

b) Wohnzimmer

Ausschmückung (Blumen, Bilder, Vasen)

Größe (Platz für andere ?)

Gegenstände für Freizeit / Hobby wie z. B. Spiele, Fernseher

Was könnten die Schränke / Möbel beinhalten?

Kamin mit/ohne Feuer

c) Schlafzimmer

Stimmung	Farben:
Raumgröße:	Bettgröße:
Einrichtung: Luxus/schlicht:	religiöse Gegenstände: Geruch:
Zweck: (z. B. zum Ausruhen, für Party machen, Spielen, Erotik)	
Aufgeräumt, Sauberkeit:	

d) Badezimmer

Größe	Farben:	Licht, Stimmung
Einrichtung:	Materialien	Luxus?
Aufgeräumt, Sauberkeit:		
Fühle ich mich hier wohl? Verbringe ich hier gerne Zeit?		

e) Arbeitszimmer

Art (Büro, Praxis, Seminarraum …):

Gegenstände:

technische Hilfsmittel:

Benutzung (vollgestellt, leer, genutzt, ungenutzt):

Zweck: Wozu dient das Zimmer? Studieren, Kreieren, Managen, Behandeln, künstlerisch tätig sein usw. …

Was fehlt/was könnte ich noch brauchen?

f) Bücherei

Menge und Art der Bücher,   benutzt/unbenutzt   alte/neue Bücher   mögliche Buchinhalte:

g) Weitere Zimmer
(Kinder-, Gästezimmer, Meditationsraum, Schwimmbad, Keller, Kapelle, Hobbyraum)

4. Veränderungsarbeiten
(als Ziel oder schon durchgeführt)

Auftrag an einen Architekten:
a) Reinigungsarbeiten
b) Renovierung und Verschönerung
c) Umbauarbeiten
d) Einbauten (z. B. Schwimmbad, Tresors, Terrarium usw.)

Zusatzblatt: Mögliche Fragestellungen

AUSSEN

GRÖSSE: Wie groß ist das Haus, wie viele Stockwerke hat es?

OFFENHEIT: Hat es viele Fenster, Öffnungen, Glas? Viel Licht oder ist es eher verbunkert?

STIL: Villa, Bauernhaus, Hütte, Zelt, Ranch, Jugendstil, Hexenhaus, Burg, Schloss etc.?

FORMEN: Hat es eckige, mehreckige, maurische oder eher runde Formen?

MATERIAL: Welches Baumaterial, Holz, Stein, Beton, Marmor, Lehm, Glas, Licht?

FARBEN: Wie sind die verwendeten Farben des Hauses und wie wirken sie?

BAULICHER ZUSTAND: Wie ist der derzeitige Zustand des Hauses, eher neu, alt, renoviert oder renovierungsbedürftig?

DACHKONSTRUKTION: Wie ist das Dach (offen, geschlossen?) und aus welchem Material?

KOMMUNIKATION: Gibt es sichtbare Kommunikationseinrichtungen wie Antennen, Satellitenschüssel oder Teleskop auf dem Dach/im Dachgeschoss?

UMGEBUNG: Wie ist die unmittelbare Umgebung? Kulturlandschaft, Urwald, Steppe, Wüste, Wälder, Garten? Wichtig: Gibt es Berge oder Wasser/Seen oder beides?

STANDFESTIGKEIT: Ist das Haus auf sicherem oder seichtem, schwankendem, sandigem oder riskantem Grund (z. B. am Berghang) gebaut?

ZUGÄNGLICHKEIT: Ist das Haus leicht aufzufinden oder versteckt? Einfach oder nur schwer zugänglich? Eingezäunt oder gar befestigt? Gibt es bewusste Zugangshindernisse wie Verteidigungsanlagen, Bollwerke, Wehrtürme, Wassergräben oder Ähnliches?

NACHBARN: Gibt es Nachbarn und wie weit sind sie entfernt?

INNEN

LICHTVERHÄLTNISSE: Ist es im Inneren eher hell, lichtvoll oder dunkel und düster?

ATMOSPHÄRE: Ist es sehr muffig, dumpf oder angenehm, rein und klar?

SAUBERKEIT: Ist das Innere des Hauses in sauberem Zustand oder schmutzig und ungepflegt?

RÄUMLICHKEIT: Ist das Innere geräumig und weit oder eher eng und beschränkt?

WÄNDE: Sind Mauern oder Außenwände dick oder dünn und aus welchem Material (beispielsweise aus Beton oder aus Glas)?

MATERIALIEN: Wie fein oder klobig, luxuriös oder schlicht sind die innen verbauten Materialien und wie sind sie verarbeitet?

MÖBLIERUNG: Ist es voll möbliert oder nicht und wie ist es eingerichtet, welcher Stil und ggf. aus welcher Zeit stammen die Möbel?

EINRICHTUNG: Wie alt oder neu, wie teuer oder billig, wie geschmackvoll oder geschmacklos sind die vorhandenen Gegenstände? Ist die Einrichtung liebevoll oder sogar verschwenderisch gestaltet, wie von jemandem, der gern hier wohnt, oder ist sie lieblos, einfallslos, bloß nützlich, minimalistisch oder wie vorübergehend eingerichtet?

GEFÜHL: Wie ist der erste Eindruck, das erste Gefühl, wenn man das Haus betritt? Gibt es inneren Widerstand und wie fühlt dieser sich an?

WOHNLICHKEIT: Ist der Wohnbereich eher gemütlich, wohnlich oder fühlt sich die Wohnung eher kalt, funktional oder ungemütlich an?

FARBGEBUNG: Wie sind die Farben und welche dominiert? Farbton und -helligkeit?

FREMDEINFLUSS: Würde ich mein Haus so einrichten oder folge ich hier fremdem Einfluss?

FREMDE PERSONEN: Gibt es andere Personen im Haus oder Bilder von ihnen?

Kontakt zum Autor

Der Autor gibt neben öffentlichen Vorträgen, Seminaren und Kursen auch Einzelsitzungen und Einzelberatung zu den Themen:

- Philosophisch-esoterische Lebensberatung
- Lebensprobleme lösen
- Lebensaufgabe erkennen
- Hilfe zu spiritueller Entwicklung
- Reinkarnationssitzungen

nur nach vorheriger Anmeldung und Terminvereinbarung.

Infos zum Autor und zu den aktuellen Kursterminen und Veranstaltungen Webseite: www.peterreiter.com

Kontaktmöglichkeiten zum Autor:

Email: drpeterreiter@aol.com
Tel.: +49 (01 71) 3 03 03 08
Fax: +49 (0 67 72) 9 40 41
Brief: Dr. Peter Reiter, Oberstraße 6, D-56357 Himmighofen (Germany)

Weitere Bücher aus dem Verlag Via Nova:

Dein Seelenhaus

Ein direkter Weg mit der Seele zu sprechen
Übungen – Meditationen, 2 CDs

Peter Reiter

ISBN 978-3-86616-073-6

Hier nun die schon von vielen erwarteten zwei CDs mit den wichtigsten Meditationen zum Buch „Dein Seelenhaus" von Dr. Peter Reiter, der die Übungen noch einmal verbessert und verfeinert hat und sie auch selbst spricht, zusammen mit Renate Lippert. Sie können sich sanft mit Musikbegleitung entspannen sowie durch die geführten Visualisationen spielerisch leicht die eigene Seele erkunden und die Vorzüge und Defizite Ihrer Persönlichkeit in wenigen Minuten erkennen lernen.
Dies geschieht mit Hilfe einer einfachen Metapher, die jeder versteht und sofort deuten kann – dem vorgestellten Seelenhaus, das mit Hilfe der ersten Übung auf dieser CD sofort in Ihrem Inneren auftaucht.
Sie entdecken, welche Talente und Fähigkeiten in Ihnen schlummern und welche Anlagen Sie mitgebracht haben. In dem Bild des Seelenhauses erkennen Sie schnell und sicher Ihre Defizite, Blockaden oder seelische Bereiche, die der Zuwendung, Entwicklung und Heilung bedürfen – bei Ihnen selbst wie auch bei Ihren Freunden, Kindern, Partnern oder Klienten und Patienten, einzeln oder in Gruppen.

Dynamische Aufstellungen

Heilung durch die Macht der Liebe

Peter Reiter

Hardcover, 240 Seiten – ISBN 978-3-86616-008-8

„Dynamische Aufstellungen" sind ein neues und geradezu sensationell wirkungsvolles Heilverfahren, das Elemente von Mystik und Spiritualität mit moderner Psychologie verbindet. Hier werden nicht mehr wie beim Familienstellen die beteiligten Personen, sondern vor allem die Emotionen und Energien des zu heilenden Konflikts aufgestellt und geheilt. Ein weiteres wesentliches Element ist die Ausrichtung auf die göttliche Liebesenergie und die dem Menschen innewohnende geistige Kraft, die durch die Intelligenz und Ganzheit des Geistes die Konflikte auf der Ursachenebene wieder in den Fluss bringt und empirisch nachvollziehbar hier oft Wunder wirkt. Dr. Peter Reiter hat mit diesem weltweit ersten Grundlagenwerk einen Leitfaden für Heilungssuchende geschaffen, mit dem der Leser Schritt für Schritt in diese zukunftsweisende Heil-Methode eingeführt wird. Zugleich bietet es fundierte Einblicke in die Wirkungsweise, die Hintergründe sowie die Umsetzung in der Praxis und ist somit eine unabdingbare Orientierungshilfe für Heilungssuchende und Therapeuten.

Geh den Weg der Mystiker

Meister Eckharts Lehren für die spirituelle Praxis im Alltag

Peter Reiter

Hardcover, 304 Seiten – ISBN 978-3-936486-37-7

Noch nie war Mystik so spannend, so aufregend! Zeitgemäß, lebendig und alltagsorientiert vermittelt der Meister-Eckhart-Experte Peter Reiter die Lehre des größten deutschen Mystikers – exemplarisch für alle mystischen Traditionen. Die Kraft und Inspirationen der Lehre Meister Eckharts werden hier so vermittelt, dass sie direkt ins Herz des Lesers fließen. Schritt für Schritt begleitet Peter Reiter den Suchenden an den Ort, wohin der alte Meister schon seine Zuhörer führte: zur unmittelbaren Erfahrung des All-Eins-Seins inmitten der Welt, ins Hier und Jetzt! In allen Lebensbereichen kann das Göttliche geahnt, gefühlt und erfahren werden. Der Weg zum Ziel führt mit entsprechenden Übungen über verschiedene Etappen: Mitgefühl mit allem Sein, leben in Gelassenheit, Widerstand aufgeben, die Welt annehmen, Verantwortung übernehmen, Altes bereinigen, Bewerten und Verurteilen sein lassen, mit Trauer und Leid umgehen und die Liebe leben. Die Übungen im Geiste Eckharts stammen aus verschiedenen mystischen Schulen und geistigen Traditionen.

Die Kunst der Lebensfreude
Ein praktischer Weg zu mehr Lebensglück und Erfüllung

Peter Reiter

Hardcover, 264 Seiten – ISBN 978-3-936486-19-3

Der Verfasser macht in diesem Buch dem Leser bewusst, dass Lebensfreude, Glück und Erfüllung bereits in jedem liegen, wie die mystische Philosophie sowie auch die großen Religionslehrer verkünden. Der Zustand der Freude ist kein Fernziel, kein Endzustand weniger Heiliger, Erleuchteter oder gereifter Persönlichkeiten, sondern kann von allen Menschen hier und jetzt erfahren werden, wenn sie bereit sind, sich vom selbstgeschaffenen seelischen Ballast zu befreien. Diese Lebenskunst anzuwenden, die vom Lebenskampf zur Lebensfreude führt, wird jeden freier, glücklicher und vor allem liebevoller machen. Der im Buch beschriebene Weg der Lebenskunst erfordert keine Vorbildung, ist jederzeit möglich, wo immer man steht. Wenn die wenigen einfachen Regeln und Methoden dieser Kunst angewendet werden, werden Lebensaufgaben fortan mit Freude statt mit Leid ausgeführt, um geradezu „unverschämt glücklich" zu sein. Denn Glück und Unglück liegen einzig im Geist, und was ist wichtiger, als glücklich und lebensfroh zu sein?

Wo Engel gehen auf leisen Sohlen
Wie Sie Beziehungen erfolgreich und harmonisch gestalten können

Chuck Spezzano

Hardcover, 304 Seiten, ISBN 978-3-86616-056-9

„Narren stürmen blind voran, wo Engel gehen auf leisen Sohlen." Unter diesen von dem britischen Schriftsteller Alexander Pope geprägten Satz stellt Chuck Spezzano sein neues Buch. Wieder einmal geht es um menschliche Beziehungen, und wieder einmal ist es dem weltbekannten Lehrer und Experten in der Kunst von Beziehungen hervorragend gelungen, seine neuesten Erkenntnisse auf unterhaltsame, spannende und zugleich unnachahmlich humorvolle Weise zu Papier zu bringen. In 101 abgeschlossenen Kapiteln zeigt er anhand zahlreicher „wahrer Begebenheiten" aus seinem eigenen Leben und praktischer Beispiele aus den unzähligen Seminaren, die er seit vielen Jahren auf der ganzen Welt leitet, in welche Beziehungsfallen Menschen tappen und wie sie sich schnell und erfolgreich daraus lösen können, um ihre Beziehungen zu einem wahren „Kunstwerk" zu gestalten. Der „neue Spezzano" zeigt einmal mehr richtungweisende psychologische und spirituelle Wege auf, die uns zu glücklichen Beziehungen und damit auch zu einem glücklicheren Leben führen können.

Wenn es verletzt, ist es keine Liebe
Die Essenz des Bestsellers
Hörbuch mit 3 CDs – gelesen von Werner Vogel

Chuck Spezzano

Hörbuch mit 3 CDs, ISBN 978-3-86616-066-8

Die Weisheit der Liebe, die der Verfasser des Bestsellers in jahrzehntelanger Forschungsarbeit als Psychotherapeut, als weltweit bekannter Seminarleiter, als visionärer Lebenslehrer und als Begründer der „Psychology of Vision" entdeckt und in klare Weisungen umgesetzt hat, verwandelt den Menschen und berührt sein wahres Wesen, das Liebe ist. Die wichtigsten Aussagen des Buches sind in dem Hörbuch zusammengestellt. Durch die nach jedem Abschnitt angebotenen Übungen kann das theoretisch Erkannte auch in den praktischen Alltag umgesetzt werden, dann wird das Hörbuch zu einem Wegbegleiter und Ratgeber in bedrängenden Beziehungsnöten. Eine begleitende spirituelle Musik führt noch stärker in die Tiefe und verstärkt die Wirkung der Übungen. So werden Sie Schritt für Schritt in die wichtigsten Grundprinzipien der Liebe eingeführt, reifen in Ihrer Selbsterkenntnis und können Ihre Beziehungen in Partnerschaft und Freundschaft neu ordnen, vertiefen und intensivieren.

Vom Urknall zur Erleuchtung
Die Evolution des Bewusstseins als Ausweg aus der Krise
Christian Brehmer
Hardcover, 280 Seiten, Großformat, 140 vierfarbige Fotos, 130 Grafiken
ISBN 978-3-86616-064-4

„Du kannst das Problem nicht lösen auf der Ebene, wo das Problem seine Wurzeln hat", sagte Albert Einstein. Es lässt sich nur von einer übergeordneten Ebene aus lösen. In diesem Buch geht es um die Umrisse dieser übergeordneten Ebene, einer neuen Bewusstseins- und Erkenntnisebene. Sie wird uns evolutionär erschlossen. Und um sie besser einzuordnen, befassen wir uns mit der faszinierenden Geschichte der Evolution, mit unserer Stammesgeschichte. Da gab es mehrere Phasenübergänge: nach der Entstehung des Universums mit dem Urknall die kosmische Evolution, dann den Übergang zur biologischen, zur chemischen, zur mentalen und zur technisch-kulturellen Evolution der Gegenwart. Und die Evolution geht weiter. Sie drängt in die Zukunft. Indem nur wir uns mit der in diesem Buch erstmals erarbeiteten Theorie der Phasenübergänge auseinandersetzen, gewinnen wir Überblick über das, was uns bevorsteht: die supramentale Evolution, die Erleuchtung, und mit ihr die Lösung der individuellen und kollektiven Probleme von der Wurzel her. Aber es bleibt nicht bei der Theorie. Im Buch finden wir konkrete Hinweise zur evolutionären Erweiterung des Bewusstseins und zur praktischen Neugestaltung unseres persönlichen und gesellschaftlichen Lebens.

Durch Inspiration wird alles leicht
Ein direkter Weg zu Ideenreichtum und Kreativität
Nick Williams
Paperback, 160 Seiten – ISBN 978-3-86616-031-6

Die meisten Menschen werden hin und wieder flüchtig von der Inspiration berührt, doch nur wenige von uns wissen, wie sie diesen Zustand jeden Tag erreichen und ihr Leben auf die Inspiration aufbauen können. Nick Williams vertritt die Ansicht, dass dauerhafte Inspiration durchaus möglich ist, wenn wir wissen, wie wir uns auf sie einstellen können. Nick zeigt, dass Inspiration ein Phänomen, eine evolutionäre Kraft ist und dass sie ein ständiger Begleiter auf unserem Lebensweg werden kann, wenn wir wissen, wie wir Ängste und Widerstände überwinden können. Es ist möglich, durch Inspiration erfolgreich zu werden, anstatt durch Opferbereitschaft. Für alle, die mehr Inspiration in ihr Leben bringen wollen oder sich bereits von ihrer Inspiration leiten lassen, ist „Durch Inspiration wird alles leicht" ein Jahrbuch der 54 Goldstücke, Einsichten und praktischen Hinweise, die das Herz jedes Menschen, der an seinen Träumen baut, höher schlagen lässt.

Quantengeist und Heilung
Auf seine Körpersymptome hören und darauf antworten
Arnold Mindell
Paperback, 296 Seiten – ISBN 978-3-86616-036-1

Quantengeist und Heilung ist Arnold Mindells neues Modell der Medizin, das auf den atemberaubenden Erkenntnissen der Pioniere der Quantenphysik beruht, welche die Landschaft unseres Glaubenssystems beinahe täglich neu gestalten. Mindell, der dort weitermacht, wo C. G. Jung aufhörte, hat sich als führender Experte im Gebrauch von Konzepten aus der Quantenphysik zur Heilung von Geist und Psyche erwiesen. Das Buch geht weit über die Theorie hinaus und stellt einfache Techniken, Übungsanleitungen und präzise Erklärungen wesentlicher Konzepte zur Verfügung, die es jedem Einzelnen ermöglichen, die Wurzeln selbst von chronischen Symptomen und Krankheiten, emotionalen, krankmachenden Mustern freizulegen, zu verstehen und zu beseitigen. Arnold Mindell: „Quantenphysik, die auch Sie anwenden können. Allen Aktionen und Ereignissen im Universum liegt eine Kraft zugrunde. Jeder Mensch besitzt die Fähigkeit, diese anzuzapfen, mit ihr zu interagieren und sie zur Selbstheilung zu benutzen."

Heilung und Neugeburt

Aufbruch in eine neue Dimension des Lebens
Barbara Schenkbier / Karl W. ter Horst
Hardcover, 272 Seiten, 30 Fotos, 10 Grafiken
ISBN 978-3-936486-57-5

Immer mehr Menschen suchen Auswege aus Einsamkeit und Trauer, Isolation und Sinnkrise. Sie sehnen sich nach Wärme und Licht, einem Aufbruch ins Leben, dem erneute Enttäuschungen und Niederlagen erspart bleiben. Barbara Schenkbier und Karl W. ter Horst geben anregende Impulse für den Aufbruch in eine neue Dimension des Lebens, für die spirituelle Neugeburt des Menschen. Diese Impulse sind begleitet von wegweisenden Ratschlägen für die Heilung von Seele und Körper. Die Autoren schöpfen aus der spirituellen Erfahrung einer neuen Dimension der Heilung und der Geschichte ganzheitlicher Heilverfahren aus dem göttlichen Feld. Die spirituelle Heilung wird ausführlich dargestellt. Mit einer bisher unveröffentlichten evolutions-psychologischen Methode ermöglichen sie dem Leser überraschende Einblicke in die verschlungenen Verläufe seiner eigenen Entwicklung. Alles Mitmenschliche und Kraftspendende, das dabei ans Licht des Bewusstseins dringt, bewerten die Autoren als Quellen von Heilung und Glück.

Durch Energieheilung zu neuem Leben

3. Auflage

Atlas der Psychosomatischen Energetik
Dr. med. Reimar Banis
Hardcover, 408 Seiten, Großformat, vierfarbig
ISBN 978-3-936486-15-5

Jeder Mensch, der mehr über sich, seinen unbewussten Charakter erfahren möchte, kann von diesem Buch nur profitieren. Der Leser findet Informationen aus allen Kultur-Epochen und spirituellen Disziplinen über die Lebensenergie, die Chakras und deren herausragende Bedeutung für Gesundheit, Lebensfreude und Sinnfindung im Leben. Der Autor verbindet das naturwissenschaftliche Weltbild mit Erkenntnissen der modernen Energiemedizin und uralter spiritueller Erkenntnisse. Ein neues Weltbild wird sichtbar, in dem die seelische Evolution des Einzelmenschen den eigentlichen Schlüssel darstellt. Dr. Banis schildert ein neues, einfaches System der Energiemedizin, das er entdeckt hat, um Energieblockaden in kürzester Zeit zu erkennen und zu heilen – die Psychosomatische Energetik.

HOLOS – die Welt der neuen Wissenschaften

Ervin Laszlo
Hardcover, 208 Seiten
ISBN 978-3-928632-94-2

In den Wissenschaften findet eine Revolution statt. Es ist keine technologische Revolution – es ist eine Revolution des Weltbildes. Prof. Laszlo verfolgt diese Entwicklung und macht sie jedem zugänglich, der an den neuesten Erkenntnissen darüber teilhaben möchte, wer und was wir sind, was die Welt ist, die uns umgibt, und auf welche Weise wir in Beziehung zueinander und zu dieser Welt stehen. Der Leser erfährt in einfacher Sprache, was Wissenschaftler bereits wissen und vor welchen Rätseln sie im Hinblick auf den Kosmos, das Quantum, den lebenden Organismus und das menschliche Bewusstsein immer noch stehen. Dann erforscht der Verfasser diese Welt, indem er Fragen stellt, auf die er nun zuversichtliche, wenn auch überraschende Antworten geben kann – Fragen, bei denen es um Ursprünge und Bestimmung des Universums und um Ursprung und Evolution des Lebens und des Bewusstseins geht –, um dann die größten der „großen Fragen" zu stellen: Fragen der Unsterblichkeit, zum Bewusstsein im Kosmos und zu einem Bewusstsein, das eine wissenschaftlich basierte Schau als den Geist Gottes erfassen kann.